사토시의 서

사토시의 서

비트코인 창시자 사토시 나카모토의 철학을 보다

초판 1쇄 발행 2021년 2월 5일
초판 2쇄 발행 2022년 1월 20일

지은이 필 샘페인 / **옮긴이** 조진수 / **펴낸이** 김태헌
펴낸곳 한빛미디어(주) / **주소** 서울시 서대문구 연희로2길 62 한빛미디어(주) IT출판부
전화 02-325-5544 / **팩스** 02-336-7124
등록 1999년 6월 24일 제25100-2017-000058호 / **ISBN** 979-11-6224-385-5 93000

총괄 전정아 / **책임편집** 서현 / **기획** 홍성신 / **편집** 안정민 / **교정** 김희성
디자인 표지 최연희 내지 이아란 / **전산편집** 이경숙
영업 김형진, 김진불, 조유미 / **마케팅** 박상용, 송경석, 한종진, 이행은, 고광일, 성화정 / **제작** 박성우, 김정우

이 책에 대한 의견이나 오탈자 및 잘못된 내용에 대한 수정 정보는 한빛미디어(주)의 홈페이지나 아래 이메일로
알려주십시오. 잘못된 책은 구입하신 서점에서 교환해드립니다. 책값은 뒤표지에 표시되어 있습니다.

한빛미디어 홈페이지 www.hanbit.co.kr / **이메일** ask@hanbit.co.kr

지금 하지 않으면 할 수 없는 일이 있습니다.
책으로 펴내고 싶은 아이디어나 원고를 메일(writer@hanbit.co.kr)로 보내주세요.
한빛미디어(주)는 여러분의 소중한 경험과 지식을 기다리고 있습니다.

✉ **New message**   — ↗ ✕

From **satoshi-nakamoto**

Subject **Re: Bitcoin P2P e-cash paper**

Thanks for bringing up that point.

I didn't really make that statement as strong as I could have. The requirement is that the good guys collectively have more CPU power than any single attacker.

There would be many smaller zombie farms that are not big enough to overpower the network, and they could still make money by generating bitcoins. The smaller farms are then the "honest nodes". The more smaller farms resort to generating bitcoins, the highe the bar gets to overpower the network, making larger farms also too small

to overpower it so that they may as well generate bitcoins too. According to the "long tail" theory, the small, medium and merely large farms put together should add up to a lot more than the biggest zombie farm.

All he can accomplish is to take back money he himself spent, like bouncing a check. To exploit it, he would have to buy something from a merchant, wait till it ships, then overpower the network and try to take his money back. With a zombie farm that big, he could generate more bitcoins than everyone else combined.

The Bitcoin network might actually reduce spam by diverting zombie farms to generating bitcoins instead.

비트코인 창시자 사토시 나카모토의 철학을 보다

사토시의 서

필 샴페인 지음, 조진수 옮김

Reply 📎 | +   🗑 | +

ᕼᗷ 한빛미디어
Hanbit Media, Inc.

지은이·옮긴이 소개

지은이 **필 샴페인** Phil Champagne

투자 회사 렌(Wren Investment Group, LLC) 이사. 소프트웨어 엔지니어로
역사, 사회, 거시 경제에 관심이 많습니다. 이러한 배경이 비트코인 기술과
사회적 영향에 대한 열성 지지자로 만들었습니다. 2012년 비트코인에 관심
을 갖게 되었고 관련 컨퍼런스 연사로도 활동했습니다.

옮긴이 **조진수** thebookofsatoshikr@gmail.com

신기술에 대한 관심이 많은 개발자입니다. 비트코인 백서를 처음 읽었던
2013년부터 블록체인 기술에 관심을 가져왔으며 현재는 대기업에서 개발
자로 근무하며 사내 기술교류 모임인 블록체인 연구회에서 활동하고 있습
니다. 그동안 여러 포럼에서 읽어왔던 사토시의 글을 한 번에 모아 소개할
수 있는 기회라 생각하여 이 책을 번역했습니다.

옮긴이의 말

비트코인 소프트웨어가 2009년 1월 3일 첫 가동을 시작하여 최초의 블록을 채굴한 지 10년이 넘었습니다. 비교적 짧은 기간 내에 비트코인은 금융기관이나 일반인들에게도 매력적인 대체 자산의 하나로 자리 잡았을 뿐 아니라, 그 기반이 되는 블록체인 기술은 4차 산업혁명을 이야기할 때 빼놓을 수 없을 만큼 혁신적인 기술로 평가받고 있습니다.

처음 비트코인 백서를 읽고 비트코인에 대해 관심을 가지게 되었던 2013년에는 국내에 비트코인이 잘 알려지지 않았기 때문에 새로운 정보의 대부분을 해외 포럼 등에서 얻을 수밖에 없었습니다. 그런 정보 수집 과정 중 발견하게 된 한 가지 흥미로운 사실은, 많은 사람이 비트코인을 개발한 사토시 나카모토라는 사람이 실제로 누구일까를 놓고 오랜 기간 논쟁을 벌이고 있다는 것이었습니다. 그동안 사토시 나카모토가 아닐까 의심받는 여러 후보가 있었으나 아직 검증 가능한 방법으로 사토시 본인임을 증명한 경우는 없었고, 개인이 아닌 그룹이거나 장기간 모습을 드러내지 않는다는 점 때문에 이미 사망했을 것이라는 설도 계속 제기되고 있습니다.

이 책은 비트코인의 창시자 사토시 나카모토가 대중으로부터 자취를 감추기 전까지 포럼과 이메일을 통해 공개적으로 또는 개인적으로 여러 주제들에 대해 여러 사람들과 의견을 주고받은 내용을 모아놓은 것입니다. 여러분도 사토시가 남긴 흔적을 통해 자신의 정체는 숨기면서도 로고까지 직접 만들 만큼 비트코인 프로젝트에 대해 애정을 드러냈던 가명 뒤의 인물이 실제로는 어떠한 사람이었을지 상상해보시길 바랍니다. 그리고 한 위대한 아이디어가 세상에 등장하기까지의 과정도 살펴보실 수 있기를 바랍니다.

원문이 다양한 배경지식을 가진 사람들과 의견을 주고받는 내용으로 구성되어 있어 지나친 의역을 피하고 가급적 해당 분야에서 사용하는 용어로 번역했습니다. 경제나 암호학, 컴퓨터 기술 분야의 전문 용어들이 별다른 설명 없이 등장하는 경우가 많아, 설명이 필요한 단어나 문장에는 각주를 달았습니다. 그리고 본문에 나오는 웹사이트 주소 중 일부는 주소 변경이나 서비스 운영 중단 등으로 접속할 수 없어 변경된 주소나 대체 정보를 얻을 수 있는 주소를 별도로 표기했습니다. 이 책에 실린 내용을 포함한 더 많은 글은 satoshi.nakamotoinstitute.org에서 확인하실 수 있습니다. 오탈자나 번역에 대한 의견은 thebookofsatoshikr@gmail.com으로 연락 부탁드립니다.

조진수

지은이의 말

이 책이 나오기까지 도움을 주신 분들께 깊은 감사를 드립니다.

더스틴 트라멜은 사토시 나카모토와 주고받은 이메일을 공유해주었고, 비트코인 프로젝트의 핵심을 담당하고 있는 수석 개발자 개빈 안드레센은 비트코인에 기여한 공로와 더불어 사토시 나카모토와 주고받은 이메일을 공유해주었으며, DollarVigilante.com의 제프 버윅은 서문 작성과 함께 자유와 해방의 지지자가 되어 주었습니다.

저를 지지해주고 전문적인 조언 및 의견을 제공해준 저의 아들 새뮤얼, 딸 비비안 그리고 제 아내 마리 가뇽에게도 고마움을 표합니다. 그리고 마지막으로 이 책을 하나로 엮는 데 도움을 준 모든 사람에게 감사를 드리고 싶습니다. 특히 엄청난 양의 작업을 진행해준 편집자 메리 그레이빌과 훌륭한 디자인 작업을 맡아준 존 레인하트에게도 감사의 말씀을 드립니다.

끝으로 사토시 나카모토에게 진심으로 감사 드립니다. 그가 아니었다면 비트코인이라는 혁명적인 개념이 탄생하여 공유되기까지 얼마나 오랜 시간을 기다려야 했을까요?

필 샴페인

이 책을 읽는 독자

이 책에는 비트코인 창시자인 사토시 나카모토가 비트코인 출시 후 기반을 다지던 2년여 동안 이메일과 포럼 게시물 등의 형태로 남겼던 글 대부분이 게재되어 있습니다. 비트코인과 제작자의 사고방식이 궁금하다면 이 책이 매우 흥미로울 것입니다. 이 책은 컴퓨터 소프트웨어에 대한 배경지식이 있는 분이 쉽게 읽을 수 있도록 구성되었으나, 사토시의 글 일부는 경제학적 개념을 담고 있어 정보 기술에 대한 배경지식이 없는 경제학자나 투자자도 관심 있게 볼 수 있습니다. 배경지식이나 관심사에 따라 다르겠지만, 일부 독자는 특정 챕터에만 관심을 가질 수도 있습니다.

또한 독자가 사토시의 글을 최대한 유익하게 읽을 수 있도록 1장 비트코인의 작동 원리에서 비트코인의 주요 개념과 기본 원리를 소개했습니다. 이후에 나오는 챕터들을 이해하는 데 많은 도움이 될 것입니다. 각 챕터는 사토시가 비트코인 아이디어를 처음 제시했던 초창기 글부터 대중적인 삶에서 물러나기로 선언한 가장 최근의 글까지 시간 순으로 정리했습니다.

이 책의 콘텐츠 부분은 p2pfoundation.net, bitcointalk.org, 크립토그래피 메일 아카이브 등 다양한 인터넷 포럼에서 발췌했습니다. 이 책에서 참고한 URL 주소들은 bookofsatoshi.com 사이트에서 쉽게 확인하실 수 있습니다. 주소들은 장 단위로 나열되어 있습니다.

서문

비트코인은 모든 것을 바꿔놓았습니다. 화폐와 은행업에서 한 단계 진화를 이루었으며 그 중요성은 아무리 높이 평가해도 지나치지 않습니다. 여기서 '혁명'이 아닌 '진화'라는 단어를 사용했는데요. 그 이유는 비트코인이 인류가 지난 몇 백년 이상 사용한(그리고 정부가 사용을 강요한) 시대에 뒤처진 화폐와 은행 시스템으로부터 완전히 '진화'했다고 생각했기 때문입니다.

비트코인을 처음 접하는 사람들에게 가장 큰 화두 중 하나는 비트코인이 '베일에 쌓여 있다'는 것이지만, 이 책은 그것이 사실과 전혀 다르다는 점을 보여줍니다. 사토시 나카모토의 진짜 정체는 (주요 매체에서 도리안 나카모토가 사토시라고 이야기하는 사람들도 있지만) 밝혀낼 수 없을지 몰라도, 매우 자세히 남겨진 기록들을 통해 초창기부터 비트코인의 토대와 설계가 어떻게 이루어졌는지는 알 수 있습니다.

비트코인이 처음 등장한 2008년 11월 1일, 아마 역사에 길이 남아 후세로부터 칭송받을 그날부터 최고의 암호학 및 프로그래밍 전문가들 사이에서는 매우 구체적인 대화들이 오갔습니다.

사토시 나카모토가 세상을 바꿀 자신의 창작물을 공개하면서 쓴 최초의 문장은 간결하면서도 설득력이 있었습니다. "저는 신뢰하는 제3자가 없으며, 완전한 개인 간 통신peer-to-peer이 가능한 새로운 화폐 시스템을 만들어왔습니다."

그는 이어서 해당 주제를 다룬 백서의 링크를 덧붙였고, 그 이후로는 흔히 말하듯 역사가 되었습니다.

서문

bitcointalk.org 포럼에서 공개적으로 이뤄진 이 논의들은 2010년 12월 12일까지 계속되었고 그 이후 사토시는 자취를 감추었습니다.

비트코인 커뮤니티에서는 이러한 글들이 많이 회자되고 있지만, 여러분이 그것을 모두 찾아서 읽고 이해하는 데에는 상당한 시간이 걸릴 것입니다. 이 책의 저자인 필 샴페인은 관련 글을 모두 찾은 후 중요한 내용을 골라냈고, 해당 글이 작성된 시점에 그것이 왜 중요했는지에 대해서도 설명을 덧붙였습니다. 이 글은 사토시 나카모토의 키보드를 통해 만들어진, 비트코인 진화에 대한 논리적 시간의 흐름을 따라 구성되어 있으므로 비트코인의 자서전이라고도 할 수 있습니다.

이 책을 쓰는 시점인 2014년 3월, 비트코인은 미래를 내다볼 수 없는 상황이 되었습니다. 비트코인은 세상을 극적으로 바꿔놓음으로써 자신들이 만든 공짜 돈으로 먹고 살던 중앙은행과 거대 정부의 압제로부터 우리를 해방시킬 수도 있고, 여러 사건들에 의해 연기와 화염 속으로 사라질 수도 있습니다.

그러나 앞으로 어떤 일이 일어나든 비트코인의 영향이 클 것이라는 점은 분명합니다. 비트코인에 어떤 일이 발생해도 그 핵심 개념은 계약, 신뢰, 거래 등에 대한 사고방식을 바꿀 것이며 이는 앞으로도 계속될 것입니다. *

....

* 옮긴이_ 거래: 개발자들 사이에서는 일반적으로 트랜잭션이라는 표현이 사용됨

이미 수천 개의 애플리케이션들이 플랫폼을 이루었고 금융 거래를 넘어 세상 밖으로 확장되었습니다.

필 샴페인은 우리 시대의 가장 중요한 기술적 혁신 중 하나가 만들어지는 과정을 읽기 편한 형식으로 구성했습니다. 신뢰하는 제3자 없이 결제를 수행하는 완전 탈중앙화 플랫폼의 중요성은 통신 혁명인 인터넷에 비할 수 있을 것입니다. 2장은 비트코인에 익숙하지 않은 독자들을 위한 것으로, 비트코인의 기술적 및 철학적 기반과 그 동작 원리를 큰 틀에서 살펴봅니다.

수십 년 후 이 혁명은 우리가 현재 문명의 역사에서 신기원이라고 생각하는 인터넷이나 구텐베르크 활자처럼 평가될 것입니다. 또한 논리적 시간 순서로 구성된 사토시의 글과 서신 모음은 미래 역사가들이 비트코인의 탄생과 진화를 가장 쉽게 이해할 수 있는 한 가지 방법이 될 것입니다.

제프 버윅
더 달러 비질란테The Dollar Vigilante 편집장
https://dollarvigilante.com

목차 _____

목차

목차

서론

우리는 인류 역사를 통해 놀라운 기술 혁명들을 목격했습니다.

구텐베르크의 활자 인쇄기는 대중에게 책을 보급하는 데 도움을 주었고, 전보는 투박하기는 하지만 빠른 원거리 통신을 가능하게 했습니다.

근래에는 개인용 컴퓨터가 등장해 인간의 생산성을 엄청나게 증가시킴에 따라 인터넷, 디지털 통신, 일반 대중에 의한 저널리즘 등이 등장했습니다. 중요한 사건이 기록된 사진들은 스마트폰을 통해 트위터와 같은 소셜 네트워크에 거의 실시간으로 업로드됩니다. 그러나 금융 시스템만은 최근까지 큰 변화 없이 유지되고 있습니다.

비트코인은 그 청사진(소스 코드)을 누구나 자유롭게 들여다볼 수 있고, 개인의 목적에 맞게 수정할 수 있는 소프트웨어로 운영됩니다. 그리고 현재 이러한 소프트웨어에 의해 정의된 공통의 통신 규약을 통해 인터넷에 연결된 여러 대의 컴퓨터상에서 동작합니다. 이 소프트웨어 안에는 비트코인이라고 알려진 디지털 화폐가 존재하는데, 소문자 b로 시작하고 약자로는

BTC라고 씁니다.

비트코인은 가상 화폐이자 결제 시스템이며, 한 번 거래해보면 비트코인의 목적을 바로 이해할 수 있는 혁명적인 개념을 갖고 있습니다. BTC로 구매하는 사람은 판매자에게 구매와 관련된 개인 정보(예를 들면 배송지 주소나 이메일)만 제공하면 됩니다. 이에 비해 신용카드로 구매하는 사람은 사기꾼이나 해커, 나쁜 마음을 먹은 직원이 신용카드로 구매 사기를 저지를 수 있을 만큼 많은 개인 정보를 제공해야 합니다.

물론 결제 시스템이 단순하다는 이유만으로 비트코인을 중요하게 여기는 것은 아닙니다. 비트코인 통화 공급량은 소프트웨어와 그 하위 프로토콜에 의해 결정됩니다. 앞으로 약 2,100만 개의 비트코인이 생성될 것이며, 현재 1,200만 개 정도가 생성되었습니다. 마지막 비트코인은 2140년 전후에 생성될 것으로 예상됩니다.

이처럼 매우 구체적이고 한정적인 통화 공급량은 많은 논란을 불러일으켰고, 그중에는 소프트웨어 자체보다 프로토콜이나 경제학에 대한 이해 부족 때문인 경우가 많았습니다. 2,100만 개의 비트코인은 전 세계 70억 인구에게 부족해 보일 수 있지만, 비트코인 통화는 쉽게 나눌 수 있습니다. 현재 소프트웨어에서 허용되는 최소 표기 단위는 0.00000001 BTC (10^{-8} BTC)이며, 소프트웨어 제작자로 추정되는 사토시 나카모토$^{Satoshi\ Nakamoto}$의 이름을 따서 1사토시로 정의되었습니다.

그러므로 한 개의 비트코인에는 1억 개의 사토시가 들어 있고, 2,100만 BTC의 최대 공급량은 2.1×1000조 사토시, 즉 2,100조 사토시에 해당합니다.

비트코인은 사토시라고 알려진 익명의 사람(또는 그룹)에 의해 제작되었습니다. 나카모토가 비트코인에 대한 자신의 논문을 처음 공개했을 때, 그는 인터넷 포럼에 글을 올리던 수백만 명의 사람들과 같은 익명의 사용자 중 하나였습니다. 그의 소프트웨어는 당시 개발 초기 단계였고, 비트코인은 초기 단계의 실험에 불과했습니다. 사토시의 활동은 약 2년이라는 짧은 기간 동안 이메일 교환을 통해서만 이루어졌고, 그 이후에는 그의 소식을 들을 수 없었습니다. 그가 마지막 게시물을 올린 후 어느 정도 시간이 지나면서 비트코인의 가치가 급상승했고 미디어가 주목하기 시작했습니다. 비트코인이 급부상해 큰 관심을 끌기 시작하던 그 무렵, 사토시 나카모토는 대중으로부터 숨어버렸습니다.

몇 년 후 사토시는 상징적인 존재가 되었고 그를 둘러싼 미스터리는 커져만 갔습니다. 비트코인의 코드는 오픈 소스고, 사실 우리가 말하는 동안에도 계속해서 업그레이드와 기능 개선이 이루어지고 있기 때문에 그의 정체가 비트코인의 행방에 영향을 주는 것은 아닙니다. 그러나 이처럼 위대한 신기술 뒤에 숨은 의문의 인물(또는 그룹)의 사고방식을 이해하는 것은 분명히 흥미로운 일입니다.

사토시가 비트코인을 개발하고 공개했던 시기와 맞물린 2년 동안의 '대중적인 삶'은 그가 2008년 11월 1일 크립토그래피 메일링 리스트^{The Cryptography} ^{Mailing List}에 공개한 논문 「비트코인: P2P 전자화폐 시스템」으로부터 시작되었습니다. 그 당시 이 논문은 bitcoin.org라는 도메인에서 다운로드 받을 수 있었는데, 이 도메인은 논문 발표 몇 달 전인 2008년 8월 18일에 anonymousspeech.com을 통해 등록된 것이었습니다. 2008년 11월 9일에는 비트코인 프로젝트가 SourceForge.net에 등록되었고, 2009년 초에 제

네시스 블록이 생성되었습니다. 제네시스 블록은 매일 새로운 페이지(블록)가 더해지고 그동안의 모든 비트코인 거래 내역이 기록되는 수기 장부를 상상하면 쉽게 이해할 수 있습니다. 이 장부의 첫 페이지를 제네시스 블록이라고 하는데, 더 자세한 내용은 나중에 설명하겠습니다. 사토시는 당시 발생했던 은행 긴급 구제에 관한 흥미로운 문구를 제네시스 블록에 써넣었습니다.

2009년 1월 3일자 타임스 신문 발췌
은행들의 두 번째 긴급 구제금융을 앞둔 영국 재무장관

과거에도 그랬지만 은행 구제금융은 여전히 매우 달갑지 않은 사건인데, 정치·경제·환경을 '이익의 사유화, 손실의 사회화'라고 평하던 자유주의자들에세는 득히 너 그러했습니다.

그로부터 6일 뒤인 2009년 1월 9일, 나카모토는 SourceForce.net에 비트코인 버전 0.01을 공개했습니다. 이 글을 쓰는 현재(2014년 5월), 비트코인의 최신 버전은 0.8.6입니다. *

그리고 사토시는 2010년 12월 12일 bitcointalk.org 포럼에 마지막 글을 올렸습니다. 그가 마지막으로 소통한 것으로 알려진 글은 몇 달 뒤 현재 비트코인의 핵심 프로젝트를 맡고 있는 수석 개발자 개빈 안드레센에게 보낸 개인 메일이었습니다.

다음은 현재 문을 닫았지만 최초의 비트코인 거래소였던 bitcoinmarket.

---

* **옮긴이_** 이 글을 번역하는 시점(2020년 말)의 가장 최신 버전은 2020년 8월 1일에 공개된 버전 0.20.1 입니다(참고: https://bitcoin.org/en/version-history).

com에서 가져온 공개 거래 차트입니다. 보시다시피 1비트코인의 가치는 단 시간에 10센트에서 1달러로 증가했습니다. 사토시가 포럼에 마지막 글을 남긴 시점에는 1비트코인당 25센트 정도에 거래가 이루어졌고 30센트에 다가서고 있었습니다.

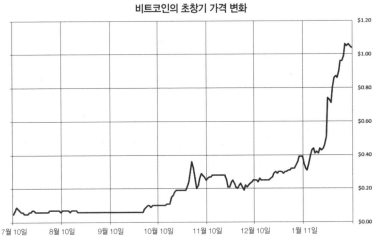

그림 1 비트코인의 초기 달러화 가격 차트

이 책은 여러 포럼과 이메일 등을 포함해 사토시의 이름으로 작성된 게시글과 기록물들을 모은 것입니다. 코딩이나 소프트웨어 컴파일링, 비트코인 소프트웨어의 세부 동작 등과 같이 기술적인 성격의 글들은 제외했습니다. 앞으로 몇 가지 흥미로운 주제에 대한 논의를 볼 수 있을 텐데, 특히 비잔틴 장군 문제처럼 이전에는 해결할 수 없다고 생각한, 신뢰할 수 없는 환경에서 이루어지는 통신 난제 등이 있습니다. 사토시의 의견 중 일부는 비트코인이 미디어의 관심을 끌기 시작하면서 나온 뉴스 기사에 관한 것입니다. 그중 하나는 익명의 출처에서 얻은 기밀 정보를 게재하기 위해 설립된 비영리 보도단체 위키리크스에 대해 페이팔이 결제 서비스를 중단한 사건이었습니다. **PC World**에 게재된 한 후속 기사에서는 위키리크스^{WikiLeaks}가 비트코인으로 어떻게 수익을 낼 수 있었는지 추측하기도 했습니다.

사토시는 비트코인이 그런 식으로 관심을 받는 것에 마음이 편치 않았으며, 아직 그러한 관계를 받아들일 준비가 되지 않았습니다.

> 이런 관심을 다른 상황에서 받았다면 좋았을 것입니다. 위키리크스는 말벌집을 발로 차버렸고, 그 말벌 떼는 우리를 향해 다가오고 있습니다.

이 사건이 그의 은퇴를 결정하는 데 얼마나 영향을 미쳤는지는 알 수 없지만, 그 시점은 흥미롭습니다. 특히 그의 은퇴는 그가 포럼에 마지막으로 남긴, 비트코인 버전 0.3.19의 공개 발표에 대한 공지를 불과 19시간 앞둔 시점이었습니다.

많은 저널리스트와 연구자가 사토시 나카모토 뒤에 숨은 인물이 누구인지 알아내기 위해 노력했습니다. 지금까지 그의 정체를 알아내려는 시도가 최소 세 번 이상 있었습니다. 대부분 암호학 분야의 과학자면서 실명이 사토시 나카모토가 아닌 사람들이 지목되었으나 모두 아닌 것으로 밝혀졌고, 지목당한 당사자들 또한 자신이 사토시 나카모토임을 부인했습니다. 그러다가 최근 한 신문 기사에서 캘리포니아에 사는 엔지니어이자 실제 이름도 도리안 사토시 나카모토인 사람이 비트코인의 사토시 나카모토가 맞다고 주장했습니다. 도리안 나카모토는 그 주장을 부정했고 저도 그렇다고 믿고 싶습니다. 그 증거 중 하나로, 도리안 나카모토는 비트코인의 사토시 나카모토만큼 능숙한 영어 실력을 보여주지 못했습니다. 이 에피소드가 책과 가장 크게 관련된 내용이라면, 이 사건을 통해 비트코인의 사토시 나카모토가

2014년 3월 7일 금요일, 침묵을 깨고 p2pfoundation 포럼에 다음과 같은 메시지를 남겼다는 것입니다.

저는 도리안 나카모토가 아닙니다.

앞으로 살펴볼 내용이지만, 사토시는 비트코인에 관한 많은 질문과 비판에 대답했고 그의 답변은 아직까지 유효합니다. 저는 사토시가 여전히 비트코인 개발에 참여하고 있거나 인터뷰를 한 적이 있다고는 생각하지 않지만, 이 책에 담긴 글들은 그가 내놓았을 법한 답들을 반영하고 있습니다.

비트코인에 어떤 일이 일어나든, 이 소프트웨어가 세상 사람들을 새로운 개념에 눈뜨게 했다는 점에는 논란의 여지가 없습니다. 비트코인은 하나의 오픈 소스 코드로써 다른 많은 분산화 디지털 화폐를 등장하게 했습니다. 그러나 그러한 화폐들 중 대다수는 주목할 만한 혁신을 보여주지 못했고, 코인 수나 트랜잭션 승인 속도(비트코인 용어로는 블록 생성), 암호화 알고리즘 등만 바꾼 것에 불과했습니다. 특이한 신기능이나 새로운 개념을 가지고 개발되는 코인은 얼마 되지 않습니다. 그중 하나가 투르스코인^{Truthcoin}인데 무신뢰, 탈중앙화, 검열저항, 인센티브 호환, 확장성 있는 비트코인 예측 시장 등으로 묘사됩니다. 이더리움(ethereum.org 참고)은 또 다른 디지털 화폐로, 창시자의 말에 따르면 사용자는 발전된 트랜잭션 타입과 스마트 컨트랙트, 탈중앙화 애플리케이션들을 블록체인에 써넣을 수 있다고 합니다(비트코인의 커다란 공개 장부^{public ledger}는 매일 크기가 늘어나고 있습니다). 혁신적인 사상가들은 비트코인이 도입한 개념 일부를 진정한 공개 투표 시스템에 활용하는 방법을 모색하고 있는데, 이 경우 투표자는 자신의 표가 적절하게 반영되는지 알 수 있고 어느 때든 전체 투표 상황을 볼 수 있어서 투명성이 확보됩니다. 결국 비트코인은 세상을 바꾼 또 다른 혁신인 인터넷을 활용해 새로운 기술 혁명을 촉발시켰습니다.

이 책의 내용에 관한 제안과 수정 요청은 언제든지 환영입니다. 또한 여러분이 사토시와 주고받은 개인 메일을 갖고 있고 공개하고 싶은 마음이 든다면, 이 책에 포함시키는 것을 기쁜 마음으로 검토해보겠습니다. 이메일 (BookOfSatoshi@gmail.com)로 언제든지 연락 부탁드립니다.

비트코인의 작동 원리

비트코인은 자유주의자로 묘사되곤 합니다. 그러나 자유주의자나 금 본위제*를 지지하는 사람이라도 모두 비트코인을 반기는 것은 아니며, 일부에서는 혐오감을 드러내기도 합니다. 경험에 따르면, 이 혐오자들은 비트코인에 관한 일부 기본 개념을 제대로 이해하지 못했습니다. 비트코인을 제대로 이해하려면 비트코인의 동작 원리와 이유를 철학적으로 이해할 필요가 있습니다. 몇몇 개인들이 운영하며 여러 개의 다른 집단으로 구성된 하나의 분산 시스템이 어떻게 통일성을 유지하면서도 개릿 하딘이 말한 소위 '공유지의 비극'이라는 상태를 피할 수 있을까요? 여기서 공유지의 비극이란, 자신의 이익에 따라 독립적이고 이성적으로 행동하는 개인들이 공동의 자원을 고갈시킴으로써, 장기적으로 전체 집단의 최대 이익에 반하는 것을 말합니다. 흔한 예로 한 집단의 농부들이 자신의 가축에 풀을 먹이기 위해 목초지를 공유하는 경우를 들 수 있습니다. 자신의 가축이 목초지의 풀을 소비

----

* 옮긴이_ 금 본위제는 화폐의 가치를 금의 가치로 나타내는 것이다. 일반적으로 '금화 본위제'와 '금지금 본위제'를 포함해 금 본위제라고 한다.

하지 않게 제한하는 것은 농부의 개인적 이익에 반하므로, 공동 자원인 목초지는 과도한 사용으로 고갈되는 상황이 발생할 수 있습니다.

이제 비트코인의 작동 원리에 대해 논의해봅시다. 이 책의 내용을 이해하려면 비트코인의 핵심 개념 몇 가지를 기본적으로 이해할 필요가 있습니다. 이 장에서는 그 개념들로 시작해, 비트코인이 결제 시스템으로서 실현 가능한 해결책임을 어떻게 입증받았는지로 끝맺으려 합니다. 논의를 매듭짓기 위해 비트코인의 경제적 함의에 대해서도 자세히 설명하겠습니다.

비트코인의 핵심 개념은 다음과 같습니다.

- 공개 장부(비트코인에서 블록체인이라 불리는 것). 모두에게 공개되어 있고 비트코인 시스템 내의 모든 거래 내역을 장부로 갖고 있으며, 새로운 페이지가 계속해서 추가되는 커다란 책이라고 할 수 있음

- 거래 승인을 위한, 비대칭 암호화라고 불리는 암호화 알고리즘

- 분산 네트워크로 비트코인 거래를 확인하고 공개 장부를 업데이트하는 컴퓨터 노드들(흔히 채굴자라고도 불림)의 분산 네트워크

이 개념들에 대해 더 자세히 살펴봅시다.

비트코인의 블록체인: 공개 장부

비트코인 네트워크에 참여하는 모든 멤버는 공개 장부인 블록체인을 공유합니다. 각 페이지마다 거래 내역들이 나열된 거대 회계 장부를 상상해봅시다. 전 세계의 지불인들이 보낸 가장 최근의 비트코인 거래 내역을 포함한 새 페이지가 매 10분마다 추가됩니다. 비트코인 소프트웨어를 실행하는 사

람이라면 누구든 이 거대한 책을 인터넷에서 볼 수 있습니다. 비트코인 지갑이라는 소프트웨어 프로그램은 스마트폰이나 개인용 컴퓨터에서 실행되며, 사용자가 비트코인 네트워크상에서 결제할 수 있게 해줍니다. 비트코인 관점에서 원장을 이루는 페이지들은 데이터의 '블록'을 나타내기 때문에 블록이라 불립니다. 블록체인은 많은 개별 블록들로 구성되며 길이가 계속해서 늘어나고, 비트코인이 시작된 2009년 1월 이래 수행된 모든 트랜잭션을 담고 있습니다.

비트코인 트랜잭션 요청에는 다음과 같은 내용이 들어 있습니다.

    1) 지불자의 비트코인 주소. 지불에 대한 자금 출처가 들어 있음
    2) 수취인의 비트코인 주소
    3) 지불되는 비트코인의 액수

블록체인이 지불자의 비트코인 주소에 대해 들어오고 나가는 모든 결제 기록을 담고 있으므로, 비트코인 네트워크를 관리하는 채굴자는 지불자가 대금을 충당할 수 있는지 확인할 수 있습니다. 언제든 누구라도 특정 비트코인의 주소에 연결된(추상적인 표현으로는 '소유한') 비트코인의 양을 볼 수 있습니다.

1GaMmGRxKCNuyymancjmAcu3mvUnVjTVmh

검색해보면 이 주소와 관련된 비트코인 수를 파악할 수 있습니다.

본인이 정보를 제공하지 않는 한 비트코인 주소로 소유자의 신원을 알 수는 없지만, 소유자의 비트코인 주소에서 나가고 들어오는 모든 거래와 현재

잔액까지 누구나 볼 수 있도록 공개되어 있습니다.

비대칭 암호화: 누가 비트코인을 소비하는가

암호화 키는 앞서 설명한 것처럼 하나의 트랜잭션과 관련이 있습니다. 비트코인은 비대칭 암호화 체계(공개키 암호화라고도 부릅니다)를 사용하는데, 암호화 알고리즘에 한 쌍의 키가 필요하고 각 키는 서로 다른 긴 숫자열로 이루어지므로 비대칭이라는 이름이 붙습니다. 하나는 복호화 동작을 제어하는 공개키, 다른 하나는 암호화 동작을 담당하는 개인키이며 역할을 서로 바꿔 사용할 수도 있습니다.

알고리즘으로 개인키를 만들고 그에 대응하는 공개키를 만드는 것은 간단하지만, 공개키를 이름처럼 공개하기 이해서는 공개키로 개인키를 결정하는 연산을 실현할 수 없도록 제한해야 합니다. 수취인은 공개키를 이용해 트랜잭션 정보를 얻을 수 있으며, 이로써 비트코인 전송을 진행할 수 있습니다. [그림 2]는 비트코인의 이중 키 시스템을 개념적으로 나타낸 것이며 비트코인의 기본적인 동작 일부를 보여줍니다.

비트코인 소프트웨어의 알고리즘은 개인키 소유자만 해당 비트코인에 연결된 비트코인을 소비할 수 있게 합니다. 수취인은 자신의 비트코인 주소를 지불인과 공유합니다. 그 주소에 연결된 개인키는 수취인만 알고 있으므로, 이후 해당 비트코인에 접근하거나 소비 또는 전달할 수 있습니다.

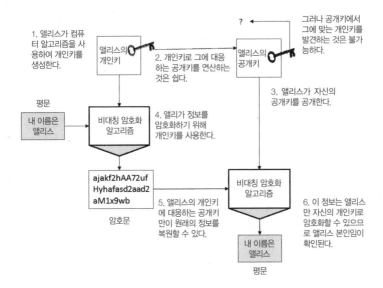

그림 2 비대칭 암호화의 예

전송자는 비트코인 내에서 자신의 키로 비트코인 트랜잭션에 디지털 서명합니다. 비트코인 트랜잭션은 실제로 공개키(지금은 이것을 비트코인 주소라고 생각합시다)가 들어 있습니다. 시스템은 공개키를 사용해 디지털 서명이 유효함을 검증하고 전송인이 진짜 개인키의 소유자임을 확인해줍니다. 이 시스템은 소유자가 공개 장부(블록체인) 내의 비트코인 주소와 연결된 비트코인을 소비할 수 있게 하고, 공개 장부(블록체인)는 이 새로운 트랜잭션을 담은 새로운 페이지(블록)로 업데이트됩니다. 블록체인에 새로운 트랜잭션을 더하는 작업을 통해, 비트코인 네트워크에 수취인의 주소로 해당 비트코인을 입금한다는 내용과 전송인의 비트코인 주소에서 그만큼의 비트코인을 출금한다는 내용이 효과적으로 전달됩니다. 개인키는 긴 숫자열로 만들어져 패스워드로 보호되는 비트코인 지갑(사용자의 컴퓨터, 모바일 기기, 웹 브라우저 등에 설치하는 소프트웨어)에서 저장 및 관리됩니다.

화폐 주조, 장부 기록, 시스템 제어 역할을 하는 채굴자 네트워크

지금까지 트랜잭션이 어떻게 구성되고 어떻게 검증받는지에 대해 설명했습니다. 비트코인이 중앙화된 운영 시스템이라면 하나의 개체가 이 작업을 담당할 것이므로, 설명은 여기서 끝났을 것입니다. 그러나 비트코인은 탈중앙화 시스템이고, 보통 이런 작업은 전 세계에 분산된 자발적 참여 노드 집단(채굴자들) 사이에 공유됩니다.

장부와 결제 전송 인증을 포함하는 시스템이 어떻게 사익을 추구하는 방식으로 서로 다른 개체에 의해 운영될 수 있는지 이해하는 것이 중요합니다. 이러한 비트코인 시스템의 특성은 비트코인을 비판하는 사람들이 자주 간과하는 사항 중 하나이며, 필수적으로 이해해야 하는 사항입니다.

비트코인의 운영을 맡은 노드인 채굴자들은 트랜잭션이 유효하다는 것을 검증하고 정기적으로 최신 트랜잭션을 담은 새로운 블록을 블록체인에 업데이트합니다. 채굴자들이 각자의 컴퓨터에서 운영하는 비트코인 소프트웨어에는 규칙과 합의 사항들을 담은 비트코인 프로토콜이 내장되어 있습니다.

비트코인 네트워크는 전반적으로 블록체인(공개 장부)을 새로운 블록(장부의 페이지)으로 계속해서 업데이트해야 합니다. 대략 10분마다 새로운 블록에 최신 트랜잭션 리스트가 추가됩니다. 모든 채굴자가 다음 블록을 만드는 작업을 하지만, 오직 한 채굴자만이 선택되어 블록체인에 붙일 특정 버전의 블록을 만듭니다. 분명 각 채굴자들은 자기 버전의 다음 블록을 만들 때 자신에게 이익이 되도록 동작하며 트랜잭션 블록들에 대한 트랜잭션 수수료를 개인적으로 모읍니다. 비트코인 트랜잭션에서 주요 파라미터들(지불자,

수취인, 금액)은 변경할 수 없지만, 대부분의 트랜잭션에는 지불인이 지출하고 블록체인에 추가할 블록을 선택받은 채굴자의 계정으로 입금되는 트랜잭션 수수료가 포함됩니다.

블록체인에 자신의 블록을 붙이는 채굴자는 트랜잭션 수수료에 더해 새로 주조된 비트코인도 추가로 받을 수 있습니다. 채굴자는 자신의 비트코인 계정에 새로 주조된 비트코인들을 입금하는 트랜잭션을 추가로 생성합니다. 이것을 블록 보상이라고 합니다. 현재 비트코인의 프로토콜은 채굴자가 생성 블록당 25개의 새 비트코인을 할당할 수 있도록 허용하고 있습니다. 이것이 트랜잭션 수수료를 합한 금액에 더해집니다. 처음 비트코인이 시작되었을 때는 블록당 할당된 블록 보상이 50BTC였으며, 약 4년마다 절반으로 줄어들고 있습니다.

블록체인에 자신의 블록을 포함시킬 권한을 얻은 채굴자가 자신의 주소로 새로운 비트코인을 입금받으려면, 동료 채굴자들보다 먼저 답을 찾아야 확실한 이익을 얻을 수 있습니다. 이 선택 절차가 어떻게 작동하는지 간단히 설명하겠지만, 일단 지금은 비용이 많이 드는 연산 작업을 통해 수학 문제를 푸는 것이라고 생각합시다. 답은 찾기 어렵지만 일단 발견되면 그것이 맞는 답인지 검증하는 것은 쉽습니다. 답을 찾는 첫 번째 채굴자는 전체 채굴자 네트워크에 자신이 만든 블록을 공개하는 것이 허락됩니다.

이 채굴자들은 블록과 해답을 받은 후 검증 및 승인 작업을 진행하는데, 해당 블록을 전파한 최초의 채굴자가 발견한 답이 맞다는 것을 확인하는 과정입니다. 비트코인 프로토콜은 답을 발견하는 데 필요한 시간이 평균 10분 정도가 되도록 문제의 난이도를 설정합니다.

블록 문제를 푸는 채굴자가 현재 자신에게 허용된 25개를 초과하는 새로운 비트코인을 입금하려고 하면, 다른 채굴자들이 해당 채굴자의 블록을 거부할 것이고 자신의 블록을 위한 답을 찾는 작업을 계속 진행할 것입니다. 각 블록은 약간씩 다르기 때문에 각각 다른 답을 갖고 있습니다.

직관에 반하는 것처럼 보일 수도 있지만, 한 채굴자가 연산 작업에서 답을 얻어 다른 모든 채굴자들이 패배를 인정하고 해당 채굴자의 블록을 받아 블록체인의 다음 블록으로 추가하는 것에 동의하면 그 블록은 검증되며 다음 블록을 위한 작업이 시작됩니다.

여기에는 이전 블록이 만들어진 이후 들어온 모든 최근 트랜잭션들을 새로운 블록에 붙이는 작업이 포함되는데, 블록들의 답은 차례로 발견되고 끝없이 이어지는 블록체인에 추가됩니다.

비트코인이 작동하는 방식을 이해하면, 처음으로 답을 찾은 채굴자가 왜 비트코인 프로토콜이 허용하는 블록 보상만큼만 자신에게 입금하는지 알 수 있습니다. 그렇게 함으로써 자신의 블록이 다른 채굴자들의 승인을 받아 그에 대한 보상(트랜잭션 수수료)을 받도록 보장하는 것입니다. 이때 다른 채굴자가 유효한 블록을 거절하면 아무 수익도 얻지 못합니다. 비트코인 결제 시스템은 온전히 동작할 때만 가치가 있습니다. 만일 채굴자가 자신의 블록 외의 모든 블록을 거절하면 어떤 합의도 이루어지지 않으며, 전체 시스템의 가치가 붕괴되어 모든 채굴자가 이익을 얻을 수 없게 됩니다. 그 경우 채굴자들이 보유한 비트코인의 양이 얼마든 무가치한 것으로 바뀝니다. 그러므로 모든 채굴자가 공유된 비트코인 소프트웨어 내에 만들어진 비트코인 프로토콜을 존중하면 모든 채굴자에게 이익이 됩니다. 따라서 비트코인은 이전에 이야기한 공유지의 비극과 반대되는 개념을 구현합니다.

이번에는 앞서 '블록의 수학 문제를 푸는 데 필요한 값비싼 연산 작업'이라고 언급했던 내용에 대해 자세히 알아봅시다. 채굴자가 자신의 블록을 선택받게 하려면 블록에 관한 문제를 풀어야 합니다. 이 선택 과정을 '작업증명'이라고 하는데, 채굴자가 선택받기 위해 일을 해야 한다는 의미를 담고 있습니다. 관련 메커니즘을 제대로 이해하려면 우선 **해시 함수**라는 암호학적 개념을 파악한 후, 채굴자의 작업증명 관점에서 해시 함수가 어떻게 사용되는지 살펴봐야 합니다.

암호학적 해시 함수: 디지털 '지문'

암호학적 해시란 매우 기본적인 작업(임의의 길이의 문자를 무작위로 보이는 고정 길이의 숫자로 변환)을 수행하는 복잡한 알고리즘으로, [그림 3]에 몇 가지 예제가 나와 있습니다. 해시 함수(줄여서 해시)의 결과를 보통 메시지 다이제스트라고 하는데, 문서의 지문에 해당한다고 볼 수 있습니다.

[그림 3]에서 '뒷마당에 개가 2마리 있습니다'라는 입력은 '뒷마당에 개가 3마리 있습니다'와 전혀 다른 다이제스트를 만듭니다. 단지 한 개의 문자만 바뀌어도 모든 숫자가 완전히 다른 출력값을 얻게 되는 것입니다. 이 그림에서는 다이제스트 결과가 16진수값으로 표현되었습니다. 우리가 일반적으로 쓰는 10진수 체계와 달리 16진수 체계는 16을 기반으로 하는데, 수 체계에서 16개의 숫자를 표현하기 위해 16개의 기호를 사용합니다. 기호 0부터 9까지는 숫자 0에서 9까지를 나타내고, 문자 A부터 F까지는 숫자 10부터 15까지를 나타냅니다. 따라서 16진수 F는 숫자 15를 의미합니다. 결국 16진수 숫자 5A36은 $(5 \times 16^3) + (10 \times 16^2) + (3 \times 16^1) + (6 \times 16^0)$과

같으며, 10진수 체계에서는 23,094에 해당합니다. 자신의 컴퓨터에 있는 계산기로 16진수(Hex)에서 10진수(Dec)로 바꾸어가며 어떻게 동작하는 지 살펴봅시다.

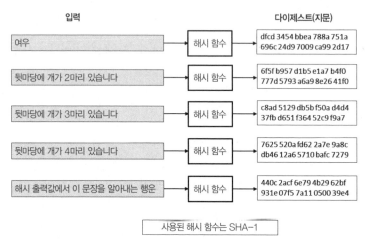

그림 3 해시 알고리즘의 동작

비트코인 사용자가 원하는 대로 출력값([그림 3]의 다이제스트)이 나오도록 조작하는 것은 불가능하고, 특정 다이제스트 출력값을 만들어낸 입력값이 무엇인지 찾아내는 것 또한 거의 불가능합니다. 그러므로 다이제스트를 만드는 것은 쉽지만 다이제스트를 만든 원문이 무엇인지 알아내는 것은 불가능하다고 할 수 있습니다. 인간의 지문에 비유하면, 지문에 대한 기록이 없는 사람이 지문을 남겼을 때 그 지문이 누구의 것인지 알아내는 것이 불가능한 것과 마찬가지입니다.

앞서 언급했듯이 모든 채굴자는 일단 답이 주어지면 그 답이 맞는지 쉽게 검증할 수 있지만 답을 찾아내기는 어렵습니다. 이 부분이 암호학적 해시를 비트코인에 사용하기에 이상적인 이유입니다. 블록 문제를 풀려는 채굴자는 다이제스트의 내용으로 표시되는 특정 패턴을 재현해야 합니다. 다이제스트 내의 특정 출력값을 재현하는 것은 불가능하므로 채굴자는 문자열 내의 숫자를 증가시키면서 비트코인 프로토콜이 요구하는 다이제스트 내의 특정 패턴을 얻을 때까지 해시를 반복해서 계산해야 합니다. 이 과정은 [그림 3]에서 다른 다이제스트를 만들기 위해 개의 수를 바꾸는 것('2마리', '3마리', '4마리')과 비슷합니다. 예를 들어 현재의 비트코인 프로토콜이 지정한 다이제스트가 '00'으로 시작하는 패턴을 가졌을 경우, 예로 든 개의 숫자를 변경하다 보면 대응하는 다이제스트의 16진수는 언젠가 이 요구조건을 만족하게 되어 블록의 답이 됩니다.

답을 찾는 채굴자는 올바른 패턴을 찾기 위해 보통 수백만 번의 해시 연산을 수행해야 하지만, 일단 답이 발견되면 다른 채굴자는 답을 검증하기 위해 한 번의 해시 연산만 수행하면 됩니다.

입력 문자열에서 다이제스트를 만드는 비트코인의 해시 알고리즘은 앞에서 설명한 시스템이 동작하도록 만듭니다. 그러므로 이상적인 암호학적 해시 함수는 다음과 같이 네 가지 주요 속성을 갖고 있습니다.*

- 주어진 메시지에 대응하는 해시값 계산은 간단함

- 주어진 해시값을 가진 메시지를 만들어내는 것은 불가능함

- 해시값을 변경하지 않고 메시지를 바꾸는 것은 불가능함

- 같은 해시값을 가진 두 개의 다른 메시지를 찾는 것은 불가능함

----

* http://en.wikipedia.org/wiki/Cryptographic_hash_function

위키피디아에서 가져온 다음 글은 해시 함수의 사용 예를 보여줍니다.

앨리스는 밥에게 어려운 수학문제를 냈고, 자신은 그 문제를 풀었다고 주장했습니다. 밥은 직접 문제를 풀어보고 싶었으나 앨리스의 말이 거짓인지 아닌지도 확인하고 싶었습니다. 그래서 앨리스는 자신의 답을 적어놓고 그 해시를 계산한 후 (답은 비밀로 하면서) 밥에게 해시값을 알려주었습니다. 며칠 후 밥이 스스로 답을 구해서 나타났을 때, 앨리스는 자신이 전에 구했던 답을 공개하고 밥에게 그녀의 답의 해시값을 구하게 하여 그 값이 전에 밥에게 준 것과 일치하는지 확인하게 함으로써 자신의 주장을 증명할 수 있었습니다(이것은 간단히 약속하는 경우의 예입니다. 실제 상황이라면 앨리스와 밥은 컴퓨터 프로그램에 해당할 것이고, 비밀이라는 것은 퍼즐의 답을 요구하는 상황보다 쉽게 속이기 힘든 무언가에 해당할 것입니다).

해시 함수는 사용자가 비트코인 내의 뮤서나 텍스트에 디지털 서명할 수 있게 하는 일부 절차를 담당합니다. 비트코인의 작업증명 맥락에서 해시 함수의 가장 유용한 특성 두 가지는 다음과 같습니다.

- 특정 해시로부터 메시지를 생성하는 것이 불가능함

- 메시지에서 한 개의 문자만 바꿔도 완전히 새로운 해시값을 만듦

몇 가지 유형의 해시 알고리즘들이 만들어졌는데, 비트코인은 그중 두 가지를 사용합니다. 작업증명에는 SHA256, 비트코인 주소에는 RIPEMD-160을 사용합니다. 해시 함수는 작업증명의 핵심이며 나중에 논의하겠습니다.

채굴자의 작업증명

각 채굴자는 늘 어려운 문제를 푸는 과정, 즉 **작업증명**을 통해 블록체인에 더할 다음 블록을 만드는 일에 활발히 참여합니다. 작업증명을 하는 첫 번째 채굴자는 새로 주조된 비트코인(이 글을 쓰는 현재 25비트코인)과 생성되는 블록에 포함된 트랜잭션에 대한 수수료를 누적한 만큼을 보상으로 받습니다. 일반적으로 적은 금액인 트랜잭션 수수료는 지불인이 트랜잭션을 보낼 때 추가됩니다. 2140년쯤에는 모든 비트코인이 채굴되는데, 그러면 채굴자들은 트랜잭션 수수료만 보상으로 얻게 됩니다.

그러므로 작업증명은 비트코인 채굴자 사이의 경주로 여겨지곤 하는데, 채굴자는 자신이 만들려는 블록의 SHA256 해시가 특정 성격을 갖도록 하기 위해 경쟁합니다. 앞서 설명한 것처럼 해시 출력값은 단순히 16진수로 표현되는 매우 큰 숫자입니다. 채굴자의 목표이자 풀어야 할 문제는 특정 값 이하의 해시 출력값을 얻는 것입니다. 이러한 조건을 만족하는 값을 계산한 최초의 채굴자가 승리하고, 승리한 채굴자의 블록은 다른 채굴자들의 검증을 거쳐 블록체인에 추가됩니다.

쉽게 설명하기 위해 해시의 출력값이 0에서 1,000,000 사이의 숫자이고 10,000 미만인 해시 출력값을 얻는 첫 번째 채굴자가 승리하는 경우를 상상해봅시다. 10,000은 임계값 역할을 하고 비트코인 내의 각 블록에는 이 임계값을 얻는 것을 유일한 목적으로 하는 숫자 하나가 포함됩니다.

비트코인 블록 내에 들어 있으면서 임계값에 대해 테스트를 받는 그 숫자는 '논스nonce*'라고 알려져 있습니다. 각 채굴자들은 블록의 해시 출력값이 임

---

* 옮긴이_ 비트코인에서 특정 범위의 출력값을 얻기 위해 해시함수에 입력하는 임의의 값

계값 이하가 될 때까지 논스값을 일정 양만큼 증가시킵니다. 앞서 설명한 것처럼 각 채굴자들의 블록은 다른 정보를 담고 있으므로 동일한 논스에 대해 다른 해시 출력값을 갖게 됩니다. [그림 4]는 이 과정을 나타낸 것입니다.

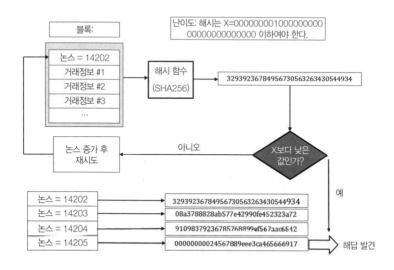

그림 4 작업증명의 설명

각 채굴자의 컴퓨터에 있는 소프트웨어에서 동작하는 비트코인 프로토콜은 첫 번째 채굴자가 답을 얻기까지 10분 정도 걸리도록 문제의 난이도를 조절합니다. 목표는 이전 10분 동안 전송된 최신 트랜잭션들을 포함한 새로운 블록을 정기적으로 블록체인에 업데이트하는 것입니다. 이 값은 다소 임의적인데, 나중에 살펴보겠지만 사토시는 이 주제에 대해 일부 토론을 진행했습니다.

앞에서는 논스를 임계값과 비교했습니다. 작업증명이라고 하는 해시의 숫자들은 16진수 체계를 가지므로, 첫 X개의 바이트가 0인 것으로 변환되는데, 이때의 X는 작업증명의 난이도를 일정 수준으로 유지하기 위해 주기적으로 조정됩니다.

예를 들어 블록체인의 282,435번째 블록은 다음과 같은 SHA256 출력값을 가집니다.

0000000000000000c6647dad26b01b28f534223450d75d3b6b28828550
39b673

이 숫자가 16진수 체계로 되어 있음을 떠올려보면 0에서 15까지 16개의 숫자를 표현하는 기호들로 이루어져 있는데, 0에서 9를 나타내는 기호는 십진수로 0에서 9까지고 16진수의 10에서 15까지의 숫자를 나타내는 것은 A에서 F까지입니다. 앞의 16진수 숫자는 64개의 자릿수로 이루어져 있고, 16진수의 왼쪽 숫자들은 16의 더 높은 승수를 표현하므로 더 큰 수를 나타냅니다. 해시 출력값을 더 작게 만들려면 해시 출력값의 앞자리 수들을 0으로 만들어야 합니다. 해시 출력값을 특정 임계값 이하로 만든다는 것을 일정 개수의 앞자리 숫자를 0으로 만든다는 것으로 바꿔 표현할 수 있는 것도 이 때문입니다.

어떤 점에서 작업증명은 해당 시점에 비트코인 프로토콜이 지정한 임계값 이하의 해시 출력값을 만들어내는 논스를 찾는 것이라고 할 수 있습니다.

[그림 4]에서 출력값의 처음 16개 자릿수를 0으로 만들어야, 비트코인 프로토콜이 설정한 임계값 아래로 해시 출력값을 내릴 수 있습니다. 그러므로 이 숫자를 처음 얻어 블록을 '따낸' 채굴자는 원하는 개수의 연속된 0을 가진 16진수를 얻을 때까지 '논스'값을 계속해서 바꿔야 했습니다. 로또에서처럼 가장 많은 '표'를 사는(즉, 가장 많은 수의 SHA256 출력값을 만들어내는) 채굴자는 올바른 개수의 0을 가진 숫자를 찾을 가능성이 더 높아집니다.

이러한 비트코인 시스템의 요구사항은 초당 더 많은 해시를 만들어내는 하드웨어 제작 경쟁으로 이어졌습니다. 282,435번째 블록의 해시를 처음 발견한 행운의 채굴자는 10진수값 505, 482,604까지 논스를 증가시켰는데, 이것은 이 채굴자가 올바른 개수의 연속되는 0을 가진 값을 찾기까지 5억 번 이상의 '해시'를 만들었다는 의미입니다.

앞서 설명했듯이, 비트코인 프로토콜의 목표는 대략 10분마다 트랜잭션들을 담은 블록을 만들어내는 것입니다. 어떤 난이도에서 더 많은 채굴자들이 합류하면(또는 조금 더 정확한 표현으로 초당 더 많은 해시가 계산되면) 10분 내에 원하는 다이제스트(해시 출력값)를 발견할 확률이 증가합니다. 비트코인 프로토콜은 일정 수의 블록 이후 블록이 얼마나 빨리 생성되는지 평가하고, 평균적으로 10분보다 짧을 경우 난이도를 높이고(연속된 0의 개수를 늘려, 한 채굴자가 올바른 득성을 가신 다이제스트를 얻을 확률을 낮춤), 10분보다 길 경우 난이도를 낮춥니다(연속되는 0의 숫자를 줄여 올바른 다이제스트를 얻을 확률을 높임).

한 채굴자가 올바른 해시 출력값을 얻는 논스를 발견하면 채굴자의 블록이 전파되고, 다른 마이너들이 그것을 검증해서 받아들인 후 다음 블록을 위한 작업이 시작됩니다. 그러므로 비트코인은 10분마다 다시 시작되는 로또 게임처럼 동작합니다. 올바른 특성을 가진 논스값을 발견할 행운의 채굴자는 누구일까요?

[그림 5]는 작업증명 이면의 개념을 묘사합니다. 블록에는 보이는 것보다 더 많은 정보가 있다는 데 유의하기 바랍니다. 그림은 단순하게 줄여서 표현한 것입니다.

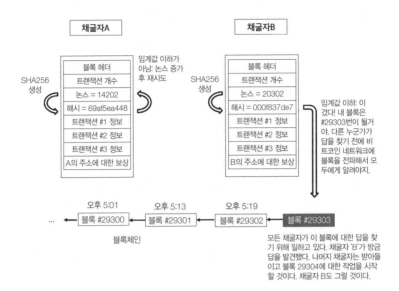

그림 5 작업증명의 승자

채굴자의 합의와 오픈 블록

앞에서 설명한 것처럼 비트코인의 작동에는 합의가 필요합니다. 9장에서
더 자세히 다루겠지만, 이 개념은 두 채굴자가 거의 같은 시간에 블록 문제
를 풀었을 때 등장합니다. 이 경우 두 채굴자는 비트코인 시스템 전체에 답
과 함께 자신의 블록을 전파시킵니다. 모든 채굴자는 양쪽 블록을 모두 받
았지만, 다음 블록을 만드는 작업은 두 블록 중 먼저 받은 블록을 기반으로
진행됩니다. 채굴자의 50%가 채굴자 A로부터 먼저 블록을 받았고, 나머지
는 채굴자 B로부터 먼저 블록을 받았다고 가정해봅시다. 이 상황은 [그림
5]에서 블록 번호 29302에 대한 것으로 묘사됩니다.

이것은 시간을 초과하여 경쟁이 지속되는 상황과 비슷합니다. 두 블록 중 어느 것이 진짜 블록체인의 일부가 되는지는 얼마나 빨리 다음 블록의 문제가 풀리는가, A의 블록을 받은 채굴자와 B의 블록을 받은 채굴자 중 누구에 의해 문제가 풀리는가에 따라 달라집니다. 이 시점에서 블록체인에는 두 개의 버전이 존재하는데, 채굴자의 절반은 29302번 블록의 채굴자 A 버전을 갖고 있고, 나머지는 채굴자 B 버전을 갖고 있습니다. 두 버전 중 어떤 것이 살아남는가는 다음 블록([그림 5]의 29303번)의 문제를 푸는 채굴자가 자신의 컴퓨터에 어떤 버전의 블록을 갖고 있는가에 달려 있습니다. 29303 번 블록의 문제가 풀리면 이 버전의 블록체인은 둘 중 가장 긴 것이 되어 공식적인 체인이 됩니다. 그러면 모든 채굴자는 다른 버전의 블록체인을 버리게 되는데, 버려진 블록은 오펀 블록^{orphan block}이라고 불리는 상태가 됩니다. [그림 6]은 그 과정을 나타낸 것입니다.

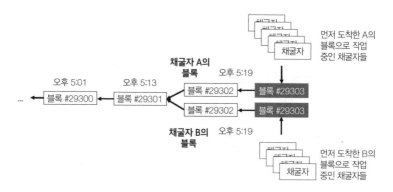

그림 6 블록의 분기

비트코인이 동작하는 이유

앞에서 비트코인의 작동 원리는 살펴봤지만 왜 그렇게 작동하는지는 다루지 않았습니다. 그 원리를 이해하려면 오픈 소스 소프트웨어와 같은 몇 가지 추가 개념에 대해 알고 있어야 합니다. 그 개념은 다음과 같습니다.

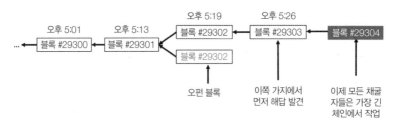

그림 7 가장 긴 체인이 승리한다.

- 비트코인은 오픈 소스 소프트웨어다.

- 비트코인 소프트웨어는 채굴자와 지갑 클라이언트가 따라야 하는 운영 지시사항을 설정한다.

- 비트코인 소프트웨어는 통신 프로토콜을 정의하고 운영한다.

- 블록체인의 분산 파일 공유는 공개 장부를 염두에 둔 것이다.

오픈 소스 소프트웨어는 그 소스 코드를 누구나 볼 수 있도록 공개된 컴퓨터 소프트웨어이며, 누구나 수정하거나 사용할 수 있도록 하는 특별한 라이선스 하에서 운영됩니다. 프로그래머는 소스 코드를 이용해 프로그램(컴퓨터상에서 실행되는 바이너리 파일)을 재창조할 수 있고 원하는 대로 변경할 수도 있습니다. 그로 인해 많은 비트코인 모방작들이 출현했는데, 비트코인과 차별화를 도모한 다른 가상 화폐들은 기껏해야 외형적인 부분만 달랐고,

네임코인 등 아주 극소수를 제외하고는 유의미한 혁신을 보여주지 못했습니다. 대다수의 대안 가상화폐들은 블록 생성 주기, 통화의 총 유통량, 사용된 암호학적 해시 알고리즘을 바꾸는 방식에 기반하고 있습니다.

소프트웨어 코드가 오픈 소스로 공개되면 전문가가 그 코드를 분석하고 무결성을 검증함으로써 목적대로 기능하는지 확인할 수 있습니다. 오픈 소스 소프트웨어의 중요한 사례로 리눅스가 있는데, 리눅스는 서버 산업에서 마이크로소프트 윈도우의 시장 점유율을 빼앗아왔습니다. 오픈 소스라는 점 때문에 많은 프로그래머들이 계속해서 코드를 살펴보고 개선하므로 소유자가 있을 때보다 문제점이 훨씬 더 빨리 발견되고 수정됩니다. 리눅스는 적어도 오픈 소스 소프트웨어의 관리 측면에서만큼은 공공의 이익과 개인의 이익이 조화를 이룰 수 있다는 것을 보여주었습니다. 이러한 개방성은 소유권이 있는 소프트웨어라면 달성할 수 없는 높은 수준의 무결성을 가능하게 합니다. 그에 반해 개발사 소유의 소프트웨어가 의도한 대로 동작한다는 것을 보장하는 것은 개발사의 평판 밖에는 없습니다.

비트코인 또한 채굴자와 지갑 클라이언트가 지켜야 하는 정의된 동작 규칙에 기반하여 인터넷에서 동작합니다. 지갑 클라이언트(스마트폰의 앱이나 개인용 컴퓨터 프로그램 등의 소프트웨어 프로그램)는 누군가가 결제 트랜잭션을 보낼 때 사용되는 것으로, 이때 채굴자는 블록체인에 참여하기 전에 해당 트랜잭션을 검증합니다. 프로토콜을 벗어나는 채굴자는 나머지 채굴자들에 의해 배척당하며, 네트워크의 동작에 더 이상 영향을 끼칠 수 없게 됩니다.

비트코인에 대해 벌어지는 흔한 논쟁 중 하나는 나카모토가 2,100만으로 설정한, 앞으로 생성될 비트코인 최대 생성 개수에 대한 제한입니다. 만약 개수가 최대치에 도달했을 때 누군가 그 한계치를 늘린다면 어떻게 막을 수 있을까요? 사실 막을 방법은 없습니다. 그러나 제한량을 바꾸는 것에 대해 동의를 얻으려면 채굴자 대다수의 협력이 필요합니다. 채굴량 제한을 없애는 데 대다수가 동의하더라도 전체 동의가 없으면 블록체인에 분기가 발생합니다. 제한을 없애는 것에 동의하는 쪽이 한쪽 버전의 블록체인을 사용하고, 동의하지 않는 쪽이 나머지 한 쪽을 사용하게 될 것입니다. 결과적으로 우리는 하나가 아니라 두 개의 가상화폐를 갖게 되는데, 하나는 '오리지널 비트코인'이고 다른 하나는 '정량적으로 완화된 비트코인'입니다. 장기적으로 봤을 때 하나는 오랫동안 가치를 잘 유지하여 선호도가 높은 버전이 될 것이고, 다른 하나의 가치는 떨어질 것입니다. 그렇다면 비트코인 사용자는 어떤 쪽에 더 관심을 보일까요?

비트코인 개발 커뮤니티는 변화에 대해 상당히 보수적입니다. 지금까지는 큰 변화를 일으키는 좋은 방법이 새로운 가상 화폐를 만드는 것이었고, 그 중 몇 가지는 총량에 제한이 없었습니다.

비트코인을 나타내는 마지막 특성은 소프트웨어가 오픈 소스일 뿐 아니라 그 부기bookkeeping도 오픈되어 있다는 점입니다. 어떤 이들은 블록체인이 회계에 혁명을 일으킨다는 점에서 '삼중 부기triple-entry bookkeeping'라고 불렀습니다. 누구나 블록체인을 들여다볼 수 있고 회계가 현재 비트코인 프로토콜에 설정된 요구사항과 명세를 따르는지도 확인할 수 있습니다. 블록체인의 분산 파일 공유라는 것은, 비트코인 소프트웨어를 실행하는 사람이라면 누구나 비트코인 네트워크에 연결되어 블록체인에 접근할 수 있다는 것을 의미합니다.

비트코인의 탁월한 개념적 기반에 대해 더 잘 이해하고 싶다면 사토시 나카모토의 백서를 적극 추천합니다. 이 책에서 제공하는 정보는 논문에 대한 접근성을 높일 것입니다. 백서의 사본은 이 책 끝 부분에 수록되어 있습니다.

- http://bitcoin.org/bitcoin.pdf

이번 장이 비트코인의 핵심 개념을 이해하는 데 도움이 되었기를 바랍니다. 이제 비트코인 논문과 이 책의 나머지 부분들도 훨씬 수월하게 읽을 수 있을 것입니다.

비트코인의 시사점

화폐 시스템으로서 비트코인이 미친 영향은 엄청납니다. 비트코인의 한 가지 장점은 이메일을 보내듯이 어디든 간단히 통화를 '전송'할 수 있다는 점인데, 이것은 고국의 친척들에게 돈을 보내고 싶어 하는 이주 노동자들에게 정말 편리합니다. 반면에 국경 너머로 송금하는 회사들은 같은 작업을 하는 데 높은 수수료를 부과합니다. 국가 통화에서 비트코인으로, 그리고 다시 반대로 환전하는 데 수수료가 들기는 하지만 온라인 송금에 비하면 적은 금액입니다.

앞서 언급한 온라인 쇼핑과 온라인 기부에는 또 다른 혜택이 있습니다. 현재의 신용카드 결제 시스템은 향후 완전히 바뀔 것이라고 확신합니다. 신용카드로 결제하려면 청구서 수신 주소와 신용카드 뒷면의 3자리 코드를 포함해 지불자와 관련된 많은 정보를 제공해야 합니다. 이것은 본질적으로 비트코인에서 여러분의 개인 암호화 키를 판매상에게 제공하는 것과 마찬가지입니다. 이와 같은 보안상의 취약점에 의한 많은 수의 사기가 가맹점들이 떠안아야 하는 높은 수수료와 지불 거절 형태로 나타났습니다. 신용카드 회사들은 매년 사기성 청구를 처리하는 데 엄청난 액수의 현금을 소비합니다. 이러한 비용은 가맹점에 전가되고, 가맹점은 다시 상품과 서비스에 더 높은 가격을 매김으로써 비용을 소비자에게 부담시킵니다.

비트코인이 미친 또 다른 중요한 영향은 통화 영역으로, 특히 단순한 통화가 아니라 화폐가 될 수 있는 시스템의 능력에 있습니다. 통화는 다음과 같은 속성을 가집니다.

- 교환의 매개체(거래 중계자로 사용)

- 거래의 단위(셀 수 있으며 수량화 가능)

- 내구성(긴 수명)

- 분할 가능(더 작은 단위로 만들 수 있음)

- 이동 가능(쉽게 운반 가능)

- 대체 가능(서로 교환할 수 있으며, 특정 값의 1 단위는 다른 동일 단위로 바꿀 수 있음)

화폐는 앞에서 나열한 속성 외에도 한 가지 속성을 더 갖습니다.

- 장기적으로 가치를 유지하는 능력

통화와 달리 화폐는 인플레이션이 일어나기 쉽습니다. 1900년대 초반에 인플레이션이란 그저 무언가를 부풀리는 행위, 통화의 경우 더 많은 통화를 찍어내는 것으로 정의되었습니다. 그러나 현재 사전에서는 인플레이션을 일반적인 가격 인상으로 정의하고 있습니다. 가격 상승은 통화가 전보다 더 많아져 평가 절하가 일어나는 현상을 의미합니다. 이러한 정의의 전환이 일어난 시기가 종이 화폐가 금과 은으로부터 점점 더 멀어져 더 높은 가격을 형성하게 된 기간에 해당한다는 점은 흥미롭지만 놀라운 일은 아닙니다. 예를 들어, 우리 조상들은 식량 가격이 평생 거의 변하지 않고 그대로 유지되는 것을 보았습니다. 그러나 오늘날의 사람들은 가격 상승을 중력과 마찬가지로 삶에서 불변의 진리로 바라보는 데 익숙해졌습니다. 이것은 마치 항상 비가 내리는 곳에서는 누구도 구름과 비 사이의 관계를 알아내지 못하는 것과 같습니다. 하지만 푸른 하늘을 보지 못했다는 이유로 그들을 비난할 수 있을까요? 같은 방식으로, 오늘날 대부분의 사람들은 통화 인플레이션에 의해 식량 가격이 상승하는 것을 인지하지 못하는데, 때로는 가격 상승이 나타나는 데까지 몇 년간 지연이 일어나기도 합니다. 1960년대에 발생한 통화 인플레이션이 1970년대에 이르러서야 모습을 드러낸 것이 그런 경우입니다.

오랫동안 구매력을 유지하기(인플레이션이 일어나지 않음) 위해서는 화폐 공급이 제한되어야 합니다. 금과 은은 수천 년 동안 화폐로 선택되어 왔습니다. 지구상에서 금과 은의 공급량은 제한되어 있으므로 누구든 더 많이 얻으려면 채굴하는 데 자신의 에너지와 시간을 들여야 했습니다. 귀금속을 채굴하는 데 드는 노력은 비트코인 시스템에서 작업증명과 비슷하다고 할 수 있습니다. 이러한 실제 작업은 단순히 더 많은 달러 지폐를 인쇄하는 것과 비교됩니다. 종이 통화는 처음에 귀금속을 대체하는 편리한 파생물로서 거래를 촉진시키는 용도로 받아들여졌습니다. 종이 통화는 쉽게 찍어낼 수 있어서 금 세공인들과 이후의 은행가들이 실제 금으로 가진 양보다 (더 많은 지폐를 인쇄해서) 더 많이 빌려주는 부분 지급 준비제를 시행했기 때문에 늘 인플레이션이 일어나기 쉬웠습니다. 이로 인해 역사 책에 기록되었듯이 '뱅크런*' 위기가 빈번하게 일어났습니다.

컴퓨터와 네트워크 기술이 등장하기 이전의 거래는 귀금속과 지폐로 제한되어 있었습니다. 그 후 전자 통신으로 인해 금과 은이 직접 개입할 수 없는 새로운 거래 방식이 도입되었습니다. 지금까지는 중앙에서 통제하고 전자적으로 전송 가능한 통화만 존재했기 때문에 통제자가 기본 통화의 공급량 규모를 결정하는 무제한적인 자유를 누릴 수 있었습니다. 닉슨 대통령이 외환 거래 시장에서 달러를 금으로 바꿀 수 없도록 했을 때 이 점이 분명하게 드러났습니다. 베트남 전쟁과 린든 존슨의 '위대한 사회'는 전자 인쇄기를 이용해 미국 달러를 약화시키는 방식으로 자금을 지원받았습니다.

생필품 가격 상승으로 나타나는 데까지는 시간이 걸렸으나, 달러화와 금 본위제의 연결이 해제되자 달러화의 가격은 이전에 통용되던 금 1온스당 35달러라는 고정 가격보다 사실상 더 높아졌습니다. 이후 달러화는 현존하는 다른 국가의 통화와 마찬가지로, 걷잡을 수 없이 계속 팽창하는 통화가 되었습니다.

7장에서 살펴보겠지만, 종이 화폐(명목화폐**)는 유통 중인 통화의 가치를 정부가 훔쳐내 적자 지출에 자금을 조달하는 것을 허용합니다. 빈곤층과 중산층은 통화 인플레이션에 많은 영향을 받는 반면, 부유층은 기업과 소득을 창출하는 상업용 부동산을 얻기 위해 부채와 다양한 금융 파생상품을 활용

---

* 옮긴이_ 은행의 부실로 인해 예금주들이 한꺼번에 대규모로 돈을 인출하는 사태
** 옮긴이_ 피아트 화폐라고도 부르며, 발행 정부가 가치를 보증하는 화폐를 뜻한다.

합니다. 부유층은 자신들의 부채가 통화와 함께 평가절하되어 인위적인 추가 수익을 제공할 것이라는 점을 알고 있습니다. '빈곤과의 전쟁'을 해결하는 첫 번째 방법은 통화 인플레이션을 제거하고 장기간 가치를 유지하는 화폐의 형태로 되돌리는 것이지만, 정부가 이러한 조치를 포함한 안을 제안하거나 좋아할 것이라는 기대는 하지 않는 것이 좋습니다.

현재 많은 잡지 및 신문 기사들은 비트코인의 디플레이션 속성을 주요 단점으로 제시합니다. 디플레이션으로 인해 비트코인으로 측정 가치가 하락할 것이라는 뜻입니다. 그러나 사실 디플레이션은 비트코인의 주요 장점이라고 할 수 있습니다. 일부 기사에서는 사람들이 경제 활동에 비트코인을 소비하는 대신 '비축'할 것으로 보는데, 우선 내일 비트코인이 국가 지정 통화가 된다고 상상해봅시다. 당신은 사람이기 때문에 여전히 음식을 먹어야 하고 쉴 곳이 있어야 합니다. 그러므로 이 두 가지에 대해 비용을 지불해야 합니다.

비트코인에 대한 이러한 기사들은 화폐가 무엇인지에 대한 오해를 보여줍니다. 사람들이 지출 대신 저축('비축'은 저축을 경멸하는 용어)한다는 것은 소비를 나중으로 미룬다는 의미입니다. 우리는 이런 행태를 최근 소위 '비트코인 백만장자'라는 일부 사람들에게서 볼 수 있었는데, 이 사람들은 어떤 시점에 이르면 사치품을 구입하는 데 비트코인을 쓸 만큼 편안함을 느끼게 됩니다.

화폐(장기간 가치를 유지하는 통화)를 기반으로 하는 경제 시스템에서 저축하는 사람들은 소비를 지연시킴으로써 제조사나 건축업자, 공장들, 생필품을 만들어내는 사람들과 자원을 놓고 경쟁하지 않습니다. 여기서 자원이란 모든 형태의 에너지, 상품, 시간, 노동력, 특히 전문화된 노동력을 의미합니다. 여행을 하지 않는 사람은 여행 과정에서 소비했을 휘발유를 건설사가 새로운 발전소 건설에 필요한 자재를 운반하는 데 쓸 수 있도록 허용하는 것입니다. 달러를 찍어낸다고 해서 더 많은 기름이나 전기가 만들어진다거나 하루에 더 많은 시간이 생겨나는 것은 아닙니다. 이 개념을 다소 간단한 예로 설명했지만, 여러분은 제한된 공급량에서 이끌어낸 가치를 보유하는 능력을 지닌 비트코인 같은 통화가 큰 파급효과를 갖는다는 점을 이해했기를 바랍니다.

이 장에서는 비트코인 이면의 기술과 기반 소프트웨어의 개념을 다뤘고, 사토시 나카모토가 고수했을 법한 경제의 대안적 관점을 살펴보았습니다. 여러분은 비트코인이 무엇이고 어떻게 동작하는지에 대해 충분히 이해할 수 있었을 것입니다. 이제 페이지를 넘겨 비트코인의 창시자인 사토시 나카모토를 만나봅시다.

크립토 메일링 리스트에 쓴 첫 번째 글

이것은 **사토시 나카모토가** 비트코인에 대해 공지한 글입니다. 이 글은 암호학에 관심 있는 사람들을 위한 포럼인 크립토그래피Cryptography 메일링 리스트에 게재되었습니다.

비트코인 P2P 전자화폐 논문

New Message

사토시 나카모토   2008년 11월 1일 16:16:33 -0700

저는 신뢰하는 제3자 없이 완전하게 개인과 개인 사이에서 동작하는 새로운 전자화폐 시스템을 만들어왔습니다.
논문은 여기서 볼 수 있습니다.
http://www.bitcoin.org/bitcoin.pdf

주요 특징:

개인 대 개인^{Peer to Peer, P2P} 네트워크 사용으로 이중지불이 방지됩니다.

화폐 주조자나 다른 신뢰할 수 있는 대상이 없습니다.

참가자들은 익명이 될 수 있습니다.

새로운 코인은 해시캐시 방식의 작업증명을 통해 만들어집니다.

새 코인 생성을 위한 작업증명으로 네트워크는 이중지불을 방지할 수 있습니다.

비트코인: 개인 대 개인 간 전자화폐 시스템

완전한 P2P 방식의 전자화폐 시스템을 이용하면 금융기관을 거치는 부담 없이 한 당사자가 다른 당사자에게 직접 온라인으로 송금할 수 있습니다. 전자 서명이 문제 일부를 해결할 수도 있지만, 신뢰받는 당사자가 이중지불을 방지해야 한다면 상대방을 신뢰하지 않고도 거래가 가능한 비트코인의 주요 장점이 사라집니다. 우리는 P2P 네트워크를 사용한 이중지불 문제에 대해 해결책을 제시하고자 합니다. 이 네트워크는 트랜잭션의 해싱 작업을 통해 해시 기반 작업증명 체인에 트랜잭션의 타임스탬프를 써넣는데, 이것은 작업증명을 다시 수행하지 않고서는 변경할 수 없는 기록입니다. 가장 긴 체인은 목격된 이벤트 순서에 대한 증거 역할을 할 뿐 아니라, 그 체인은 가장 큰 규모의 CPU 연산력으로 만들어졌다는 증거가 되기도 합니다. 네트워크 자체는 최소한의 구성만 필요로 하며, 메시지는 최대한 멀리 전파되고 노드는 언제든 네트워크를 떠나거나 다시 합류할 수 있습니다. 노드가 네트워크를 떠나 있던 동안 발생한 사건의 증거로 가장 긴 작업증명 체인을 받아들이게 됩니다.

전문: http://www.bitcoin.org/bitcoin.pdf

사토시 나카모토

크립토그래피 메일링 리스트

확장성 문제들

사토시는 여기에서 확장성에 관해 댓글을 달았습니다. 지불을 하려면 지갑 클라이언트에 블록체인 전체가 들어 있어야 하는데, 블록체인이 커지면 작은 지갑 클라이언트는 메모리에 부담이 됩니다. 이 문제는 이후 버전 배포할 때 사토시가 언급했습니다. 오늘날 스마트폰 앱은 자신이 신뢰하는 전체 블록체인을 가진 서버에 접속해서 트랜잭션을 쉽게 처리할 수 있습니다.

RE: 비트코인 P2P 전자화폐 논문

사토시 나카모토   2008년 11월 2일 17:56:27 -0800

제임스 A 도널드 작성

--

> 사토시 나카모토 작성
> 저는 신뢰하는 제3자가 없는 완전한 P2P 전자화폐 시스템을 만들고 있습니다.

> 전문은 아래에서 볼 수 있습니다.
> http://www.bigcoin.org/bitcoin.pdf

--

우리에게는 이와 같은 시스템이 절실히 필요하지만, 제가 이해한 바로는 그것이 충분한 크기로 확장되지 않은 것 같습니다.

전송할 수 있는 작업증명 토큰에 가치가 있으려면 금전적 가치를 포함해야 합니다. 그리고 금전적 가치를 가지려면 매우 광범위한 네트워크 내에서 전송되어야 하죠. 예를 들면 비트토렌트bittorrent 등의 파일 거래 네트워크처럼요.

이중지불 사건을 제때 감지하고 거부하려면, 개인은 코인 거래 시 과거의 코인 거래 내역 대부분을 갖고 있어야 합니다. 단순하게 구현해본다면, 각 피어들은 과거의 거래 내역 대부분 또는 최근 발생한 지난 거래 내역 대부분을 갖고 있어야 합니다. 수억 명의 사람들 간에 거래가 진행된다면, 많은 대역폭이 필요할 텐데 거래자 모두는 전체 정보 내지는 상당한 양의 정보를 알고 있어야 합니다.

--

네트워크 공간이 그 정도로 커지기 한참 전에 사용자가 이중지불을 확인하려면 단순 결제 검증(8장에서 설명)을 사용하는 것이 안전할 겁니다. 그리고 이것은 하루에 12KB 정도 크기인 블록 헤더의 체인만 있으면 됩니다. 새로운 코인을 만들고 싶은 사람들만 네트워크 노드 운영이 필요합니다. 처음에는 대부분의 사용자가 네트워크 노드를 운영할 텐데, 네트워크가 일정 규모 이상으로 성장하면 특수 하드웨어로 구성된 서버 팜server farms*을 가진 전문가 집단이 더 많이 남을 것입니다.

하나의 서버 팜은 네트워크상에서 하나의 노드만 가지면 되고, LAN 영역 내의 나머지

----

* 옮긴이_ 여러 대의 컴퓨터 서버와 운영 시설들을 한 곳에 모아놓은 그룹

서버들은 그 노드에 연결됩니다.

대역폭은 생각만큼 엄청나지 않을 수도 있습니다. 일반 트랜잭션은 400바이트 정도입니다(ECC가 꽤 간결하죠). 각 트랜잭션은 두 번 전송돼야 하는데, 예를 들어 트랜잭션당 1KB라고 해봅시다. 비자는 2008년도에 370억, 일평균 1억 트랜잭션을 처리했습니다. 그 정도로 많은 트랜잭션은 100GB의 대역폭을 차지하며 DVD 12장 또는 HD 영화 두 편의 크기에 해당합니다. 또는 현재 시세로 18달러 정도의 대역폭이죠.

네트워크가 그 정도로 커지려면 몇 년은 걸릴 것입니다. 그리고 그때가 되면 HD 영화 2편을 인터넷으로 전송하는 것은 별 문제가 안 될 것 같아요.

사토시 나카모토

크립토그래피 메일링 리스트

51% 공격

사토시는 이번 글에서 51% 공격이라는 것에 대한 쟁점을 다뤘습니다. 51% 공격이 일어나는 시나리오에서 단일 채굴자나 채굴자 그룹은 해시 파워(예를 들면, 작업증명)의 과반을 얻어 트랜잭션을 만들고 역전시켜 이중지불이 일어나도록 하거나, 특정 트랜잭션이 승인되는 것을 막거나, 일부 또는 다른 모든 채굴자가 유효한 블록을 채굴하지 못하도록 만들 수 있습니다.

RE: 비트코인 P2P 전자화폐 논문

사토시 나카모토   2008년 11월 3일 11:45:58 -0800

존 레빈 작성

--

사토시 나카모토 작성
정직한 노드들이 네트워크싱에서 대부분의 CPU 파워를 제어하는 한, 가장 긴 체인을 생성해 다른 공격자를 앞설 수 있습니다.

--

그렇지 않습니다. 불순한 사람들이 10만대 이상의 좀비 팜zombie farms을 조종하는 일은 흔히 일어납니다. 제가 아는 어떤 분은 좀비를 뿌리는 스팸 메일 관련 블랙리스트를 사용하는데, 하루에 100만 개나 되는 새로운 좀비를 발견하는 경우도 있다고 하더군요. 같은 이유로 해시캐시는 오늘날의 인터넷상에서는 작동할 수 없습니다. 선한 사람들은 악한 사람들보다 컴퓨팅 파워가 훨씬 떨어지니까요.

--

문제 제기에 감사드립니다. 공격자를 막기 위한 조건을 더 확실히 표현했어야 하는데 그러지 못했네요. 필요한 조건은 착한 사람 전체가 단일 공격자보다 더 많은 CPU 파워를 보유해야 한다는 것이죠. 네트워크를 압도할 정도로 크지 않은 작은 좀비 팜들은 많을 텐데, 그걸로 비트코인을 채굴해서 돈을 벌 수도 있을 것입니다.

그러면 그 작은 팜들은 '정직한 노드'가 되는거죠('정직한'보다 나은 표현이 있어야겠네요). 더 많은 작은 팜들이 비트코인을 만드는 일에 몰두할수록 네트워크를 압도하는 파워의 기준선이 높아지므로, 더 큰 팜을 만들어도 그것을 넘어서기에는 모자랄 것입니다. 그러면 그 팜들도 비트코인을 채굴할 수 있겠죠. '롱테일' 이론*에 따르면 소형, 중형, 대형 팜들을 한데 모았을 때 가장 큰 좀비 팜보다 더 커야 합니다.

나쁜 사람 하나가 네트워크를 징악한다고 해서 바로 부자가 되지는 못할 것입니다. 그가 할 수 있는 일이라고는 수표 수신거부처럼 자신이 사용한 돈을 돌려받는 것뿐입니다.

그 점을 악용하려면 판매상에게 무언가를 구입하고 배송이 이루어질 때까지 기다린 후 네트워크를 장악해서 환불을 시도해야 합니다. 그런 카드 결제 방식을 이용해서 버는 돈이 비트코인을 채굴해서 버는 돈보다 많을 거라고는 생각하지 않습니다. 그 정도로 큰 좀비 팜이라면 다른 사람들의 채굴량을 합친 것보다 더 많은 비트코인을 채굴할 수 있을 거예요. 비트코인 네트워크는 실제로 좀비 팜들이 비트코인을 채굴하도록 유도해서 스팸을 줄일 수 있을 것입니다.

사토시 나카모토

크립토그래피 메일링 리스트

----

* 옮긴이_ 파레토 법칙(Pareto's Law)을 그래프로 나타냈을 때 긴 꼬리 영역을 '롱테일'이라고 하며, 롱테일을 이루는 하위 80%가 상위 20%보다 더 큰 비중을 갖는다는 이론이다.

중앙 제어 네트워크와 P2P

사토시는 음악 파일 공유 웹사이트인 냅스터나 디지털 금 통화인 E-골드처럼 중앙화된 시스템 운영을 정부가 중지시킬 수 있다는 점을 이야기했습니다. 이로써 완전한 P2P 네트워크 시스템이 더 탄력적이라는 점이 입증되었습니다.

RE: 비트코인 P2P 전자화폐 논문

사토시 나카모토 2008년 11월 7일 09:30:36 -0800

  [무력 사용을 독점하는 시스템의 취약성에 대한 긴 설명은 생략함]
  당신은 암호학에서 정치적 문제들의 해법을 찾지 못할 거예요.

--

네. 하지만 군비 경쟁이라는 큰 전투에서 승리하고 여러 해 동안 영토의 자유를 지켜낼 수는 있겠죠.

정부는 냅스터와 같은 중앙 제어식 네트워크의 목을 치는 일에는 능숙하지만, 그누텔라^{Gnutella}나 토르^{Tor}처럼 완전한 P2P 네트워크에는 손을 대지 못하는 것 같습니다.

사토시

크립토그래피 메일링 리스트

초기 인플레이션 비율 35%에 대한 사토시의 생각

처음 몇 해 동안은 매 10분마다 50개의 비트코인이 채굴되어 일 년에 총 260만 개의 비트코인이 생겨났습니다. 2009년 1월, 비트코인이 잔고 0인 상태에서 시작된 이래 초기 비트코인 통화의 인플레이션 비율은 엄청난 수준이었습니다. 이처럼 높은 인플레이션은 초기 공급량이 매우 제한된 상태에서 통화의 수요가 증가되었다는 점으로 설명됩니다. 그에 비해 베네수엘라의 볼리바르나 아르헨티나의 페소, 짐바브웨의 달러 같은 기존의 국가 통화는 상대적으로 안정적이며 충분히 공급 가능한 상태로 시작되었습니다. 그러나 이 국가들은 정부가 적자 지출*에 자금을 대는 수단으로 삼으면서 통화를 찍어내는 비율이 증가했습니다.

정부가 적자 지출에 돈을 댈 수 있는 세 가지 방법은 통화 인플레이션(새로 화폐를 인쇄함), 국민에게 빌리기, 과세입니다. 정부는 명목화폐를 선호하는 경향이 있는데(즉, 새로운 통화를 만들어냄) 필연적으로 발생하는 물가 상승

----

* 옮긴이_ 공익 목적의 사업 등에 정부의 예산을 집행하는 행위

의 진범인 통화 인플레이션 대신 투기꾼들이 비난을 받게 만듭니다. 베네수엘라 정부는 이런 수법을 2013년에도, 그리고 2014년에도 써먹었습니다. 정부가 적자 지출에 자금을 공급하는 데 금이나 은, 비트코인을 사용하도록 강제했다면 증세나 대중에게 인기가 없는 상환, 신용 시장에서의 대출 등으로 자금을 끌어와야 했을 것입니다. 후자는 돈을 빌리려는 수요가 늘어나서 이자율이 더 높아지는 결과로 이어지는데, 정부가 지출을 줄여 적자 지출 문제를 해결하지 않으면 강제로 세금을 인상해야 합니다.

RE: 비트코인 P2P 전자화폐 논문

사토시 나카모토   2008년 11월 8일 13:38:26 -0800

레이 딜린저

해당 '통화'의 인플레이션은 대략 35% 정도인데 컴퓨터의 속도가 매해 그만큼 빨라지니까… 35%의 인플레이션 비율은 사실상 컴퓨터 기술 발달로 인해 일어난다고 봐야겠군요. *

--

하드웨어의 처리속도 증가는 '하드웨어 속도가 빨라짐에 따라 운영 중인 노드들의 수익이 변화하는 것을 보상하는 측면'에서 설명할 수 있습니다. "작업증명의 난이도는 시간당 생성되는 평균 블록 수에 대한 이동 평균에 의해 결정되는데, 블록 생성 속도가 너무 빠르면 난이도가 올라갑니다."

컴퓨터가 빨라지고 비트코인을 만드는 데 투입되는 컴퓨팅 파워의 총량이 증가하면, 새로운 비트코인의 총 생산량을 일정하게 유지하기 위해 난이도가 비례해서 높아집니다. 따라서 매년 얼마나 많은 비트코인이 새로 만들어질지 미리 알 수 있게 됩니다.

코인이 새로 만들어진다는 것은 계획된 양만큼 화폐 공급량이 늘어난다는 것을 뜻하지만, 그렇다고 인플레이션이 반드시 발생하는 것은 아닙니다. 화폐를 사용하는 사람들이 늘어나는 것과 같은 비율로 화폐 공급량이 늘어나면 가격은 안정적으로 유지됩니다. 공급이 수요만큼 빠르게 늘지 않으면 디플레이션이 발생해서 초기의 화폐 보유자들은 화폐의 가치가 상승하는 것을 보게 될 것입니다.

어찌 됐든 코인은 초기에 분배가 이루어져야 하고, 고정 비율이 최고의 방법 같습니다.

사토시 나카모토

크립토그래피 메일링 리스트

----

* 옮긴이_ 컴퓨터 속도가 빨라지는 정도와 비슷한 수준으로 비트코인 인플레이션이 일어나는 것으로 보아, 컴퓨터 기술의 발달로 인해 비트코인이 계속해서 높은 비율의 인플레이션을 일으킨다는 의미

트랜잭션

여기서는 몇 가지 질문과 그에 대한 답변을 다룹니다. 질문은 비트코인 트랜잭션의 첫 번째 수취인인 할 피니가 했습니다.

앞에서 사토시는 채굴자들이 트랜잭션을 모아 블록으로 만들 때까지 트랜잭션을 보유하는 방법에 대해 설명했습니다.

그 다음에는 특정 블록체인에서 이중지불이 발생하지 않는 이유와 블록 문제를 동시에 푼 두 채굴자가 나오는 상황을 블록체인이 어떻게 방지하는지에 대해 설명했습니다. 그리고 블록체인에서 정식으로 확인될 때까지 수신자가 트랜잭션을 한 시간 정도 갖고 있어야 하는 이유에 대해서도 다뤘습니다. 사토시는 트랜잭션이 승인을 받아 영구적으로 블록체인의 일부가 되기까지 걸리는 적절한 시간으로 6블록(블록당 10분씩 여섯 번이므로 1시간)을 이야기했습니다.

그리고 사토시는 세 번째 질문에 대해 공격자가 '역사 다시 쓰기', 다시 말해 블록체인을 재구축 및 변경하기 위해 어떤 일을 해야하는지 설명했습니다.

이전 블록에 트랜잭션을 추가하거나 삭제하려는 사람은 기존 블록체인에서 작업하는 네트워크상의 모든 채굴자들보다 더 빠르게 재기록을 수행해야 할 것입니다. 오펀 블록에 대한 논의에서 가장 긴 블록체인을 네트워크가 사용한다는 점을 기억하기 바랍니다. 사토시는 다음과 같은 말을 남겼습니다. "CPU 파워 작업증명 투표가 최종 진술이 됩니다. 모두가 같은 상태를 유지하는 유일한 방법은 가장 긴 체인이 항상 유효하다고 믿는 것뿐이에요. 어떤 경우라도요."

네 번째 질문은 수신 측이 지불 처리에 대한 트랜잭션을 검증하는 것과 관련이 있습니다.

다섯 번째 질문은 시스템에서 노드(채굴자)의 역할에 대한 것입니다. 한 채굴자가 작업증명(적절한 수의 0을 연속으로 가진 해시값)을 발견하면 자기가 '채굴한' 블록을 전파하는데, 이 블록에는 다수의 트랜잭션이 포함되어 있습니다.

마지막으로, 사토시는 모든 이슈들이 해결되었음을 증명하기 위해 비트코인을 소개하는 백서를 쓰기 전에 코드를 작성했다고 합니다.

RE: 비트코인 P2P 전자화폐 논문

사토시 나카모토   2008년 11월 9일 11:13:34 -0800

할 피니 작성

전파된 트랜잭션이 모든 노드에 도달하지 않더라도 조만간 블록에 포함될 것이기 때문에 괜찮다고 적혀 있는데요. 만약 '다음' 블록을 만드는 노드(해시캐시 충돌을 처음 발견하는 노드)가 그 트랜잭션의 존재를 모르고 있고, 마찬가지로 그 트랜잭션을 모르는 노드들이 만든 블록을 몇 개 추가한다면요? 그 트랜잭션을 알고 있는 모든 노드들은 언제 있을지 모를 우연한 충돌 발견 기회를 기다리면서 그 트랜잭션을 계속 갖고 있어야 할까요?

--

그렇습니다. 노드들은 트랜잭션이 블록에 들어갈 때까지 자신의 작업 세트에 그 트랜잭션을 유지해야 합니다. 한 트랜잭션이 90%의 노드에 도달하면 매번 새로운 블록이 발견될 때마다 블록에 트랜잭션이 포함될 확률은 90%가 됩니다.

--

아니면, 예를 들어 두 체인 A, B를 가진 어떤 노드가 어느 한쪽 체인이 더 빨리 길어지기를 기다리던 중, 체인 B에서는 이중지불 문제를 일으켰을 블록이 체인 A에 포함되는 경우는요? 이런 상황도 검사되는 건가요? 이 상황은 누군가가 이중지불을 일으킨 후, 서로 다른 두 집단의 노드가 해당 코인에 대해 서로 다른 트랜잭션을 알게 될 경우 발생할 수 있습니다.

--

그런 경우는 검사할 필요가 없습니다. 어느 쪽이든 먼저 발생한 쪽의 트랜잭션이 유효하며, 다른 쪽은 무효가 됩니다. 누군가가 그런 식으로 이중지불을 시도한다면 언제나 한쪽만 유효한 지불이 되고 다른 쪽은 무효가 될 것입니다.

그런 이중지불이 발생할 가능성을 해소하기 위해, 트랜잭션 수신자는 일반적으로 약 1시간 이상 트랜잭션을 보유하고 있어야 할 것입니다.

그 상태에서 코인을 바로 재소비할 수도 있지만, 상품 배송 같은 행동을 하기 전에는 기다리는 시간이 필요합니다.

--

모든 정직한 참여자보다 더 많은 컴퓨팅 파워를 모을 수 있는 실력 있는 공격자가 어떻게 이중지불이나 트랜잭션 취소 같은 것을 할 수 있는지 이해가 가지 않습니다. 공격자가 새로운 블록들을 만들고 이어 붙여서 가장 긴 체인을 만들 수 있다는 것은 이해했습니다. 그런데 공격자가 어떻게 체인 내의 오래된 트랜잭션을 지우거나 덧붙일 수 있는 거죠? 공격자가 자신이 새로 만든 블록을 보내면, 정직한 노드들은 기존의 기록이 지워지지 않았다는 것을 확인하기 위해 일관성 검사를 수행하지 않나요? 공격자가 자신의 컴퓨팅 파워를 사용하여 정직하게 새로운 코인을 주조하는 노력에 비해 공격으로 얻는 이익이 얼마나 큰지 알 수 있도록 조금 더 설명해주시면 도움이 될 것 같습니다.

--

공격자는 체인 끝에 블록을 추가하지 않습니다. 과거로 거슬러 올라가 자신의 트랜잭션이 포함된 블록과 그 이후의 모든 블록들을 다시 만들어내야 하죠. 그러는 동안 네트워크가 체인 끝에 계속해서 추가하는 새 블록들까지 전부 포함해서요. 공격자는 역사를 다시 쓰는 겁니다. 일단 공격자의 가지가 더 길어지면 그것이 새로운 유효 가지가 됩니다.

이 부분이 핵심입니다. 모든 참여자는 그런 속임수가 일어나는 것을 볼 수 있겠지만, ~~공격자~~는 그 행동으로 이익을 얻을 방법이 없습니다.

가장 긴 체인이 언제나 유효하다고 간주할 필요는 있습니다. 당시 참여했던 노드들은 처음부터 있던 한 가지가 다른 가지로 교체되었다는 것을 기억할 수 있지만, 참여하지 않았던 노드들에게 그 사실을 납득시킬 수는 없을 겁니다. 하나의 가지가 처음부터 있었다고 생각하는 노드들, 처음부터 다른 가지가 있었던 것을 본 노드들, 그리고 나중에 합류해서 무슨 일이 일어났는지 보지 못한 노드들처럼 여러 파벌을 만들 수는 없습니다. CPU 성능 기반의 작업증명 투표가 최종 결정이 되어야 합니다. 모두가 같은 상태를 유지하는 유일한 방법은 어떤 경우라도 가장 긴 체인이 항상 유효하다는 것을 믿는 것뿐입니다.

--

코인의 수취인은 소비 트랜잭션에 대해 어떤 검사를 해야 하나요? 코인의 송금 이력 전체를 되짚어 가면서 목록의 모든 트랜잭션이 정말 시간 순으로 나열된 블록체인에 연결되어 있는지 확인해야 할까요? 아니면 가장 마지막 이력만 확인해도 될까요?

--

수취인은 블록체인 내에서 충분한 수의 이전 트랜잭션들만 검사해도 됩니다. 대부분 2

트랜잭션 이전까지면 되고요. 그보다 더 이전의 트랜잭션들은 모두 버려도 됩니다.

--

타임스탬프를 찍는 노드들이 트랜잭션을 검사하는 것은, 어떤 코인의 이전 트랜잭션이 체인 내에 있다는 것을 확인함으로써 해당 체인 내의 모든 트랜잭션은 유효한 코인을 나타낸다는 원칙을 유지하는 과정인가요?

--

네. 바로 그겁니다. 노드가 블록을 받으면 그 안의 모든 트랜잭션의 서명을 이전 트랜잭션과 비교해서 확인합니다. 트랜잭션 C는 같은 블록 내의 트랜잭션 B에 의존하고, B는 이전 블록 내의 트랜잭션 A에 의존할 수 있게 되는 것이죠.

--

질문이 많아서 죄송합니다만, 정말 가능성 있고 독창적인 아이디어군요. 그리고 이런 개념이 어디까지 발전할지도 기대가 됩니다. 아이디어에 대해서는 프로세스를 중심으로 조금 더 자세히 설명해주시면 도움이 될 것 같습니다. 다양한 객체(코인, 블록, 트랜잭션)의 데이터 구조에 대한 구체적인 설명이나 메시지에 포함된 데이터, 블록체인 시스템에서 발생하는 여러 이벤트를 제어하는 프로시저*에 대한 알고리즘 설명 같은 것들도요.
구현체를 만들고 있다고 말씀하셨는데요. 다음 단계에는 시스템에 대해 조금 더 공식적으로 설명(텍스트)을 만드는 것이 유용할 것 같습니다.

--

질문에 감사드립니다. 저는 사실 작업을 거꾸로 했습니다. 제가 모든 문제를 해결했다는 사실을 스스로 납득하기 위해 모든 코드를 짜봐야 했습니다. 그 다음에 논문을 작성했고요. 구체적인 명세서를 작성하는 것보다 코드를 배포하는 것이 더 빠를 것이라고 생각합니다. 설명이 빠진 부분에서 가정하셨던 내용들은 거의 다 맞습니다.

사토시 나카모토

크립토그래피 메일링 리스트

--

----

* 옮긴이_ 프로그램의 절차적 실행을 위한 프로그래밍 언어의 구성 요소

오편 블록

'오편 블록'은 두 채굴자가 대략 같은 시간에 작업증명을 만족시킬 때 발생합니다. 두 채굴자에 의해 각기 생성된 두 블록은 동일한 비트코인 트랜잭션을 모두 포함하지 않을 수 있으므로 서로 다른 블록이 되는데, 이 경우 '승리한' 채굴자가 블록의 트랜잭션 수수료를 자신의 계정으로 전송하는 트랜잭션의 내용에도 차이가 납니다. 결국 두 블록 중 하나는 블록체인에 포함되지만 다른 하나는 '오편 블록'이 됩니다. 오편 블록에는 있지만 승인된 블록에는 포함되지 않은 트랜잭션들은 채굴자들끼리 생성 경쟁을 하는 다음 블록에 포함될 것입니다. 더 자세한 내용은 2장에 나온 오편 블록에 대한 설명을 참고하기 바랍니다.

RE: 비트코인 P2P 전자화폐 논문

사토시 나카모토   2008년 11월 9일 11:17:24 -0800

제임스 A. 도널드 작성

좋습니다. 이런 가정을 해보죠. 노드 하나가 작업증명 과정에서 트랜잭션 한 세트
를 블록으로 통합합니다. 블록 내 모든 트랜잭션은 중복 없이 정직하게 기록된 내
용입니다. 그리고 다른 어떤 노드는 자신의 작업증명 과정에서 다른 트랜잭션 다발
을 통합합니다. 그 트랜잭션들도 똑같이 중복 없이 정직하게 기록된 내용이죠. 그
리고 양쪽의 증명은 거의 동시에 만들어집니다.

--

그러면 무슨 일이 일어날까요?

양쪽 모두 자신의 블록을 전파시킵니다. 모든 노드가 두 블록을 받아서 갖고 있겠지만,
작업은 처음 받은 블록으로만 할 것입니다. 정확히 절반의 노드가 한 블록을 먼저 받
고, 나머지는 다른 블록을 먼저 받았다고 가정할게요.

잠시 후 모든 트랜잭션의 전파가 끝나면 모든 노드는 전체 세트를 갖게 됩니다. 각자의
그룹에서 작업하는 노드들은 자기 그룹에 없는 트랜잭션들을 추가하려고 시도할 것이
고요. 다음번 작업증명이 발견되면 해당 노드가 어느 그룹의 이전 블록을 갖고 작업했
든, 작업하던 그룹의 가지는 더 길어지고 무승부 상태는 깨집니다. 그것이 어느 쪽 그
룹이든 새로운 블록은 다른 그룹에서 갖고 있던 트랜잭션들을 포함하게 됩니다. 그래
서 어떤 경우라도 가지에 모든 트랜잭션이 포함되는 것이죠. 분기가 연속으로 두 번 발
생하는, 일어나지 않을 법한 상황에서도 두 번째로 갈라진 양쪽은 결국 전체 트랜잭션
세트를 갖게 될 것입니다.

트랜잭션이 블록에 추가되기 위해 한 번 이상의 추가 사이클 동안 기다려야 하는 경우
는 문제되지 않습니다.

사토시 나카모토

트랜잭션 동기화

사토시는 이번 글에서 한 채굴자가 충돌하는 트랜잭션 두 개를 받으면 어떤 일이 일어나는지 설명했습니다. 채굴자가 다음 번 작업증명에 포함시키는 것은 첫 번째로 받은 트랜잭션입니다. 추가적인 내용은 2장에 설명되어 있습니다.

RE: 비트코인 P2P 전자화폐 논문

사토시 나카모토　　　　　　　　　　　　　2008년 11월 9일 11:14:17 -0800

제임스 A. 도널드 작성
여기서 중요한 점은 수많은 개체가 누가 비트코인을 얼마나 갖고 있는가에 대해 완전하면서도 일관된 정보를 유지한다는 점입니다.
그러나 일관성을 유지하게 만드는 것은 까다로운 작업입니다. 저는 누군가가 하나의 트랜잭션을 한 채굴자*에게 보고하고, 다른 누군가가 다른 트랜잭션을 다른 채

----

* 옮긴이_ 원문은 maintainer(보유자)이지만, 문맥상 보유자보다는 채굴자가 적합

굴자에게 보고하면 어떻게 되는지에 대해 이해하는 것이 어렵습니다. 그 트랜잭션은 과거의 모든 트랜잭션 내역이 전체에 공유되고 있는 전역 공유 뷰에 통합되기 전까지 유효하다는 것을 알 수 없고, 시간이 지나 새로운 트랜잭션이 많이 도착할 때까지는 누구도 전역 공유 뷰가 참여자 전체에 공유되었다는 사실을 알 수 없습니다. 제대로 설명하셨는데 제가 못 알아들은 것일까요? 아니면 일관성 유지가 가능하다고 확신하셨는데 설명이 다소 모호한 것일까요?

--

작업증명 체인이란 동기화 문제를 해결하는 방법이고, 전역 공유 뷰를 누구도 신뢰할 필요가 없다는것을 알리는 방법입니다.

트랜잭션은 네트워크 전체에 빠르게 전파될 것입니다. 그래서 두 버전의 같은 트랜잭션이 거의 동시에 보고될 경우, 먼저 전파가 시작된 쪽이 먼저 더 많은 노드에 도달하는 데 매우 유리합니다. 노드들은 먼저 받은 트랜잭션만 인정하고 두 번째로 도달한 트랜잭션은 거부하기 때문에, 트랜잭션이 더 빨리 도착할수록 더 많은 노드에 도달하여 다음 작업증명 과정에서 통합됩니다. 실제로 각 노드는 자신의 관점에서 먼저 발견한 트랜잭션을 작업증명 과정에 포함시키는 방식으로 투표하게 됩니다.

트랜잭션들이 정확히 동시에 도착해서 동일한 상대의 가지로 분기되면, 어느 쪽이 먼저 작업증명을 얻어내는가에 따라 승부를 가리며 어느 쪽이 유효한지 결정됩니다.

한 노드가 작업증명을 발견하면 새로운 블록이 네트워크 전체에 전파되고, 모두 그 블록을 체인에 포함시킨 후 계속해서 다음 블록을 만들기 시작합니다. 다른 트랜잭션을 가진 노드들은 자신의 트랜잭션을 블록에 포함시키려는 시도를 멈추는데, 승인된 체인에 의하면 더 이상 유효하지 않은 트랜잭션이기 때문입니다.

작업증명 체인은 그 자체가 전역 공유 뷰에서 얻은 확실한 증거입니다. 네트워크 내에서 함께 하는 다수만이 그처럼 어려운 작업증명 체인을 만들어낼 충분한 CPU 파워를 갖게 됩니다. 작업증명 체인을 수신하는 모두는 네트워크의 대다수가 승인한 것을 볼 수 있습니다. 일단 한 트랜잭션이 체인 내에서 한 링크로 해시되고 뒤에 몇 개의 링크가 붙으면, 해시값은 전체 역사에 불변의 기록으로 새겨집니다.

사토시 나카모토

크립토그래피 메일링 리스트

11

사토시, 트랜잭션 수수료를 논의하다

이번 글에서는 비트코인 네트워크를 운영하는 채굴자의 작업에 대한 보상 수단으로, **시뇨리지**seigniorage(화폐 주조 차익)의 반대라고 할 수 있는 전송 수수료의 사용에 대해 논의했습니다. 시뇨리지란 통화의 추가 단위 생성을 설명하는 데 사용되는 경제 용어입니다. 모든 비트코인을 채굴해서 최대 2,100만 BTC가 만들어진 후에는 비트코인을 유지하는 채굴자에게 줄 인센티브가 비트코인 유지 과정에서 모인 전송 수수료에서만 나올 것입니다. 그러나 이미 그 전에 비트코인의 연간 인플레이션 비율이 매우 낮아짐에 따라 실질적으로는 결국 모든 비트코인이 채굴된 이후와 같아질 것입니다.

RE: 비트코인 P2P 전자화폐 논문

사토시 나카모토   2008년 11월 10일 11:09:26 -0800

제임스 A. 도널드 작성

더군다나, 제안하는 비트코인 시스템에서는 누가 얼마를 갖는지 추적하는 작업에 시뇨리지로 보상하므로 인플레이션이 필요합니다. 이런 시스템은 작동하도록 만들 수 없어요.

--

인플레이션 문제가 신경 쓰인다면 그 대신 거래 수수료를 조절하는 쉬운 방법을 사용할 수도 있습니다. 1센트 더 많은 값을 트랜잭션에 자동으로 기록하거나 수취인 측에서 부담할 수도 있습니다. 노드가 블록에 대한 작업증명을 발견했을 때 주어지는 인센티브 금액은 블록에 들어 있는 수수료의 총액이 될 수 있습니다.

사토시 나카모토

크립토그래피 메일링 리스트

12

컨펌과 블록 타임

사토시는 이번 글의 첫 번째 질문에서 이중지불과 컨펌confirmation에 대해 다뤘습니다.

두 번째 질문에서는 네트워크가 블록마다 10분이라는 시간을 유지하기 위해 블록 간 유효 시간을 기반으로 작업증명 난이도를 조절하는 과정에 대해 설명했습니다. 2장에서는 작업증명을 로또 복권과 비교했습니다. 16진수의 최댓값 하나가 선택되고 채굴자의 작업증명이 이보다 적은 수를 생성하도록 구성되어 있습니다. 숫자는 비트코인 시스템을 통해 생성되며 무작위 값입니다. 최댓값보다 적은 해시 출력값을 맨 처음 얻는 채굴자가 '승리'해서 블록을 처리할 권한을 얻고, 블록의 트랜잭션 수수료와 25BTC를 상금으로 받습니다. 최댓값으로 선택되는 수가 작업증명의 난이도를 결정하는데, 더 큰 값일수록 채굴자의 시스템에서 만들어내는 해시 출력값이 최댓값보다 작을 가능성이 높아지고, 더 작은 값일수록 채굴자의 숫자가 최댓값보다 작을 가능성이 낮아집니다.

마지막 질문은 기능이 아닌 트랜잭션 속도와 관련된 것입니다. 사토시는 수표의 경우 부도 여부 확인이나 신용 카드의 지불 거절을 처리하는 데 며칠에서 몇 주까지도 걸릴 수 있지만, 비트코인은 높은 신뢰도로 비트코인 트랜잭션을 완전히 되돌릴 수 없다는 것을 검증하는 데까지 60분 정도 걸린다는 점을 강조했습니다.

RE : 비트코인 P2P 전자화폐 논문

사토시 나카모토   2008년 11월 11일 06:30:22 -0800

제임스 A. 도널드 작성

그렇다면 경쟁에서 지는 코인은 어떻게 되나요?

--

두 번째로 들어오는 사람이 코인을 잃을 가능성이 있다고 하면 조금 가혹하겠죠.
동일한 트랜잭션에 대해 여러 개의 이중지불 버전이 발생하면 한 개만 유효 버전이 될 것입니다.
수취인은 지불이 유효하다는 것을 믿기까지 한 시간 정도 기다려야 하는데, 그동안 네트워크가 해결 가능한 모든 이중지불 경쟁 문제를 해결해줄 것입니다.
무효화된 이중지불을 받은 사람은 애초에 이중지불을 받았다는 생각조차 하지 못했을 것이며, 소프트웨어는 트랜잭션이 '미승인'에서 '무효'로 바뀌었다는 것을 보여주었을 것입니다. 필요하다면 트랜잭션이 블록체인에 충분히 깊이 묻힐 때까지 UI가 트랜잭션을 감추도록 만들 수도 있습니다.

--

게다가 이벤트에 대해 설명하신 내용에 따르면 타이밍이나 코인 생성에 대한 제약이 있는 것 같습니다. 어떤 코인의 소식이 네트워크를 꽉 채우는 데까지 필요한 시간에 비해 전체 네트워크가 코인을 느리게 생성한다는 부분입니다.

--

제 설명이 명확하지 않았다면 죄송합니다. 블록들 사이의 목표 시간은 아마도 10분일 것입니다.

모든 블록은 생성 시간을 포함하고 있습니다. 생성 시간에서 36시간이 초과하면 다른 노드들은 그 블록에 대해 작업하지 않습니다. 마지막 6×24×30개의 블록을 만드는 데 15일보다 적게 걸리면 블록이 너무 빠르게 생성되고 있다는 뜻이므로 작업증명 난이도가 2배로 됩니다. 모두 동일한 체인 데이터로 동일한 연산을 하므로 체인 내의 동일 링크에 대해 같은 결과를 얻게 됩니다.

--

> 우리는 지불자들이 가지 경쟁이 해소되는 시점이 아닌, 지불 정보가 네트워크에 퍼지는 시점에서 자신의 트랜잭션이 유효하다고 확신할 수 있었으면 좋겠습니다.

--

즉각적인 부인 방지 기능*은 없지만, 기존의 시스템들보다 여전히 훨씬 빠릅니다. 서류 검토는 한두 주 이후에도 반송처리될 수 있고, 신용 카드 결제는 60일에서 최대 180일 이후까지 이의 제기가 가능합니다. 그러나 비트코인 트랜잭션은 한두 시간이 지나면 되돌리기 매우 어려운 상태가 됩니다.

--

> 만약 한 노드가 관심 없는 모든 지불을 무시해버리면 아무런 불이익이 없겠네요.

--

제가 최근 트랜잭션 수수료 기반 인센티브 시스템에 대해 썼듯이, 노드는 자신이 받는 모든 지불 트랜잭션을 포함시키는 것에 대해 인센티브를 받게 될 겁니다.

사토시 나카모토

크립토그래피 메일링 리스트

....

* **옮긴이_** 트랜잭션을 받았거나 보냈음을 바로 확인하는 기능. 비트코인은 즉각적인 부인 방지가 아니라 시간이 흐름에 따라 점차 부인방지가 어려워지는 구조다.

13 비잔틴 장군 문제

이 글은 사토시가 쓴 글 중 가장 흥미로운 내용이라고 할 수 있습니다. 사토시는 블록체인이 컴퓨터 과학 분야에서 '비잔틴 결함 허용'으로 알려진 '두 장군 문제'의 더 일반화된 버전을 어떻게 해결하는지 설명했습니다. 이 문제에서 두 사람(또는 그 이상)은 신뢰할 수 없는 통신 환경에서 정보를 공유해야 하는데, 메시지는 분실이나 변조될 가능성이 있습니다. 비잔틴 장군 문제는 1970년대 네트워크 컴퓨팅 문헌에서 처음 설명됐는데, 당시에는 이 문제를 해결하는 것이 불가능하다고 생각했습니다. 사토시는 이번 글에서 비트코인이 비잔틴 장군 문제를 해결할 수 있다고 주장했습니다.

문제를 묘사하기 위해, 두 장군이 동시에 한 도시를 공격해야 한다고 생각해봅시다. 어느 한쪽이 도시를 공격하고 다른 한쪽은 공격하지 않으면, 공격하는 장군 쪽의 군대는 도시의 수비군에 의해 전멸할 것입니다. 두 장군 사이의 통신은 신뢰할 수 없고, 공격 시기에 대한 메시지를 전달하는 전령은 도시를 통과해야 하므로 메시지가 가로채일 수 있습니다. 첫 번째 장군은 전령을 파견하여 아침 9시에 공격을 개시할 것이라는 메시지를 보낼 수 있으나, 일단 보내고 나면 메신저가 무사히 도시를 통과했는지 알 방법이 없습니다. 첫 번째 장군은 두 번째 장군이 메시지를 받지 못할 경우 혼자 공격해야 할 수도 있다는 불확실함 때문에 공격을 주저하게 됩니다.

양쪽 모두 이런 점을 알기 때문에, 두 번째 장군은 첫 번째 장군에게 그가 공격에 대한 메시지를 받았다고 회신을 보낼 수도 있습니다. 그러나 그 메시지 또한 가로채일 수 있으므로 두 번째 장군 역시 주저하게 됩니다. 첫 번째 장군은 확인했음을 확인하는 메시지를 보낼 수도 있지만 이 역시 가로채일 수 있습니다. 그러므로 또다시 첫 번째 장군은 첫 번째 확인에 대한 확인의 확인 메시지를 받지 못하면 공격을 주저할 수 있습니다. 이 과정은 어느 한쪽의 장군도 메시지가 전달되었는지 또는 메시지가 전달되었는데 적에게 가로채였는지 알 방법이 없이 무한히 반복될 수도 있습니다.

더 자세한 내용은 다음 위키피디아 항목의 '문제 설명' 절을 확인하기 바랍니다.

- http://en.wikipedia.org/wiki/Two_Generals%27_Problem

비잔틴 장애 허용에 대한 다음의 글도 확인해봅시다.

- http://en.wikipedia.org/wiki/Byzantine_fault_tolerance

RE: 비트코인 P2P 전자화폐 논문

사토시 나카모토   2008년 11월 13일 19:34:25 -0800

제임스 A. 도널드 작성

모두가 X를 아는 것으로는 충분하지 않아요. 모두가 X를 알고 있다는 것을 모두가 안다는 것을 모두가 알아야 할 필요도 있습니다. 비잔틴 장군 문제에서처럼 분산 데이터 처리의 오랜 난제죠.

--

작업증명 체인이 비잔틴 장군 문제의 해법입니다. 비잔틴 장군 문제로 다시 설명해볼 게요.

한 무리의 비잔틴 장군들은 각각 컴퓨터를 한 대씩 갖고 있고 왕의 와이파이 비밀번호를 브루트포스(무차별 대입) 방식으로 공격하려고 합니다. 장군들이 알고 있는 것은 일정 숫자의 긴 문자열입니다. 장군들이 네트워크를 자극해 패킷을 만들면, 제한된 시간 내에 패스워드를 해체하고 로그를 삭제해야 합니다. 그렇지 않으면 발각되어 곤경에 처하게 될 테니까요. 장군들은 대다수가 동시에 공격해야 패스워드를 해체할 수 있을 정도의 CPU 파워만 갖고 있습니다.

장군들은 공격하자는 데 동의만 했을 뿐 공격이 언제 시작되는가에 대해서는 별로 신경쓰지 않습니다. 공격하고 싶은 누군가가 시간을 공표하면 그게 언제든 첫 번째로 들은 시간을 공식적인 공격 시간으로 정하기로 했습니다. 문제는 네트워크에 시간 지연이 발생한다는 점입니다. 그래서 두 장군이 서로 다른 공격 시간을 거의 동시에 공표하면 일부는 한쪽을, 나머지는 다른 한쪽을 먼저 듣게 될 수도 있습니다.

장군들은 작업증명 체인을 사용하여 이 문제를 해결합니다. 각 장군들이 처음으로 공격 시간을 들으면 자신의 컴퓨터가 해시값에 공격 시간이 포함되도록 하는, 극단적으로 어려운 작업증명 문제를 풀도록 합니다. 작업증명은 너무 어려워서 장군 모두가 즉시 문제를 풀기 시작하면 그중 한 명이 해답을 발견하는 데까지 10분 정도 걸릴 것으로 예상됩니다. 장군들 중 한 명이 작업증명을 발견하면 그것을 네트워크에 전파하고, 다른 장군들은 모두 자신이 구하고 있는 해시값에 그 작업증명이 포함되도록 현재의 작업증명 연산을 변경합니다. 누군가가 다른 공격 시간에 대한 작업증명을 진행 중이었다면, 이쪽 작업증명 체인으로 이동해 옵니다. 이제 이 작업증명 체인이 더 길어졌으니까요.

2시간이 지나면 하나의 공격 시간은 12개의 작업증명 체인으로 해시 연산이 이루어졌을 것입니다. 각 장군은 작업증명 체인의 난이도만 확인하면 시간당 얼마나 많은 CPU 파워가 문제 풀이에 병렬로 소비되었는지 추산할 수 있고, 주어진 시간에 그렇게 많은 작업증명을 만들어내려면 대다수의 컴퓨터가 사용된다는 점을 알게 됩니다. 그 작업증명은 그들이 모두 연산에 참여했다는 증거이기 때문에 그 증거를 모두에게 보여야 합니다. 작업증명이 나타내는 CPU 파워가 비밀번호를 해체하기에 충분하다면, 장군들은 안심하고 합의된 시간에 공격을 진행할 수 있습니다.

작업증명 체인은 질문하신 모든 동기화와 분산 데이터베이스, 전역 뷰 문제들을 이러한 방식으로 해결합니다.

크립토그래피 메일링 리스트

블록 시간, 테스트 자동화 그리고 자유주의자의 관점

이 글에서 사토시는 지연된 트랜잭션에 대해 단일 풀pool이 필요한 이유와, 블록의 병렬 가지들이 존재하는 상황에서 지연된 트랜잭션들이 어떻게 유지되는지에 대해 설명했습니다.

사토시는 코드 내 몇 가지 함수들을 언급했는데, 2장의 작업증명에 대한 논의를 떠올려봅시다. 모든 채굴자들이 동일한 트랜잭션을 묶지 않았을 수도 있습니다. 어떤 트랜잭션은 채굴자가 작업하던 블록에 포함시키기에 너무 늦게 도착했을 수도 있습니다. 채굴자들은 기존 블록에 대해 해시 연산을 진행하는 동안 새로운 트랜잭션이 도착하면 이 트랜잭션을 하나의 트랜잭션 풀에 저장합니다.

그 다음으로, 사토시는 트랜잭션 전파와 하나의 블록 생성에 할당된 10분의 시간을 다시 다루면서 10분이라는 시간이 너무 짧은가에 대해 논의했습니다.

마지막으로 사토시는 개인의 자유를 옹호하는 자유주의자들에게 비트코인이 얼마나 매력적일 수 있는지 언급했습니다.

RE: 비트코인 P2P 전자화폐 논문

사토시 나카모토   2008년 11월 14일 14:29:22 -0800

할 피니 작성
노드들이 각 후보 체인과 관계된 지연^{pending} 트랜잭션 목록을 분리해서 갖고 있어야 할 것 같습니다.
이런 질문도 가능할 것 같은데요. 해당 노드들은 평균적으로 한 번에 얼마나 많은 수의 후보 체인을 추적해야 할까요?

--

다행히 지금은 가장 긴 가지에 대해 단 하나의 지연 트랜잭션 풀(저장소)만 있어도 됩니다. 새로운 블록이 가장 긴 가지에 도달하면 ConnectBlock은 지연 트랜잭션 풀에서 블록의 트랜잭션들을 제거합니다. 다른 가지가 더 길어지면 포크를 거슬러 내려가 메인 가지에서 DisconnectBlock을 호출하고 지연 트랜잭션 풀에 블록 트랜잭션을 돌려준 후 새로운 가지에서 ConnectBlock을 호출하여 양쪽 가지에 있는 모든 트랜잭션들의 백업을 중지합니다. 이런 식의 리오그^{reorg}(블록 재배열)는 거의 일어나지 않거나 많지 않을 것으로 생각합니다.
이렇게 최적화하면 후보 가지들은 별로 부담되지 않을 것입니다. 메인 체인이 되지 않는 한 그냥 디스크에 저장해놓고 신경 쓸 필요가 없어지는 것입니다.

--

아니면 전에 제임스가 이야기한 것처럼 네트워크 브로드캐스트는 믿을 만하지만, 느려질 가능성이 있는 플러딩 알고리즘을 써야 한다면 성능에 얼마나 영향을 주게 될까요?

--

브로드캐스트는 아마 완전히 믿을 만하다고 할 수 있을 것입니다. TCP 전송은 최근 거의 손실이 발생하지 않고, 브로드캐스트 프로토콜은 잠시 후 다른 노드로부터 데이터를 받아오는 재시도 메커니즘을 갖고 있거든요. 브로드캐스트가 실제 환경에서 기대한 것보다 느려지면 자원 낭비를 방지하기 위해 블록 사이의 목표 시간을 늘릴 수 있습니다. 우리는 블록 생성에 걸리는 시간보다 항상 더 빠르게 블록을 전파시키고 싶습니다. 그렇지 않으면 노드들이 쓸모없는 블록을 만드는 데 너무 많은 시간을 낭비하기 때문이죠.

저는 컴퓨터들을 이용해서 서로에게 무작위로 결제 정보를 보내고 무작위로 패킷을 누락시키는 자동화 테스트를 수행할 계획입니다.

--

   3) 비트코인 시스템은 사회적으로 유용하고 가치가 있다고 알려져서, 노드 운영자는 자신의 노력이 세상에 긍정적으로 기여한다고 느낍니다(대의를 위해 사람들이 자신의 컴퓨터 자원을 기부하는 다양한 '@Home(앳홈)' 연산 프로젝트 *와 유사합니다).

--

이런 경우 네트워크가 적절히 동작하게 만드는 데에는 단순한 이타주의만 있어도 될 것 같습니다.

이 내용을 제대로 설명할 수만 있다면 자유주의자들이 꽤나 솔깃하게 생각할 것입니다. 물론 제가 글쓰기보다는 코딩에 더 소질이 있긴 하지만요.

사토시 나카모토

크립토그래피 메일링 리스트

....

* **옮긴이_** 막대한 양의 정보 처리가 필요한 작업을 수행하기 위해 인터넷에 접속된 수십에서 수백 만에 이르는 개인 PC의 자원을 기부받아 분산 컴퓨팅 자원으로 활용하는 프로젝트. 주로 공익을 목적으로 하며 대표적으로 외계의 지적 생명체를 탐사하는 SETI@Home 프로젝트가 있다.

이중지불, 작업증명, 트랜잭션 수수료에 대한 추가 논의

사토시는 이번 논의에서 몇 가지 논점을 명확히 하고, 생성된 비트코인이 총공급량에 도달했을 때 채굴자들(노드들)에게 트랜잭션 수수료로 보상하는 방안을 논의했습니다.

RE: 비트코인 P2P 전자화폐 논문

사토시 나카모토   2008년 11월 17일 09:04:47 -800

구현과 관련된 질문에 대해 확실한 답을 주는 레퍼런스가 될 수 있도록 최대한 서둘러서 소스 코드를 배포하도록 하겠습니다.

--

레이 딜린저 (Bear) 작성
코인 하나가 소비되면 구매자와 판매자가 (비공개) 트랜잭션 기록에 디지털 서명을 합니다.

--

서명은 구매자만 하며 공개되지 않는 것은 없습니다.

––

누군가가 이중지불을 하면 트랜잭션 기록이 공개돼 사기꾼의 정체가 드러납니다.

––

개인정보가 사용되는 일도 없고, 받을 비용을 못 받는 경우도 없습니다. 그런 일은 모두 방지됩니다.

––

널리 사용되는 컷-앤-츄스 cut-and-choose 알고리즘*을 통해 이러한 작업이 이루어지는데, 구매자는 공유된 비밀들로 몇 가지 도전 문제에 답해야 합니다.

––

도전 문제도 없고 공유 비밀도 없습니다. 기본 트랜잭션은 비트코인 백서 2장의 그림에 나타난 그대로입니다. 이전 트랜잭션의 공개키를 만족시키는 (구매자의) 서명과 다음 지불에서 만족시켜야 하는 (판매자의) 새로운 공개키죠.

––

채굴자들은 작업 도중 현재 작업 중인 체인만큼 긴 체인을 받게 될 수도 있는데, 그 체인들 끝부분의 '링크' 몇 개는 모든 채굴자들이 공통으로 갖고 있지는 '않은' 것들입니다. 이런 체인은 채굴자들이 무시합니다.

––

맞습니다. 체인의 길이가 같다면 가장 먼저 받은 것을 유지함으로써 승부의 균형이 깨집니다.

––

블록에 이중지불이 포함되면 채굴자들은 이중지불의 증명이 되는 '트랜잭션'을 만들어 풀 A에 추가하고 전파하며 채굴을 재개합니다.

––

그런 '이중지불 증명' 보고는 필요 없습니다. 같은 체인에 같은 지불 내역이 들어 있으면 블록은 무효화되고 거부당합니다.

블록의 작업증명이 충분하지 않은 경우도 마찬가지입니다. 그런 블록은 무효가 되고 거부당하죠. 이에 대해 보고할 필요는 없습니다. 모든 노드가 어떤 블록이 유효하지 않은지 알 수 있기 때문에 중계하기 전에 거부합니다.

....

* 옮긴이_ A가 자신의 정보를 여러 조각으로 나누고(cut) 암호화하면, B가 그중 무작위 조각을 선택(choose)해서 A에게 복호화하도록 함으로써 A가 해당 정보를 갖고 있음을 증명하는 방식

경쟁하는 체인이 두 개 있고 각각 동일한 트랜잭션의 다른 버전을 담고 있을 경우, 그러니까 한 명은 돈을 한 사람에게 보내고 다른 한 명은 같은 돈을 다른 누군가에게 보내려고 하는 경우, 어느 쪽 지불이 유효한지 판단하는 것은 전체 작업증명 체인이 하는 일입니다.

우리는 이중지불에 대해 경보를 울리고 사기꾼을 잡아내는 '감시활동'을 하는 것이 아닙니다. 그저 어느 쪽 지불 기록이 유효한지 판단하는 것뿐입니다. 트랜잭션 수신자는 이중지불 문제를 해결하는 데 시간이 걸린다는 것을 확인하기 위해 몇 블록을 기다려야 합니다. 사기꾼들은 원하는 만큼 동시에 이중지불을 시도해볼 수 있겠지만, 그들이 얻는 것이라고는 몇 블록 내에 지불 기록들 중 하나가 유효해지고, 나머지는 무효 처리되는 결과뿐입니다. 지불 기록이 일단 메인 체인에 기록되면 이후의 중복 지불 기록은 바로 거부당합니다.

먼저 발생한 지불 내역이 아직 체인에 기록되지 않았다고 해도, 그 지불 내역이 모든 노드의 풀에 들어 있으면 두 번째 지불 기록은 첫 번째 지불 내역을 이미 갖고 있는 모든 노드에 의해 거부당할 것입니다.

--

새로운 체인이 승인되면 채굴자는 자신이 현재 가진 링크를 추가하는 것을 포기하고, 풀 L의 모든 트랜잭션을 (작업 시작 후 수신했거나 생성한 트랜잭션들과 함께) 풀 A로 옮겨 놓은 후, 새로운 체인 내에 이미 포함된 트랜잭션 기록을 풀 A에서 제거합니다. 그리고 새로운 체인의 길이를 늘리는 작업을 재개합니다.

--

맞습니다. 채굴자는 새로운 트랜잭션이 들어올 때마다 레코드를 갱신하기도 해서, L은 언제나 A에 있는 모든 것을 포함합니다.

--

새로운 블록 L이 포함된 체인에 서명하기 위한 CPU 집약적 디지털 서명 알고리즘

--

그건 해시캐시 스타일의 SHA256 작업증명(일부분이 0으로 된 형태)입니다. 서명이 아니고요.

--

그 '체인'이 가장 빠른 노드 서너 개에 의해 더해진 링크만으로 구성되지 않았다는 것을 확인하는 메커니즘이 있습니까? 브로드캐스트 트랜잭션 레코드는 그 서너 개의 노드를 쉽게 놓칠 수 있고, 만약 그런 일이 발생하면 그 노드들이 체인을 계속해

서 지배할 수 있기 때문에 트랜잭션이 절대 추가되지 않을 수도 있습니다.

--

그것을 CPU 집약적 디지털 서명이라고 생각한다면, 긴 연산을 먼저 끝내고 가장 빠른 쪽이 언제나 승리하는 경주로 간주하는 것입니다.

작업증명은 해시캐시 스타일의 SHA256 충돌 발견 작업입니다. 초당 수백 만의 해시 계산을 하는 메모리리스* 프로세스로, 매회 답을 발견할 확률은 낮습니다. 가장 빠른 노드 서너 개의 영향력은 자신들이 가진 총 CPU 파워의 비율에만 비례합니다. 누군가 어느 시점에 답을 발견할 확률은 자신의 CPU 파워에 비례하는 것이지요.

트랜잭션 수수료가 있겠죠. 그래서 노드들은 자신이 받아서 포함시킬 수 있는 모든 트랜잭션에 대한 인센티브를 얻게 됩니다. 생성된 총 코인의 수가 미리 설정된 한도에 도달했을 때 노드들은 결국 트랜잭션 수수료만으로 보상을 받게 될 것입니다.

--

그리고 체인에 링크 하나를 추가하기 위한 작업 요구량은 지난주에 체인에 추가했던 링크의 수에 따라 (계속해서 기하급수적으로) 달라져야 하므로, 코인 생성 (그리고 그에 따르는 인플레이션) 비율을 엄격히 통제할 수밖에 없도록 만들 것입니다.

--

그렇습니다.

--

이를 확장하려면 코인 집계 기능이 필요합니다. 누군가가 10개의 코인을 회수하고 10으로 이름 붙인 코인을 새로 하나 만든다거나 할 때 '증명할 수 있는' 트랜잭션이 필요합니다.

--

모든 트랜잭션은 9장에 나온 것처럼 가치의 병합이나 분할 중 하나입니다.

사토시 나카모토

크립토그래피 메일링 리스트

....

* **옮긴이_** 과거 상태의 기억이 필요 없는

타원곡선 암호화,
서비스 거부 공격, 컨펌

사토시는 트랜잭션 서명에 대해 언급하면서 서비스 공격에 대해 조금 더 자세히 설명했습니다. 그리고 끝으로 트랜잭션 속도에 대해서도 다시 살펴보았습니다. 한 가맹점은 소비자가 스마트폰으로 트랜잭션을 생성하면 2분을 기다릴 수 있습니다. 그 후 가맹점(또는 가맹점이 선택한 비트코인 지불 서비스 회사)은 비트코인 네트워크상에서 이중지불 트랜잭션을 감시합니다. 한 소비자가 2BTC를 가진 비트코인 주소 ABC에서 1.5BTC를 지불하는 트랜잭션을 만든다고 가정하고 이것을 'X'라고 할 경우, 지불에 대해 완전한 승인이 이루어지면 그 소비자의 잔고는 0.5BTC가 됩니다.

이번 장에서는 가맹점이 비트코인 주소 ABC를 포함하는 다른 트랜잭션이 나타나는지, 나타난다면 그 금액이 0.5BTC를 초과하는지를 확인하기 위해 네트워크를 모니터링할 때 수행해야 할 행동에 대해 논의합니다. 이 모니터링 조건을 만족하는 트랜잭션이 가령 2분 내에 검출된다고 하면, 지불은 유효하지 않은 것으로 간주됩니다. 2분 동안 기다리면 트랜잭션 'X'가 비트코인 주소 ABC로부터 발생하는 이후의 트랜잭션들과 경쟁하기 전에 확실한 우위를 점하게 됩니다. 이는 트랜잭션 'X'가 대다수의 비트코인 채굴자들이 작업 중인 현재 블록에 포함될 가능성이 매우 높아 블록체인에 최종적으로 포함될 것임을 가맹점이 확신할 수 있게 해줍니다.

RE: 비트코인 P2P 전자화폐 논문

사토시 나카모토   2008년 11월 17일 09:06:02 -0800

레이 딜린저 작성
이것을 해내는 한 가지 방법은 코인을 받는 사람이 비대칭 키 쌍을 만들고, 그중 하나를 트랜잭션에 포함시켜 공개하도록 하는 것입니다. 이후에 그 코인을 사용하려는 사람은 아마도 새로운 판매자가 제공하는 키에 서명하는 방식으로 키 쌍의 다른 절반을 갖고 있음을 보여야 할 것입니다.

--

그렇습니다. 그게 ECC 디지털 서명입니다. 새로운 키 쌍은 모든 트랜잭션에 사용됩니다.
사람을 식별하는 이름이라는 의미에서의 익명은 아니지만, 한 코인에 취하게 될 행동은 그 코인의 소유자가 하는 행동임을 알아볼 수 있다는 점에서 적어도 약간의 익명성은 있습니다.

--

음… 제가 잘 이해한 것인지 모르겠습니다만, 협력하지 않는 노드들을 구분해서 제거하는 노력이 없다고 말씀하시는 건가요? 이런 방식은 문제의 소지가 있고 DOS(서비스 거부) 공격도 가능할 것 같다는 생각이 듭니다.

--

누군가를 식별하는 것에 의존할 일은 없습니다. 말씀하셨듯이, 쓸데없는 일이고 가짜 ID로도 쉽게 조작이 가능하기 때문이죠. 누군가가 실재함을 나타내는 자격증명은 CPU 파워를 조달하는 능력에 있습니다.

--

언제까지인가요? 한 트랜잭션이 언제 되돌릴 수 없는 상태가 되는지 어떻게 알죠? '몇 개의' 블록이란 3개인가요? 30개? 100개? 노드의 수에 달려 있나요? 노드 숫자에 대해 로그나 선형값인가요?

--

(비트코인 백서의) 11장에서는 공격을 받는 경우 최악의 상황을 계산합니다. 보통 5개나 10개의 블록이면 충분합니다. 당신이 네트워크 단위의 공격을 통해 훔쳐낼 만한 가치가 없는 무언가를 팔고 있다면 그 시간을 더 짧게 잡을 수 있습니다.

--

하지만 개인정보가 없는 상황에서, 무효가 된 이중지불을 한 사람이 이미 받은 상품(웹사이트에 대한 접근 권한이나 다운로드 등)에 대해서는 불이익이 없습니다. 가맹점의 지갑에는 '유효하지 않은' 코인들이 남게 되겠죠.

--

이것은 버전 2 문제인데 대부분의 응용사례들을 꽤 만족스럽게 해결할 수 있다고 믿습니다.

경주는 당신의 트랜잭션을 네트워크에 먼저 전파시키기 위한 것입니다. 6 자유도*정도 된다고 생각해보세요. 트랜잭션은 네트워크에서 기하급수적으로 퍼져나갑니다. 선발 주자가 전체 네트워크를 장악하기 전에 후발 주자가 많은 수의 노드를 확보하는 것이 거의 불가능할 정도로, 트랜잭션을 널리 퍼뜨리는 데 2분 정도밖에 안 걸립니다.

가맹점의 노드들은 그 2분 동안 이중지불 트랜잭션을 감시할 수 있습니다. 이중지불자는 자신의 대체 트랜잭션을 가맹점에 도달하지 않게 하면서 세상에 뿌릴 수는 없으므로 시작하기 전에 기다려야 합니다.

실제 트랜잭션이 90%, 이중지불 트랜잭션이 10%를 차지하면, 이중지불자들이 돈을 내지 않을 가능성은 10%밖에 되지 않고, 90%의 확률로 돈을 내게 됩니다. 사기꾼에게는 거의 모든 유형의 상품에 대해 가치가 없는 일이 되겠죠.

웹사이트 접근권이나 다운로드 파일 같은 정보 기반 상품들을 보호할 수는 없습니다. 그런 것을 훔치는 일로 생계를 유지할 수 있는 사람은 없어요. 파일을 훔치려면 파일 공유 네트워크를 이용하면 되죠. 즉시 접근 가능한 제품들은 훔쳐봐야 큰 돈이 되지 못할 겁니다.

---

* 옮긴이_ 선박이나 항공기 등에서 움직임을 설명하기 위한 6개의 변수를 뜻하며, 본문에서는 아무런 제약 없이 자유롭게 퍼져나간다는 의미로 사용

가맹점에서 도둑이 정말로 문제된다면, 고객을 2분 동안 기다리게 만들거나 흔히들 하듯이 이메일로 뭔가를 받을 때까지 기다리게 할 수도 있습니다. 최적화가 절실하고 큰 파일을 다운로드해야 하는 경우라면, 트랜잭션이 이중지불로 돌아올 때 중간에서 다운로드를 취소할 수도 있고요. 웹사이트 접근의 경우, 보통은 고객이 5분 정도 접근할 수 있도록 놔뒀다가 트랜잭션이 거부되면 접속을 차단해도 별 문제가 되지 않을 것입니다. 어쨌든 그런 많은 사이트들은 무료 체험을 제공하고 있죠.

사토시 나카모토

크립토그래피 메일링 리스트

트랜잭션 풀, 네트워킹
브로드캐스트, 코딩 세부사항

사토시는 첫 번째 섹션에서 트랜잭션 풀에 대해 부연 설명하고, 노드가 이웃 노드들로부터 아이템을 요청하는 방식의 네트워킹 브로드캐스트 메커니즘에 대해 자신이 진행했던 실험을 예로 들었습니다. 그리고 자신이 지난 18개월 동안 코딩 작업을 하고 있었다고 이야기했습니다.

RE: 비트코인 P2P 전자화폐 논문

사토시 나카모토   2008년 11월 17일 13:33:04 -0800

제임스 A. 도널드 작성

--

사토시 작성
다행히도, 현재 가장 나은 가지에 대해서만 지연 트랜잭션 풀을 유지하면 됩니다.

--

그러기 위해서는 우리, 즉 자신의 통신과 데이터 저장이 정상적으로 작동한다는 것을 아는 정직한 피어가 현재 가장 나은 가지를 알고 있어야 합니다.

--

노드는 갖고 있는 가지 중 가장 나은 가지에 대한 지연 트랜잭션 풀만 가지면 된다는 뜻입니다. 노드가 현재 생각하는 가지가 가장 좋은 가지죠. 노드가 블록을 만들어 붙이려고 하는 그 가지가 풀의 존재 이유입니다.

--

브로드캐스트는 아마도 완벽히 신뢰할 수 있게 될 것입니다.

--

각 메시지가 최소 한 번씩은 도착한다고 가정할 것이 아니라, 전달 실패가 빈번히 일어나는 메시지로 전달돼도 정보가 도달하는 그런 메커니즘을 만들어야 합니다.

--

제가 피어 네트워킹 브로드캐스트 메커니즘을 다룬 것 같은데요.

각 노드는 이웃에게 새 블록의 해시 목록과 자신이 가진 트랜잭션을 보내고, 이웃은 자신에게 아직 없는 아이템을 요청합니다. 타임아웃 이후에도 아이템이 도착하지 않으면 그 아이템을 가진 또 다른 이웃에게 요청합니다. 모두 또는 대다수의 이웃이 결국 각 아이템을 모두 가져야 하므로, 어떤 이웃과는 혼란스러운 상황이 발생하더라도 한 번에 하나씩 다른 이웃 누구에게든 아이템을 요청해서 얻어올 수 있습니다. 목록-요청-데이터 방식은 약간의 지연이 발생하지만, 궁극적으로는 전송 큐$^{transmit\ queues}$에 추가 데이터 블록을 유지하여 대역폭을 절약함으로써 속도를 높이는 데 도움이 됩니다.

--

설계에 대한 대략적인 방향을 그렇게 생각하고 계시는군요. 큰 진전이기는 하나, '악마는 작은 디테일 속에 숨어 있는 법$^{The\ devil\ is\ in\ the\ little\ details}$'이죠. ★

--

1년 반 이상 코딩하면서 디테일한 부분을 모두 검토했다고 생각했는데 문제점이 많았습니다. 기능적인 세부사항은 논문에서 다루지 않았습니다만 소스 코드가 곧 나옵니다. 당신에게 메인 파일을 보내드렸어요(지금은 요청만 받지만 풀 버전이 곧 나옵니다).

사토시 나카모토

크립토그래피 메일링 리스트

....

★ 옮긴이_ 문제점은 자세히 살펴보지 않으면 쉽게 드러나지 않는다는 의미

비트코인 첫 배포

사토시는 이번 글에서 소스포지닷넷[sourceforge.net]에 비트코인 소프트웨어의 첫 번째 버전을 배포했다고 알렸습니다. **소스포지닷넷**은 사람들이 문서나 소스 코드를 공유하도록 만든 깃허브[github] 같은 온라인 서비스입니다. 이 첫 번째 버전은 소스포지에서 다운로드할 수 없으며 다음 주소로 복제되어 옮겨졌습니다.

- http://www.zorinaq.com/pub/bitcoin-0.1.0.rar

- http://www.zorinaq.com/pub/bitcoin-0.1.0.tgz

- http://we.lovebitco.in/bitcoin-0.1.0.rar

- http://www.bitcointrading.com/files/bitcoin-0.1.0.rar

이 소프트웨어는 오픈 소스며 코드를 저작권 없이 사용하거나 재생산 및 변경할 수 있음을 의미합니다.

비트코인 버전 0.1 배포

사토시 나카모토   2009년 1월 9일 17:05:49 -0800

P2P 네트워크를 사용해 이중지불을 방지하는 새로운 전자화폐 시스템, 비트코인의 첫 배포를 알립니다. 비트코인은 서버나 중앙 기관 없이 완전히 탈중앙화되어 있습니다. 스크린샷은 `bitcoin.org`에서 확인하세요.

다운로드 링크:

- `http://downloads.sourceforge.net/bitcoin/bitcoin-0.1.0.rar` *

현재는 윈도우 전용이고 오픈 소스 C++ 코드가 포함되어 있습니다.

- 파일의 압축을 풀어서 하나의 디렉터리에 넣습니다.
- BITCOIN.EXE를 실행합니다.
- 프로그램이 다른 노드들에 자동으로 연결됩니다.

노드가 네트워크 수신을 허용하도록 유지해주시면 네트워크에 정말 많은 도움이 될 겁니다. 발신을 허용하려면 방화벽에서 8333번 포트를 열어야 합니다.

소프트웨어는 아직 알파 버전으로 실험 단계입니다. 확장성과 버전 관리를 위해 제가 구현할 수 있는 모든 조치를 취하기는 했지만, 필요한 상황에 시스템을 재시작하지 않아도 된다는 보장은 해드릴 수 없습니다.

코인은 다른 사람이 조금 보내줘서 얻을 수도 있고, 옵션 → 코인 생성 메뉴를 켜서 노드를 실행하고 블록을 생성하는 방법으로도 얻을 수 있습니다. 시작 시의 작업증명 난이도를 매우 쉽게 설정해놨기 때문에, 처음 얼마 동안은 일반적인 PC로도 몇 시간 만에 코인을 생성할 수 있을 것입니다. 경쟁으로 인해 자동 조절 드라이브가 난이도를 상승시키면 코인 생성은 훨씬 더 어려워집니다. 생성된 코인은 120블록이 자라날 때까지 기다려야 소비할 수 있습니다.

돈을 소비하는 방법은 두 가지입니다. 수취인이 온라인일 경우 IP 주소를 입력하면 연

----

* 옮긴이_ 현재 해당 파일은 satoshi.nakamotoinstitute.org/code에서 얻을 수 있고, 버전 0.11.0 이후의 실행파일과 소스코드는 bitcoincore.org/en/releases와 github.com/bitcoin에서 얻을 수 있다.

결할 수 있고, 새로운 공개키를 받아 설명을 포함한 트랜잭션을 보낼 수 있습니다. 수취인이 온라인이 아닌 경우에는 수취인의 비트코인 주소로 돈을 보낼 수 있는데, 비트코인 주소는 수취인이 당신에게 준 공개키의 해시값입니다. 수취인이 다음 번에 접속할 때는 트랜잭션과 그 트랜잭션이 들어 있는 블록을 받게 됩니다. 이 방법은 아무런 설명 정보가 전달되지 않는다는 단점이 있습니다. 그리고 그 주소가 여러 번 사용되면 프라이버시를 약간 잃을 수도 있습니다. 그러나 양쪽 사용자가 동시에 온라인 상태일 수 없거나, 수취인이 들어오는 연결을 수락할 수 없는 경우에는 유용한 대안이라고 할 수 있습니다.

총 통화량은 21,000,000코인이 될 것입니다. 코인은 네트워크 노드들이 블록을 만들 때 배분되며 액수는 4년마다 절반으로 줄어듭니다.

처음 4년: 10,500,000코인

다음 4년: 5,250,000코인

다음 4년: 2,625,000코인

다음 4년: 1,312,500코인

…

생성할 비트코인이 고갈되었을 때, 필요할 경우 시스템이 트랜잭션 수수료를 지원할 수 있습니다. 공개 시장 경쟁을 기반으로 하고 있기 때문에 트랜잭션을 기꺼이 무료로 처리해줄 노드들이 아마 항상 있을 것입니다.

사토시 나카모토

비트코인을 처음 사용할 만한 곳

이번 글에서는 사토시 나카모토가 비트코인이 그렇게까지 큰 성공을 거둘 것이라고는 기대하지 않았음을 짐작할 수 있습니다. 사토시는 첫 사용처가 소액 결제나 포르노 사이트 정도일 것이라고 이야기했습니다만, 흥미롭게도 실제 첫 사용처는 그런 곳이 아니었습니다. 사토시는 유명인들이 자신의 팬들로부터 개인 메시지를 받는 데 비트코인이 사용될 수 있다고 제안하기도 했습니다. 또한 "만일을 대비해 비트코인을 조금 갖고 있는 것이 합리적일 수 있습니다"라고도 했습니다. 그는 자신의 조언대로 따른 것 같습니다. 비트코인은 등장한 첫 해엔 푼돈에 불과했지만 2014년 초반에는 600달러가 넘는 가치를 갖게 되었습니다.

RE: 비트코인 버전 0.1 배포

사토시 나카모토   2009년 1월 17일 06:58:44 -0800

더스틴 D. 트라멜 작성

--

> 사토시 나카모토 작성
> 1990년대에는 더 많은 사람들이 관심을 가졌던 것 같습니다. 하지만 제3자 신뢰 기반 시스템(디지캐시^{Digicash} 등)이 10년 이상 실패를 거듭하자 사람들은 이러한 시도가 실패했다고 여기게 되었습니다. 제가 아는 한 첫 번째 시도인 우리의 비신뢰 기반 시스템의 경우 과거와 차이가 있다는 점을 사람들이 이해할 수 있길 바랍니다.

--

네. 그것이 제 시선을 사로잡은 핵심 기능이었습니다. 진정한 목적은 사람들이 실제로 비트코인에 가치를 매기게 함으로써 통화의 역할을 할 수 있도록 만드는 것이겠지요.

--

지금부터 10년 뒤 어떤 식으로든 전자 통화를 사용하지 않는다면 그게 더 이상한 일일 것입니다. 이제 우리에게는 신뢰하는 제3자가 없으면 모두 어쩔 수 없이 바보가 될 수밖에 없는 상황을 피할 방법이 생겼으니까요.

마일리지 포인트나 기부용 토큰, 게임 머니, 성인 사이트 등에서의 소액 결제 같은 작은 틈새 시장을 시작점으로 삼을 수도 있습니다. 또한 부분 유료화 서비스를 위한 작업 증명 애플리케이션에 사용될 수도 있습니다.

과금형 이메일에도 사용 가능합니다. 전송 메시지 창은 크기를 조절할 수 있으므로 원하는 만큼 길게 메시지를 입력할 수 있습니다. 연결이 이루어지면 직접 메시지가 전송되고요. 수취인이 트랜잭션을 더블 클릭하면 전체 메시지를 볼 수 있습니다. 어떤 유명 인사가 다 읽을 수 없을 만큼 많은 이메일을 받고 있다면, 비트코인을 설치해서 다음과 같이 말하며 웹사이트에 IP 주소를 게시할 수도 있습니다. "비트코인 X개를 이 IP에 개설된 특급 핫라인 주소로 송금하시면 제가 직접 메시지를 읽어보겠습니다."

무료 체험판에서는 추가로 작업증명을 하게 만들어, 기존의 유료 구독자를 보호하도록 조치한 사이트는 체험판 이용료를 비트코인으로 청구할 수도 있습니다.

만일을 대비해 비트코인을 조금 갖고 있는 것이 합리적일 수 있습니다. 충분히 많은 사람이 같은 생각을 하게 된다면, 마치 자기 실현적 예언처럼 비트코인을 보유하는 것이 비트코인을 쓸 일을 만들어내게 될 것입니다. 일단 초기(부트스트래핑) 단계를 넘어서 자동판매기에 동전을 넣듯 쉽게 웹사이트에 몇 센트를 지불할 수 있게 된다면 응용 가능한 분야는 무궁무진합니다.

사토시 나카모토

• http://www.bitcoin.org

이 주제는 이후 비트코인토크BitcoinTalk 포럼에서 다시 논의되었습니다.

RE: 포르노

사토시 작성   2010년 9월 23일 17:56:55

비트코인은 신용카드가 없거나 카드를 사용하고 싶지 않은 사람들이 편리하게 활용할 수 있습니다. 배우자가 카드 청구서에서 사용 내역을 발견하는 일 또는 '포르노 사이트 운영자'를 믿고 신용카드 번호를 넘기거나 유료 가입이 정기 결제가 돼버리는 일 등을 원하지 않기 때문이죠.

'작업증명' 토큰과 스패머

이번 글은 크립토그래피 산업에서 유명한 개발자인 할 피니[Hal Finney]와 사토시 나카모토 사이에 오간 흥미로운 대화로, 비트코인의 작업증명이 스패머들을 제한하거나 스팸 수취인들에게 보상하는 데 어떻게 사용될 수 있는지 중점적으로 다뤘습니다. 할 피니는 비트코인 작업증명의 변형인 '재사용 가능한 작업증명 시스템'을 처음 만든 것으로 유명하지만, 여기서 자세히 다룰 만한 주제는 아닙니다. 할 피니는 첫 번째 비트코인 트랜잭션의 수취인이기도 했는데, 발신인은 사토시 본인이었습니다.

RE: 비트코인 버전 0.1 배포

사토시 나카모토   2009년 1월 25일 08:34:34 -0800

할 피니 작성

- 스패머 봇넷*은 과금형 이메일의 필터를 쉽게 태워버릴 수 있습니다.

....

* 옮긴이_ 악성 소프트웨어에 감염된 컴퓨터 집단. 주로 서비스 거부 공격 등에 사용된다.

POW(작업증명) 토큰이 정말 유용하게 활용된다면, 특히 돈으로 사용된다면 컴퓨터가 작업을 중지하는 일은 없을 겁니다. 사용자는 자신의 컴퓨터가 돈을 벌어오길 기대하겠죠(보상이 운영에 드는 비용보다 더 크다고 가정하고요). 수익을 봇넷에 '도둑맞은' 컴퓨터는 현재보다 소유자의 눈에 더 잘 띄게 될 테니, 그런 환경에서는 사용자가 컴퓨터를 더 열심히 관리해서 봇넷 감염을 제거할 것이라고 생각할 수 있습니다.

--

POW 토큰의 '가치'는 스팸을 줄이는 또 다른 요인이 됩니다. 스패머들이 엄청난 수의 가짜 이메일 계정을 만들어 POW 토큰을 수집하는 목적은 금전적 이익일 것입니다. 그러면 사람들은 자동 메일함을 이용해 스패머들의 POW를 모으고 메시지는 읽지 않는 방식으로 스패머들을 역공격할 수 있습니다. 그럴 경우 실제 사람 수 대비 가짜 메일함의 비율이 너무 높아져서 스팸을 보내는 것이 비용 면에서 비효율적일 수 있습니다.

이러한 과정에는 POW 토큰의 가치를 만들어 낼 수 있는 잠재력이 있습니다. 봇넷을 보유하지 못한 스패머들은 토큰 수확자들로부터 토큰을 구입할 수 있을 테니까요. 코인을 다시 구입하는 행위가 일시적으로 스팸을 더 늘리겠지만, 스패머를 착취하는 수확자들이 너무 많아져 스패머들이 더 빨리 자멸하게 만들 것입니다.

재미있는 사실은 금본위 디지털 화폐인 e-골드 시스템 중 하나가 이미 '더스팅'이라 불리는 스팸 체계를 갖고 있다는 점입니다. 스패머들은 트랜잭션의 설명 필드에 스팸 메시지를 집어넣기 위해 소량의 골드 더스트(금가루)를 전송합니다. 사용자가 받고 싶은 최소 지불 금액 내지는 트랜잭션에 메시지를 넣을 때 필요한 최소 금액을 시스템상에서 설정할 수 있도록 구현하면, 사용자는 스팸을 받았을 때 얼마의 돈을 받고 싶은지 설정할 수 있을 것입니다.

사토시 나카모토

크립토그래피 메일링 리스트

P2P 재단에 소개된 비트코인

사토시는 이 글에서 p2pfoundation.ning.com에 비트코인 버전 0.1을 소개했습니다. P2P 재단은 P2P 기술과 관련된 또 다른 포럼입니다. 사토시는 여기에 크립토그래피 메일링 리스트에 올린 원래의 공지문을 그대로 옮겨놓는 대신 약간 다른 소개문을 작성했습니다.

P2P 통화의 비트코인 오픈 소스 구현

사토시 나카모토   2009년 2월 11일 22:27

저는 비트코인이라는 새로운 오픈 소스 P2P 전자화폐 시스템을 개발했습니다. 완전히 탈중앙화되어 있으며, 모든 것이 신뢰 대신 암호화 증명에 기반하고 있기 때문에 중앙 서버나 신뢰하는 단체가 존재하지 않습니다. 한번 써보시거나 스크린샷과 설계 문서를 살펴보세요.

- 비트코인 버전 0.1 다운로드: http://www.bitcoin.org

기존 통화의 근본적인 문제는 시스템이 돌아가도록 하는 데 신뢰가 필요하다는 점입니다. 중앙은행은 화폐의 가치를 유지하기 위해 신뢰를 얻어야 하지만, 명목화폐의 역사에는 그러한 신뢰가 무너지는 경우가 비일비재했습니다. 은행은 돈을 보유하고 온라인으로 송금하는 데 신뢰를 얻어야 하지만, 지불 준비금도 거의 남겨두지 않은 채로 신용 버블 속에서 대출을 남발합니다. 우리는 은행에 개인정보를 맡겨야 하고, 은행 계좌가 개인정보를 도용하려는 사람들에게 털리지 않을 것임을 믿어야 합니다. 그러한 막대한 간접비용으로 인해 소액결제는 불가능해집니다.

한 세대 전쯤, 멀티유저 시분할 방식 컴퓨터 시스템에도 유사한 문제가 있었습니다. 강력한 암호화 등장 이전에는 사용자가 자신의 파일을 보호하기 위해 암호에 의지해야 했는데, 사적인 정보를 보관하기 위해 시스템 관리자를 신뢰하는 방식이었습니다. 개인정보 보호는 관리자가 다른 사안과의 경중을 따져 개인적으로 판단하거나, 관리자 상사의 명령에 따라 언제든 무시될 수 있었습니다. 이후 누구나 강력한 암호화 기법을 사용할 수 있게 됨에 따라 신뢰가 필요 없어졌습니다. 데이터는 어떤 이유에서든, 얼마나 사유가 정당하든 물리적으로 타인이 접근할 수 없도록 보관할 수 있게 되었습니다. 이제 우리는 돈에 대해서도 동일하게 적용되는 시스템을 갖추게 되었습니다. 암호학적 증명에 기반한 전자 통화를 사용하면 중간에 개입하는 제3자를 신뢰하지 않아도 되고, 돈을 안전하게 보관할 수 있으며 송금도 용이해집니다.

이러한 시스템의 중요 구성 요소 중 하나가 디지털 서명입니다. 디지털 코인은 소유자의 공개키를 포함하고 있습니다. 코인을 송금하려면 소유자는 다음번 소유자의 공개키와 함께 코인에 서명합니다. 누구든지 서명을 검사해서 소유권의 변경 이력을 확인할 수 있습니다. 이 방식은 소유권 확보에는 효과적이지만 한 가지 큰 문제가 있습니다. 바로 이중지불입니다. 코인 소유자라면 이미 소비한 코인을 또 다른 소유자의 공개키와 함께 서명하는 방법으로 재소비를 시도해볼 수 있습니다. 일반적인 해법은 중앙 데이터베이스를 가진 믿을 만한 회사가 이중지불을 확인하는 것이지만, 그것은 신뢰 모델로 되돌아가는 일입니다. 그 회사는 중간 위치에서 사용자의 권한을 무시할 수도 있고, 회사 유지에 필요한 수수료 때문에 소액결제를 실용적이지 않게 만들 수도 있습니다.

비트코인의 해법은 P2P 네트워크를 사용해 이중지불을 확인하는 것입니다. 쉽게 설명하면, 네트워크는 분산형 타임스탬프 서버처럼 작동하면서 코인을 소비한 첫 번째 트랜잭션에 도장을 찍습니다. 확산시키는 것은 쉽지만 억제하는 것은 어렵다는 정보의 속성을 활용한 것입니다. 동작 방식에 대한 자세한 설명은 설계 문서(http://www.bitcoin.org/bitcoin.pdf)를 확인하기 바랍니다.

그렇게 해서 나온 결과가 단일 오류 발생 지점이 없는 분산형 시스템입니다. 사용자는 자신의 돈에 대한 암호화 키를 소유하고, 이중지불을 감시하는 P2P 네트워크의 도움을 받아 서로에게 직접 돈을 보냅니다.

사토시 나카모토
http://www.bitcoin.org

성공의 비결, 탈중앙화

여기서 사토시는 성공의 비결로 탈중앙화 통화의 중요성에 대해 이야기했습니다. 7장에서 언급했듯이 정부는 통화 공급량을 조절할 수 있는 능력이 있으므로 적자 재정 사업에 자금을 조달하는 손쉬운 수단으로 이용할 수 있습니다. 지금까지 등장한 모든 중앙 통제식 전자 통화는 정부가 다양한 이유를 들어 해체시켰습니다. 일반적인 이유로는 자금 세탁이나 마약 구입의 용이성 등이었는데, 오히려 이런 활동에는 US 달러가 주로 사용됩니다.

RE: P2P 통화의 비트코인 오픈 소스 구현

사토시 나카모토 2009년 2월 15일 16:42

셉 헤슬버거 작성

오픈코인이 비트코인과 시너지 효과를 낼 수 있을까요?

http://opencoin.org/

그럴 수도 있겠지요. 오픈코인에 대해서는 과거의 차우미안* 중앙 주조 방식이 언급되는데, 아마도 그 당시 유일한 선택이었기 때문일 것입니다. 그들은 새로운 방향으로 나아가는 데 관심이 있었던 것 같아요.

많은 사람들이 전자화폐를 실패한 시도라고만 생각합니다. 1990년대 이후 전자화폐를 시도한 모든 회사들이 실패했기 때문이죠. 그러한 시스템들이 실패할 수밖에 없었던 분명한 이유는 시스템의 중앙 통제식 속성이었습니다. 우리가 탈중앙화 비신뢰 기반 시스템을 시도하는 것은 이번이 처음인 것 같습니다.

---

* 옮긴이_ 차우미안 블라인딩(Chaumian Blinding)의 줄임말로, 데이비드 리 차움(David Lee Chaum)에 의해 개발됨. 거래 시 트랜잭션 당사자 사이의 익명성을 유지하기 위해 사용되는 암호화 기법

화폐 공급의 문제

사토시는 이 포럼에서 화폐 공급에 대한 자신의 일반적인 생각을 설명한 후, 화폐 공급 대 인구를 주제로 이야기했습니다. 그리고 비트코인을 귀금속과 비교하면서 비트코인의 공급량보다 사용자의 수가 더 빠르게 늘어날 때 발생할 수 있는 가격상의 피드백 루프에 대해서도 언급했습니다. 흥미로운 점은 그 일이 실제로 일어났다는 것입니다.

사람들이 일상 속에서 가치가 줄어들지 않고 늘어나는 통화로 생활한다는 것이 어떤 것인지 경험하는 상황을 상상해봅시다. 경제가 성장하고 생산능력이 증대되면 물가는 낮아집니다. 오늘날 물가가 내려가지 않는 유일한 이유는(발전 속도가 매우 빠른 컴퓨터 등의 제품은 제외) 정부가 일으키는 통화 인플레이션 때문입니다.

RE: P2P 통화의 비트코인 오픈 소스 구현

사토시 나카모토   2009년 2월 18일 20:50

비트코인은 글로벌 분산형 데이터베이스입니다. 과반수의 동의가 있어야 데이터베이스에 추가할 수 있는데, 이때 따라야 하는 규칙은 다음과 같습니다.

- 누구든 블록 생성이 가능한 작업증명을 발견하면 소량의 새로운 코인을 지급받는다.
- 작업증명 난이도의 경우 네트워크 전체가 시간당 평균 6블록을 만들도록 2주마다 조정된다.
- 블록마다 주어지는 코인의 수는 4년마다 절반으로 줄어든다.

코인이 다수에 의해 발행된다고 할 수도 있습니다. 코인은 미리 결정된 수량만큼 제한적으로 발행됩니다.

예를 들어 1,000개의 노드가 있다고 가정하면 매 시간마다 6개의 노드가 코인을 받습 ㅣ다. 당신이 코인을 얻으려면 일주일이 걸릴 수도 있습니다.

셉의 질문에 대해서는, 중앙은행이나 연방준비제도처럼 사용자의 수가 증가함에 따라 화폐 공급량을 조절하는 역할은 아무도 맡고 있지 않습니다. 저도 실제 세상에 있는 물건의 가치를 소프트웨어가 알도록 하는 방법은 모르기 때문에, 물건의 가치를 결정하기 위해서는 신뢰하는 대상이 필요할 것 같습니다. 기발한 방법이 있다거나, 아니면 화폐 공급량을 뭔가에 연동(peg)해서 적극적으로 관리하기 위해 누군가를 신뢰해야 한다면, 거기에 맞도록 규칙을 프로그래밍할 수 있을 것입니다.

이런 관점에서 본다면 비트코인은 귀금속에 더 가깝습니다. 동일한 가치를 유지하기 위해 공급량을 조절하는 것이 아니라, 공급량은 미리 결정되어 있고 가치가 변하는 거죠. 사용자 수가 늘면 코인당 가치는 증가합니다. 비트코인은 양의 순환 구조를 만들 잠재력이 있는데, 사용자가 증가하면 가치가 증가하고 증가한 가치는 그에 편승하려는 더 많은 사용자를 끌어올 것입니다.

비트코인 버전 0.1.3 배포

이번 배포판에서는 통신 관련 문제들이 수정되었습니다. 사토시는 블록 작업증명 발견(채굴자가 블록 문제를 풀어서 얻는 보상)과 관련하여 성숙 카운트다운이라는 것에 대해 설명했습니다.

[비트코인-리스트] 비트코인 버전 0.1.3

사토시 나카모토   2009년 1월 12일 22:48:23

인터넷 연결 문제의 경우 가장 어려운 고비는 넘긴 것 같습니다. 0.1.3에서는 일정 시간 후 노드 통신이 죽어버리는 문제를 해결했습니다. 이번 버전에서는 네트워크가 훨씬 부드럽게 동작합니다.

여러분이 블록 생성에 성공했다면, 사용자를 일정 시간 대기시킨 후 보상 코인을 소비할 수 있게 하는 성숙 카운트다운이라는 것이 붙어 있는 것을 보셨을 것입니다. 일단 성숙이 완료되면 Credit(잔액) 항목은 0.00에서 50.00으로 변경됩니다. 유효한 블록이 되려면 블록이 네트워크에 전파되어 블록체인에 포함되어야 하므로, 네트워크에 접속되어 있지 않은 상태에서는 Generate(생성) 기능을 실행할 수 없습니다. 여러분이 네트워크에 연결되지 않은 상태에서 블록을 생성하면, 네트워크는 여러분이 생성한 블록의 존재를 알지 못하므로 여러분의 블록을 포함하지 않은 상태에서 체인 생성 작업을 계속합니다. 여러분의 노드가 그 블록이 사용되지 않은 것을 알게 되면 성숙 카운트다운은 'Not accepted(미승인)' 상태로 변경됩니다. Status(상태) 항목의 값에서 1을 빼면 그 블록이 만들어진 이후 체인에 몇 개의 블록이 연결되었는지 알 수 있습니다.

사토시 나카모토

할은 이번 장에서 일부 사람들이 해시를 추가하는 방식을 통해 문서에 타임 스탬프를 찍는 용도로 블록체인의 사용을 제안했다고 이야기했습니다(2장의 암호학적 해시 함수(디지털 '지문') 항목 내의 암호학적 해시 설명 참고).

[비트코인-리스트] 비트코인 버전 0.1.5 배포

New Message	
사토시 나카모토	2009년 3월 4일 16:29:12

할 피니 작성
좋은 의견 같습니다. 단일 NAT 주소 환경에서 복수의 머신 위에 복수의 코인/블록 생성기가 실행될 수 있도록 하는 것도 좋을 것 같습니다. 아직 시도해보지 않아서 현재 소프트웨어로 가능할지는 모르겠네요.

--

현재 버전은 잘 동작할 겁니다. 수신 연결이 8333번 포트가 가리키는 호스트로 가기만 하면 노드들은 인터넷상에서 서로 연결될 거예요.

최적화 방법의 하나로, 지정한 주소에만 연결될 수 있도록 '-connect=1.2.3.4' 형식의 스위치를 만들 생각입니다. 그러면 메인 노드에 추가 노드들을 연결할 수 있고 인터넷에는 메인 노드만 연결됩니다. 대역폭이 유의미한 수준으로 되려면 네트워크가 먼저 거대해져야 하기 때문에, 현재로서는 크게 중요한 문제는 아닙니다.

--

그런데 우리가 이 얘기를 나눴었는지 기억은 나지 않지만, 예전에 몇몇 사람들이 안전한 타임스탬핑timestamping에 대해 언급한 적이 있습니다. 과거 특정 시점에 특정 문서가 존재했다는 것을 증명하고 싶어하는 것 같은데, 제가 보기에는 비트코인의 블록쌓기가 이러한 목적에 완벽하게 적합한 것 같습니다.

--

그렇습니다. 비트코인은 트랜잭션을 위해 분산화된 안전한 타임스탬프 서버입니다. 코드 몇 줄이면 타임스탬프를 찍으려는 대상이 무엇이든 추가 해시를 넣은 트랜잭션을 만들 수 있을 것입니다. 그런 방식으로 파일에 타임스탬프를 찍는 명령을 추가해야겠어요.

--

나중에 어떤 서버 언어라도 웹사이트와 쉽게 통합할 수 있도록 인터페이스를 추가하고 싶습니다.

--

그렇죠. 그리고 프로그래밍 언어나 스크립트 언어를 통해 호출할 수 있게 하는 라이브러리 인터페이스 쪽을 조금 더 살펴보고 싶습니다. 클라이언트 쪽도 마찬가지로요.

--

바로 그겁니다.

사토시 나카모토
http://www.bitcoin.org

비트코인토크 포럼 환영 메시지

사토시는 sourceforge.net에 비트코인 전용으로 새 포럼을 개설했음을 알렸습니다.

비트코인 포럼에 오신 것을 환영합니다!

New Message

사토시 나카모토   2009년 11월 22일 18:04:28

새로운 비트코인 포럼에 오신 것을 환영합니다!
이전 포럼도 다음 주소를 통해 접속할 수 있습니다.
http://bitcoin.sourceforge.net/boards/index.php*
여기에 스레드 몇 개를 선정해서 다시 글을 작성하고, 제가 답변할 수 있는 부분에는 업데이트된 답변을 추가하겠습니다.

---

* 옮긴이_ 현재 비트코인 포럼의 주소는 bitcointalk.org이다.

자주 하는 질문들:*

- http://bitcoin.sourceforge.net/wiki/index.php?page=FAQ

다운로드:

- http://sourceforge.net/projects/bitcoin/files/

---

* 옮긴이_ 자주 하는 질문들은 bitcoin.org/ko/faq에서 확인 가능하고, 비트코인 코어의 실행파일은 bitcoincore.org에서 받을 수 있다.

27

비트코인의 성숙

성숙이란 블록체인에서 수행한 작업에 대한 보상으로 채굴자들에게 주어지는 새로 생성된 비트코인에 해당하는 개념입니다. 한 블록이 오편 블록으로 될 가능성이 매우 희박해지면, 그 블록에 대한 보상으로 채굴자들이 받은 비트코인은 충분히 성숙되어 안전하게 적립됩니다.

비트코인 성숙?

New Message

사토시 나카모토   2009년 11월 22일 17:31:44

비트코인 성숙

작성: 2009년 10월 1일 14:12

사용자 관점에서 봤을 때 비트코인의 성숙 과정을 8단계로 나눌 수 있습니다.

1) Generate Coins 메뉴를 처음 클릭했을 때 발생하는 첫 네트워크 트랜잭션
2) 첫 네트워크 트랜잭션과 비트코인 항목이 전체 트랜잭션 리스트에 나타날 준비가 되기까지의 시간
3) 비트코인 항목이 전체 트랜잭션 필드 밖에 있다가 안으로 들어오는 변화
4) 비트코인이 전체 송금 리스트에 나타나고 세부 설명이 'Generated(X개의 블록이 추가된 후 50.00비트코인이 성숙됨)'로 바뀔 준비가 되기까지의 시간
5) 세부 설명이 'Generated(X블록 후 50.00 비트코인이 성숙)'로 비낌
6) 세부 설명이 'Generated'라고 출력될 때부터 'Generated'로 바뀔 준비가 되기까지의 시간
7) 세부 설명이 'Generated'로 바뀜
8) 세부 설명이 'Generated'로 바뀐 후의 시간

어떤 단계에서 네트워크 연결, 많은 로컬 CPU 사용량, 많은 원격 CPU 사용량 등이 필요할까요? 이런 단계를 부르는 이름이 있나요?

RE:

Sirius-m   2009년 10월 22일 02:26

제가 알기로 Generate Coins 메뉴를 클릭하면 네트워크 트랜잭션이 발생하지 않습니다. 컴퓨터가 다음번 작업증명 계산을 시작할 뿐이죠. 코인을 생성할 때는 CPU 사용량이 100%가 됩니다.

이 예에서는 당신이 만든 (그래서 당신에게 새 코인에 대한 권리를 주는) 작업증명 블록의 정보를 전파할 때 네트워크 연결이 사용됩니다. 코인을 성공적으로 생성하려면 안정적인 연결이 필요합니다. 그래야 누군가가 당신보다 먼저 현재의 블록을 차지해도 다음 블록에 대한 작업을 시작할 수 있기 때문입니다.

New Message

사토시 나카모토   2009년 11월 22일 18:34:21

코인(블록) 생성을 시도하는 동안 또는 코인이 성공적으로 생성되는 시점에는 네트워크에 연결되어 있어야 합니다.

코인 생성 과정 중(상태 바에 'Generating'이라고 나오고, 작업증명을 발견하기 위해 CPU를 사용할 때), 마지막 블록을 받아오려면 네트워크와 연결 상태를 계속 유지해야 합니다. 당신의 블록이 마지막 블록에 연결되지 않으면 승인받지 못할 수도 있습니다. 성공적으로 블록을 생성했다면 그 즉시 네트워크에 전파시켜야 합니다.

이 과정을 체인을 만드는 협동 작업이라고 생각해보세요. 체인에 링크 하나를 추가하려면 먼저 체인의 현재 끝부분을 찾아야 합니다. 마지막 링크를 찾은 후 1시간 동안 밖에서 링크를 만들고 돌아와 1시간 전 마지막이었던 링크에 당신이 만든 링크를 추가하려고 하면, 그동안 다른 채굴자들이 링크를 몇 개는 더 해놓았을 것입니다. 그리고 다른 채굴자들은 당신의 링크를 가지 중간에 덧붙이고 싶어 하지 않겠죠.

블록 하나가 만들어진 후 120블록의 성숙 시간을 두는 것은 그 블록이 소비되기 전에 메인 체인의 일부가 되었는지를 확실히 하기 위해서입니다. 당신의 노드는 그 시간 동안 그 블록으로 어떤 일도 하지 않고, 블록 뒤에 다른 블록들이 추가될 때까지 그저 기다리고만 있을 것입니다. 그 시간 동안에는 온라인 상태일 필요가 없습니다.

비트코인은
얼마나 익명성이 있을까?

흔적을 남기지 않고 옮길 수 있는 100달러로 가득 찬 옷가방과는 다르게, 비트코인 트랜잭션은 공개 장부에 기록됩니다. 비트코인의 주소가 특성상 익명성을 갖기는 하지만 그 주소의 이름으로 수행된 트랜잭션들은 그렇지 않습니다.

비트코인은 얼마나 익명성이 있나요?

New Message

사토시 나카모토   2009년 11월 25일 18:17:23

네트워크상의 노드들은 소비되는 비트코인이 어떤 주소에서 어떤 주소로 전달되는지 알 수 있을까요? 비트코인이 어디서 어디로 전송되는지에 대한 기록이 블록에 들어 있을까요?

--

비트코인은 비트코인 주소에서 비트코인 주소로 전송되는데, 이 주소들은 본질적으로 무작위 숫자이며 신원 정보를 갖고 있지 않습니다.

--

트랜잭션을 IP 주소로 전송하면 비트코인 주소에 트랜잭션이 기록됩니다. IP 주소는 수취인에게 새 비트코인 주소를 요청하고, 트랜잭션을 직접 전달해서 승인을 얻기 위해 수취인의 컴퓨터에 연결하는 용도로만 사용됩니다.

블록에는 비트코인이 전송된 주소의 이력이 포함됩니다. 비트코인 주소를 사용하는 사람의 신원이 알려지지 않고 각 주소가 한 번씩만 사용된다면, 이력 정보는 어떤 익명의 사람이 다른 누군가에게 얼마의 비트코인을 전송했다는 사실만 나타냅니다.

익명이나 가명이 될 가능성은, 사용하는 비트코인 주소로 연결할 때 신원 정보를 누설하는가의 여부에 달려 있습니다. 자신의 비트코인 주소를 웹사이트에 게시하면 그 주소 및 그 주소와 관련된 모든 트랜잭션이 게시된 이름과 연관됩니다. 글을 작성할 때 실제 신분과 관련되지 않도록 조치를 취하면 계속해서 가명 상태가 유지되는 것이죠.

개인정보를 더 잘 보호하려면, 비트코인 주소를 한 번만 사용하는 것이 좋습니다. **Options > Change Your Address** 메뉴를 사용하면 원하는 만큼 주소를 바꿀 수 있습니다. **Transfers by IP address** 메뉴를 활용하면 매번 자동으로 새로운 비트코인 주소를 사용할 수도 있습니다.

--

노드는 어떤 비트코인 주소가 어떤 IP 주소에 속한 것인지 알 수 있나요?

--

아니요.

--

비트코인 프로그램이 처음 시작될 때 SOCK 프록시*를 켜는 명령줄^{command line} 옵션이 있나요?

--

다음 배포판(버전 0.2)에는 처음부터 프록시를 통해 구동되도록 하는 명령줄이 있습니다.

bitcoin -proxy=127.0.0.1:9050

토르^{TOR}**에 관한 문제라면, 비트코인이 초기에 다른 노드들을 발견할 때 사용하는

----

* 옮긴이_ 방화벽 등으로 인해 직접 연결이 막혀 있는 경우, 가상의 서버를 만들어 우회 연결하는 기술
** 옮긴이_ The Onion Router의 약자로, Onion Routing이라는 기술을 사용해 사생활 침해를 막고 보안을 향상시키는 소프트웨어

IRC* 서버가 토르의 진출 노드를 막아버린다는 점입니다. 모든 IRC 서버들이 그렇습니다. 토르에 한 번이라도 연결한 적이 있다면 당신의 컴퓨터는 이미 토르의 노드로 등록되어 있을 것입니다. 하지만 첫 연결이라면 다음과 같은 식으로 노드의 주소를 제공해야 합니다.

```
bitcoin -proxy=127.0.0.1:9050 -addnode=<노드의 IP주소>
```

고정된 IP 주소로 노드를 운영하는 사람이 -addnode에 적을 수 있는 주소를 공지해주면 좋겠네요.

--

> 네트워크 주소 변환 장치(NAT)**를 통해 비트코인을 여러 개의 클라이언트가 연결된 IP 주소로 보내면 어떤 일이 일어나나요?

--

NAT에서 8333번 포트로 포트 포워딩***하게 설정해놓은 쪽이 비트코인을 받을 것입니다. 라우터****에서 포트 포워딩 시 포트를 바꿀 수 있다면 하나 이상의 클라이언트가 비트코인을 받게 할 수 있을 것입니다. 예를 들어 포트 8334번이 어떤 컴퓨터의 포트 8333번으로 포워딩되면, 보내는 쪽은 'x.x.x.x:8334'로 보낼 수 있습니다. NAT가 포트 번호를 해석하지 못한다면 현재로서는 비트코인에 바인딩되어 들어오는 포트를 변경하는 명령줄은 없습니다. 검토해보겠습니다.

----

* 옮긴이_ Internet Relay Chat의 약자. 실시간 인터넷 채팅을 목적으로 개발된 네트워크 프로토콜로, IRC 서버는 사용자들이 모여서 채팅할 수 있는 채널을 제공한다.

** 옮긴이_ 네트워크의 외부망과 내부망을 나눠주는 기능을 담당하는 주소 변환 장치

*** 옮긴이_ 한 IP 주소와 포트 조합을 다른 IP 주소와 포트 조합으로 변환하는 기술

**** 옮긴이_ 서로 다른 네트워크 간 통신 경로를 설정해주는 장치. 가정용 인터넷 공유기도 라우터에 속한다.

몇 가지 질문에 대한 사토시의 답

사토시는 다음 글에서 비트코인이 어떻게 익명성을 유지하는지, 백업에 대한 요구사항은 무엇인지, 잃어버린 코인은 어떻게 되는지와 같은 다양한 질문들에 대해 대답했습니다. 또 비트코인이 오픈 소스로 공개됐을 때 채굴자가 코드를 변경하는 등의 보안 문제에 대한 질문도 있었는데, 사토시는 코드를 변경하면 비트코인 프로토콜에 대한 일탈행위가 되기 때문에 다른 채굴자들이 승인하지 않을 것이라고 답했습니다.

RE: 비트코인에 대한 질문들

사토시 나카모토   2009년 12월 10일 20:49:02

SmokeTooMuch 작성
안녕하세요. 어제 우연히 훌륭한 결제 수단을 발견했습니다.
여러 사이트를 찾아다니며 글을 읽어봤는데 아직 몇 가지 궁금한 점에 대해 답을 구하지 못했습니다.

1) 비트코인은 정말 익명성이 있나요? 그러니까 완전히 확실하게요. 통신사[ISP]는 제가 비트코인을 보내거나 받는 것을 감지할 수 있나요? 어쩌면 지금 제가 비트코인을 운영하는 것을 알 수 있지 않을까요?

2) 제가 제대로 이해한 것이 맞다면, 결제 상대방은 제가 누구인지 알 수 없습니다. 그렇다는 것은 상대방이 저의 실제 IP 주소를 볼 수 없다는 뜻인가요?

3) 제가 비트코인을 운영한다는 걸 ISP가 안다거나, 결제 상대방이 제 IP를 찾을 수 있다면 (예를 들면 안전결제카드를 써서) VPN을 통해 네트워크 트래픽을 터널링하는 것이 더 안전할까요? VPN 제공자가 결제를 포착할 수 있으니 더 위험할까요?

4) 제 '돈'을 잃어버리지 않으려면 어떤 파일들을 백업해야 하나요? wallet.dat 파일만 백업하면 되나요? 아니면 비트코인 AppData 디렉터리 전체를 백업해야 하나요?

5) 지갑 하나를 복제해서 다른 컴퓨터에 사용할 수도 있지 않나요? 이렇게 하면 다른 일을 하지 않고도 돈을 두 배로 늘릴 수 있을 텐데요. 이 경우에 대해서도 보안 조치가 되어 있나요?

6) 어떤 사람이 지갑을 잃어버린 경우, 시스템 내에서 잃어버린 코인을 나시 만들 수 있을까요? 없다면 2,100만 개라는 최대치는 정확하지 않겠죠(개인이 잃어버린 코인을 복구시킨다는 뜻이 아니고요. 2,100만 개의 코인이 모두 생성된 후 누군가가 100만 개의 코인이 든 지갑을 잃어버린다면, 다른 사람이 이 100만 개의 코인을 생성할 수 있는가 하는 것입니다. 아니면 비트코인 네트워크에서 영영 잃어버리는 것인가요)?

7) 현재 대략 13만 개의 블록이 있다는 글을 봤습니다. 제 PC에서는 24,000개 정도만 있는 걸로 보이는데 뭔가 잘못된 건가요? 아니면 정상인가요?

8) 제가 비트코인 생성에 대해 다 이해하지 못한 것 같은데요. 컴퓨터 한 대에서 하루 평균 몇 개의 코인이 만들어지나요?

9) 8333번 포트가 비트코인 운영 컴퓨터로 포워딩되어야 한다는 것은 알겠습니다. 지금은 그것이 TCP인지 UDP인지* 스스로에게 질문하고 있습니다. 그리고 이 포트는 코인을 만드는 데 필요한 것인가요? 아니면 결제 트랜잭션 용도로만

---

* 옮긴이_ TCP(Transmission Control Protocol), UDP(User Datagram Protocol)는 주요 네트워크 통신 규약

사용되나요?

10) 비트코인의 소스 코드가 모두에게 공개되어 있다는 내용을 봤습니다. 그것이 실제적인 위험 요소가 될 수 있을까요? 코드가 조작된다면 누군가는 남들보다 더 많은 비트코인을 만들 수 있지 않을까요? 그렇다면 보안상 엄청난 허점이 되겠는데요.

11) 일정 시간 동안 코인이 몇 개 생성되는지 계산하는 공식을 봤습니다. CPU의 최대 및 유효 속도와 관련이 있었는데 다른 건 더 못 찾았습니다. 그래서 코인 생성에 대한 설명을 요청드립니다. 느린 컴퓨터도 고사양 컴퓨터만큼 많은 코인을 만드나요?

12) **뉴 리버티 스탠다드*** 외에 다른 환전 시스템이나 잠재적인 결제 파트너들이 있나요?

13) 제 시스템에 크래시가 발생하면 어떻게 되나요? 지갑은 자동으로 저장되나요? 아니면 비트코인을 수동으로 종료해야만 저장되나요? 아니면 코인이 생성되거나 결제가 이루어질 때 실시간 저장과 같은 일들이 이루어지나요?

14.) 지금까지 얼마나 많은 비트코인이 생성되었는지 확인할 수 있나요? 그리고 비트코인은 현재 얼마나 오래되었나요?

질문이 너무 많았군요. 하지만 저는 이 서비스에 정말 관심이 많고, 자주 사용하기 전에 모든 걸 파악하고 싶습니다.

--

1-3: 그런 수준의 익명성이라면 토르를 통해 연결해야 합니다. 비트코인 버전 0.2에서는 가능할 텐데, 이제 몇 주 안 남았습니다. 그때 가서 토르 사용법에 대한 글을 올리겠습니다.

4: 버전 0.1.5: **%appdata%\Bitcoin** 디렉터리 전체를 백업하세요.

버전 0.2: wallet.dat 파일만 백업하면 됩니다.

5: 아닙니다. 전체 설계는 그런 방식이 작동하지 않도록 이루어져 있습니다.

6: 그런 코인은 절대 복구되지 않습니다. 그리고 전체 통화량은 더 적어집니다. 유효 통화량이 줄어들기 때문에 남아 있는 코인 전체의 가치는 약간 상승합니다. 정부가 돈을 찍어내면 기존에 있던 돈의 가치가 하락하는 것과 정반대죠.

7: 현재는 29,296블록입니다. 통화량은 블록 수 곱하기 50이므로 현재의 통화량은

----

* **옮긴이_** 2010년 비트코인 1309.03개의 가격을 1달러로 매겼던 최초의 온라인 비트코인 마켓

1,464,800 비트코인이군요. 24,000블록만 갖고 있다면 초기 블록 다운로드 작업이 완료되지 않은 것이 분명합니다. 비트코인을 종료하고 다시 실행해보세요. 버전 0.2에서는 초기 블록 다운로드 과정이 더 잘, 더 빠르게 수행됩니다.

8: 현재로서는 몇 백 개 정도입니다. 지금은 쉽지만 네트워크가 커지면 더 어려워질 것입니다.

9: 좋은 질문입니다. TCP예요. 웹사이트에 TCP 포트 8333번이라고 표시되도록 업데이트해야겠네요.

포트 포워딩은 다른 노드들이 당신에게 접속할 수 있게 하므로, 더 많은 노드들과 연결될 수 있으며 연결 상태가 유지되도록 도와줍니다. IP 주소로 결제를 받는 데도 포트가 필요하죠.

10: 아니요. 다른 노드들이 승인하지 않을 겁니다. 소스를 공개했다는 것은 누구든지 개인적으로 코드를 검토할 수 있다는 뜻입니다. 공개되지 않은 코드라면 어느 누구도 보안성을 확인할 수 없겠죠. 한 프로그램이 오픈 소스가 되려면 반드시 이러한 성질을 가져야 한다고 생각합니다.

11: 느린 머신들은 코인을 더 적게 만듭니다. CPU 속도에 비례합니다.

12: 더 추가됩니다.

13: 버클리 DB라는 트랜잭션 데이터베이스를 사용합니다. 시스템 장애가 발생해도 데이터가 손실되지 않을 겁니다. 트랜잭션들은 받는 즉시 데이터베이스에 기록됩니다.

14: 현재는 총 블록 수에 50을 곱하기만 하면 됩니다. 비트코인 네트워크는 현재 거의 1년 가까이 동작하고 있습니다. 설계와 코딩은 2007년에 시작됐습니다.

RE:

SmokeTooMuch 작성

우와, 상세한 답변 정말 감사드립니다.

그런데 오늘 또 다른 질문이 하나 생각났습니다.

어떤 사람이 비트코인을 사용하는 것을 알고 있다고 가정해보겠습니다. 그리고 우리는 그 사람이 곧 결제를 받을 것이라는 사실도 압니다(아마도 그가 인터넷 숍을 하나 차렸는데 비트코인을 결제 수단으로 사용했기 때문일 것입니다).

우리는 그가 WLAN을 사용하며, 네트워크가 보안에 안전하지 않고 보안 수준도 낮다는 것을 알고 있습니다. 라우터 설정도 마찬가지고요.

이제 그의 라우터 설정화면에 로그인해서 8333 포트로 포워딩되는 IP 주소를 우리의 시스템 IP로 변경합니다. 그러면 모든 결제는 우리의 비트코인 클라이언트가 받게 될 것입니다.

이게 실제로 가능한 일인가요?

이러한 일이 심각한 범죄라는 것은 알고 있고, 시나리오는 '흔치 않은' 경우라고 간주하겠습니다. 하지만 이론적으로는 가능하지 않을까요(사람들에게 위해를 가하는 데 관심이 있는 것은 아니지만, 범죄자들이 돈을 얻으려고 많은 방법을 시도할 것이라는 사실은 압니다).

그나저나, 보안이 안전하지 않은 라우터 환경의 LAN 그룹에 속해 있을 때도 같은 일이 발생할 수 있겠죠.

수정: 아니면, 어떤 IP 주소가 어떤 포트를 사용하든 관계없이, 결제하는 쪽에서 지정한 비트코인 주소나 IP 주소로 지불되기 때문에 이런 시나리오들은 절대 불가능할까요?

--

맞습니다. send-to-IP 옵션을 사용하면 그 IP에 응답하는 사람에게 송금합니다. 비트코인 주소로 송금한다면 그런 문제는 없겠죠.

양쪽의 장점을 모두 가진 IP+비트코인 주소 옵션을 구현할 계획입니다. 각 트랜잭션에 대해서는 여전히 다른 주소를 사용하겠지만, 수신자는 의도된 수신자라는 것을 증명하기 위해 주어진 비트코인 주소에 일회용 주소로 서명하게 될 것입니다.

자연적 디플레이션

잃어버린 코인에 대한 주제는 여러 번 다룬 적이 있는데, 이것을 '자연적 디플레이션'이라 부릅니다. 이번에는 자연적 디플레이션에 대한 토론 두 개를 소개합니다.

오늘날 국가 통화는 부채에서 태어난다는 점에 주목합시다. 자동차나 집을 사기 위해 대출을 받으면 동일한 양의 달러가 만들어집니다. 그리고 대출금을 갚으면 통화는 사라집니다. 현재 시스템에 존재하는 디플레이션 환경은 자산(집, 자동차 등)의 가치는 줄어들지만 그 자산을 구입하는 데 대출금이 사용되므로, 사람들은 자신이 구입할 수 있는 것 이상을 구입하게 됨으로써 연쇄적인 파산이 나타나는 것을 의미합니다.

한편, 통화 수량이 애초부터 고정되어 있으면 대출은 극히 드문 일이 됩니다. 1913년 미국에서 연방준비제도가 생기기 이전에는 대부분의 구매가 현찰로 이루어졌고, 집조차 현찰로 거래되었습니다. 가치가 고정되어 있거나 상승하기까지 하는 코인은 중요한 의미를 내포하고 있습니다. 사람들은 은

퇴에 대비하는 뮤추얼 펀드^{mutual fund}를 고민할 필요가 없어지고, 그 대신 구매에 필요한 돈만 저축하면 될 것입니다. 금융 미디어에서는 이를 일반적으로 '비축'이라고 부르는데 은퇴 자금에도 마찬가지로 적용됩니다. 저축은 기본적으로 자재나 자원, 시간 등에 대한 소비를 나중으로 늦춤으로써 회사가 새 발전소에 투자하는 경우처럼 다른 이들의 생산성을 지금 향상시킬 수 있게 하는 것입니다. 나중에 당신은 늦춰진 소비 덕분에 은퇴 후의 생활을 즐길 수 있게 됩니다. 돈의 개념이란 대부분의 사람들이 생각하는 것 이상으로 추상적입니다.

RE: 몇 가지 제안사항

사토시 나카모토   2009년 12월 13일 16:51:25

The Madhatter 작성
'자연적 디플레이션'에 대해 간단한 질문 하나 드리겠습니다. 저는 더 이상 사용할 수 없는 오래된 주소에도 송금할 수 있다는 것을 알게 되었습니다. 실질적으로 코인을 되찾을 수 없게 되는 것이죠. 이런 일 때문에 자연적 디플레이션 효과가 생기지는 않을까요? 그러니까 21,000,000개가 코인의 최대치라면 결제 오류 때문에 코인의 숫자가 서서히 줄어들지는 않을까요?

--

UI 없이 비트코인을 실행하라고 알려줄 런타임 명령줄* 스위치가 생길 것입니다. 하는 동작이라고는 메인 윈도우를 만들지 않는 것이 전부입니다. 간단하게는 ui.cpp 파일 내의 'pframeMain → Show'와 'ptaskbaricon → Show'를 비활성화하는 방법도 있습니다. 다른 UI는 디스크 공간이 바닥났을 때 CheckDiskSpace에서 띄우는 메시지 박스가 유일합니다.
그 후 다른 일을 처리하기 위해 비트코인과 통신하는 별도의 명령줄 유틸리티 프로그

....

* 옮긴이_ 프로그램이 동작하는 도중에 수행 가능한 명령줄

램을 만들 것입니다. 이름을 뭐라고 지어야 할지 모르겠네요.

'자연적 디플레이션'은… 제가 그렇게 부르고 싶어서요. 네. 결제 실수나 데이터 손실 등에 의한 자연적 디플레이션이 있을 것입니다. 코인 생성은 결국 자연적 디플레이션에 의해 따라잡힐 정도로 느려져서 순 디플레이션이 나타날 것입니다.

RE: 죽어가는 비트코인들

사토시 나카모토　　　　　　　　　　　　　　　　　2010년 6월 21일 17:48:26

안녕하세요.

어떤 사람이(예를 들면 디스크 오류 등으로) 자기 지갑을 잃어버리면 자기 코인을 되찾을 수 없는 것인가요?

그럼 누군가가 코인을 잃어버릴 때마다 영원히 잃어버리는 것이고요? 그러면 비트코인 네트워크는 시간이 지나면서 천천히 줄어들게 되나요(지갑을 잃어버리는 사람은 항상 있을 테니까요)?

미리 감사드립니다.

virtualcoin

--

잃어버린 코인은 다른 사람들이 가진 코인의 가치를 약간 더 올려줄 뿐입니다. 모두에게 기부하는 것이라고 생각해보세요.

--

인용 출처: laszlo, 2010년 6월 21일 13:54:29

또 궁금한 점이 있는데요. 새로운 코인을 만드는 난이도가 매우 높아져서 분실코인에 대한 열쇠를 복구하거나 다른 사람의 코인을 훔치는 게 더 나아지는 지점이 있을까요? 지금이야 열쇠를 복구하거나 코인을 훔치는 난이도가 너무 높아서 코인을 만드는 것이 훨씬 낫지만 실제로는 어떨지 궁금합니다. 그 경우가 더 생산적일 수 있을까요? 사토시 씨가 이 문제의 해답을 알려주실 수 있을 것 같습니다.

--

그런 문제가 발생하려면 컴퓨터가 2^{200}배 정도 더 빨라져야 합니다. 충분한 컴퓨팅 파워를 보유한 사람이라면 코인을 훔치려고 애쓰는 것보다 코인을 만드는 것으로 더 많은 돈을 벌 수 있을 것입니다.

비트코인 버전 0.2가 나왔습니다!

사토시는 이 글에서 비트코인 버전 0.2를 공표했습니다.

비트코인 버전 0.2가 나왔어요!

New Message

사토시 나카모토   2009년 12월 16일 22:45:36

비트코인 버전 0.2가 나왔습니다!

다운로드 링크*

- http://sourceforge.net/projects/bitcoin/files/Bitcoin/bitcoin-0.2.0-win32-setup.exe/download
- http://sourceforge.net/projects/bitcoin/files/Bitcoin/bitcoin-0.2.0-win32.zip/download

---

* 옮긴이_ 현재는 다운로드가 불가능하며, 버전 0.11.0 이후의 실행파일과 소스 코드는 bitcoincore.org/en/releases와 github.com/bitcoin에서 얻을 수 있다.

- http://sourceforge.net/projects/bitcoin/files/Bitcoin/bitcoin-0.2.0-linux.tar.gz/download

새로운 기능

마르티 말미^{Martti Malmi} ★

- 시스템 트레이 아이콘으로 최소화
- 부팅 시 자동실행 옵션을 통해 비트코인을 자동으로 백그라운드에서 실행되도록 할 수 있음
- 기능 확장을 위한 새로운 옵션 다이얼로그 레이아웃
- 윈도우용 설치 프로그램
- 리눅스 버전(우분투에서 테스트)

사토시 나카모토

- 코인 생성 시 멀티 프로세서 지원
- TOR 사용을 위한 프록시 지원
- 초기 블록 다운로드 시 일부 느려지는 현상 수정

코딩 작업과 더불어 새로운 사이트와 이 포럼을 호스팅해준 마르티 말미(sirius-m)에게 큰 감사를 드리고, 리눅스 버전을 테스트하는 데 도움을 준 **뉴 리버티 스탠다드**^{New Liberty Standard} 거래소에도 감사를 드립니다.

....

* 옮긴이_ 사토시 나카모토와 함께 비트코인 초기 버전을 개발한 개발자

주문 결제 수단으로 추천

비동기 암호화에 사용되는 암호화 알고리즘에는 여러 가지 유형이 있습니다. 이번 글에서 사토시의 주요 논점은 RSA* 대신 타원곡선 암호화(ECDSA**)를 사용하는 이유가 트랜잭션의 크기(바이트 단위) 때문이라는 점입니다. 사토시는 각 트랜잭션의 크기를 가능한 한 작게 만들어 블록의 크기를 다루기 쉽게 하기 위해 ECDSA를 사용하기로 결정했습니다.

----

* 옮긴이_ 공개키 암호화 알고리즘이며, 연구자인 로널드 라이베스트(Ron Rivest), 아디 샤미르(Adi Shamir), 레오너드 애들먼(Leonard Adleman)의 성 앞글자를 따서 RSA 암호화라고 부른다.

** 옮긴이_ 정확히 말하면 타원곡선 암호화는 ECC(Elliptic Curve Cryptography)이고, ECDSA(Elliptic Curve Digital Signature Algorithm)는 타원곡선을 이용한 디지털 서명 알고리즘이다. 비트코인에는 ECDSA 알고리즘이 사용되었다.

RE: 초심자용 테스트: 1달러에 그림 사실 분?

사토시 나카모토   2010년 1월 29일 12:22:13

주문 결제를 위해 추천하는 방법은 다음과 같습니다.

1) 가맹점은 고정 IP를 갖고 있고, 고객은 주석을 달아 그 주소로 송금합니다.
2) 가맹점이 새 비트코인 주소를 만들어 고객에게 전달하고, 고객은 그 주소로 송금합니다. 이런 방식이 웹사이트 소프트웨어로 결제하는 표준 방법이 될 것입니다.

RSA 대 ECDSA: 실행파일의 크기가 아니라 데이터의 크기입니다. 블록체인과 비트코인 주소, 디스크 용량과 대역폭 요구사항 등이 더 큰 자릿수가 되면 실용적으로 쓰이지 못할 것이라고 생각했어요. 그리고 메시지에 대해 RSA를 사용하더라도 비트코인 네트워크 전체에는 ECDSA를 사용하고 메시지 부분에 대해서만 병렬로 RSA를 사용하는 것이 타당할 것입니다. 그렇게 되면 지금까지 구현해온 모든 것을 그대로 구현할 수 있을 것입니다

이 문제는 더 나중에 최선의 방법을 생각해볼 수 있습니다. 별도의 (기존) 이메일이나 인터넷 메신저를 사용할 수도 있고, RSA 대신 트랜잭션 내에 메시지의 해시값을 넣어 트랜잭션이 메시지에 설명된 주문에 대한 것임을 증명할 수도 있습니다. 메시지에는 솔트*를 추가하여 무차별 대입 방식으로 해시에서 단문 메시지를 복구할 수 없도록 해야 합니다.

----

* **옮긴이_** 해시 함수로 암호문을 만들 때 원문의 추측을 어렵게 할 목적으로 추가하는 임의의 문자열

작업증명 난이도

사토시는 더 많은 채굴자가 참가하기 시작하면서 상승하는 작업증명 난이도에 대해 논의했습니다.

작업증명 난이도 상승

New Message

사토시 나카모토   2010년 2월 5일 19:19:12

작업증명 난이도가 2009년 12월 30일에 처음으로 자동 조정되었습니다.

최소 난이도는 32개의 0비트로*, 한 사람만 노드를 운영한다고 해도 난이도가 그보다 더 낮아지지는 않습니다. 지난해 대부분의 기간 동안 난이도는 최솟값 바로 아래를 맴돌았습니다. 12월 30일에는 최솟값을 넘어섰고 알고리즘은 난이도를 더 높게 조정했습니다. 그 이후로는 조정할 때마다 난이도가 높아지고 있습니다.

2월 4일에 진행된 난이도 조정의 경우 전 해의 난이도인 1.34배에서 1.82배로 더 어려

----

* 옮긴이_ 4바이트 길이에 해당하며, 16진수 표기 시 연속된 8개의 0으로 표현된다. 난이도 변경 이력 중 minimum 항목의 오른쪽 값을 살펴보면 왼쪽부터 0이 연속으로 8개 붙어 있다.

워졌습니다. 이것은 같은 양의 작업으로 55%의 코인만 생성된다는 뜻입니다.

난이도는 전체 네트워크의 총 노력에 비례해서 조절됩니다. 노드의 숫자가 2배가 되면 난이도 또한 2배가 되고, 총 생산량은 목표 비율에 맞춰집니다.

전산 지식이 있는 분은 debug.log 내의 'target:'값을 검색하면 작업증명 난이도를 볼 수 있습니다. 작업증명 난이도는 256비트의 부호 없는 16진수 숫자이며, 성공적인 블록 생성을 위해서는 SHA256값이 그보다 작아야 합니다. 난이도는 2016블록마다 조정되는데 보통 2주 정도에 해당합니다. debug.log에는 'GetNextWorkRequired RETARGET'이라고 기록된 시점입니다.

minimum*   00000000ffff0000000000000000000000000000000000000000000000000000000000

30/12/2009 00000000d86a0000000000000000000000000000000000000000000000000000000000

11/01/2010 00000000c42800000000000000000000000000000000000000000000000000000000000

25/01/2010 00000000be710000000000000000000000000000000000000000000000000000000000

04/02/2010 000000008cc3000000000000000000000000000000000000000000000000000000000000

14/02/2010 00000000654657000000000000000000000000000000000000000000000000000000000

24/02/2010 0000000043b3e500000000000000000000000000000000000000000000000000000000000

08/03/2010 00000000387f6f0000000000000000000000000000000000000000000000000000000000

21/03/2010 00000000381375000000000000000000000000000000000000000000000000000000000

01/04/2010 000000002a115000000000000000000000000000000000000000000000000000000000000

----

* 옮긴이_ 최소 난이도

12/04/2010 0000000020bca700000000000000000000000000000000000000
00000000000000

21/04/2010 0000000016546f00000000000000000000000000000000000000
00000000000000

04/05/2010 0000000013ec5300000000000000000000000000000000000000
00000000000000

19/05/2010 00000000159c2400000000000000000000000000000000000000
00000000000000

29/05/2010 000000000f67c000000000000000000000000000000000000000
00000000000000

11/06/2010 000000000eba6400000000000000000000000000000000000000
00000000000000

24/06/2010 000000000d314200000000000000000000000000000000000000
000000000000000

06/07/2010 000000000ae49300000000000000000000000000000000000000
000000000000000

13/07/2010 0000000005a3f400000000000000000000000000000000000000
00000000000000

16/07/2010 000000000168fd0000000000000000000000000000000000000000
00000000000000

27/07/2010 00000000010c5a00000000000000000000000000000000000000
00000000000000

05/08/2010 0000000000ba1800000000000000000000000000000000000000
000000000000000

15/08/2010 0000000000800e00000000000000000000000000000000000000
000000000000000

26/08/2010 00000000006920000000000000000000000000000000000000000
000000000000000

날짜	난이도 인자	변화율(%)
2009	1.00	
2009/12/30	1.18	+18%
2010/01/11	1.31	+11%
2010/01/25	1.34	+2%
2010/02/04	1.82	+36%
2010/02/14	2.53	+39%
2010/02/24	3.78	+49%
2010/03/08	4.53	+20%
2010/03/21	4.57	+9%
2010/04/01	6.09	+33%
2010/04/12	7.82	+28%
2010/04/21	11.46	+47%
2010/05/04	12.85	+12%
2010/05/19	11.85	−8%
2010/05/29	16.62	+40%
2010/06/11	17.38	+5%
2010/06/24	19.41	+12%
2010/07/06	23.50	+21%
2010/07/13	45.38	+93%
2010/07/16	181.54	+300%
2010/07/27	244.21	+35%
2010/08/05	352.17	+44%
2010/08/15	511.77	+45%
2010/08/26	623.39	+22%

34 비트코인의 제약과 노드의 수익성

이 스레드의 원본 글은 난이도가 상승하고 비트코인 보상이 감소할 때 채굴자들의 수익성이 어떻게 되는지에 대한 질문이었습니다(이 글이 처음 작성된 시점에는 50BTC였으나, 이후 2013년 초에는 25BTC로 줄었습니다).

RE: 현재 비트코인의 경제 모델은 지속 불가능합니다.

사토시 나카모토   2010년 2월 21일 17:44:24

xc 작성

사람들이 힘들어지는 건 없어요. '디플레이션 소용돌이*' 때문에 죽는 사람은 없으니까요. 저는 'i-am-not-anonymous'님과 같은 생각입니다. 시장에서는 비트코인류의 통화 중 최고를 선택할 테지만, 저는 사토시 씨가 비트코인을 만들면서 세운 규칙들이 비트코인 경제의 창창한 미래에 기대 이상의 역할을 하리라는 믿음을 갖게 되었습니다.

모두들 비트코인의 공급량이 얼마나 빨리 늘어날지 정확히 알고 있습니다. 프로그래밍 규칙과 비트코인 네트워크 내에 확정되어 있죠. 현재 비트코인의 가격을 제대로 매길 수 있을 만큼 충분히 구체화된 시장이 없는 것은 사실이지만, 그런 시장이나 거래소는 개발이 진행되고 있습니다. 미래에 비트코인 채굴을 원하는 사람들에 대해서라면, "채굴 비용을 충당하려면 얼마나 많이 받아야 할까"는 그들이 궁금하게 여겨야 할 사항이 아닙니다. 그들이 해야 할 질문은 "현재의 시장 가치와 전기 및 CPU 자원을 활용할 수 있는 내 능력으로 보아, 비트코인을 만드는 것이 나에게 가치가 있는가"입니다. 만약 그 답이 '그렇다'라면 비트코인 채굴에 참여할 것이고, 아니라면 비트코인 채굴을 멈추고 적절한 매개체 역할을 하는 비트코인으로 유형의 자산을 거래하는 데 집중할 것입니다. 확신이 서지 않는 경우라면 잠시 손을 대보다가 최종 결정을 하겠죠.

노드의 수와 그에 해당하는 컴퓨터 전체의 CPU 연산능력은 늘 변할 것입니다. 그리고 그런 경쟁적인 변화는 채굴에 드는 비용이 코인의 가격에 가까워지도록 만들 것입니다(그 반대가 아니라요). 시장과 거래의 매개체로서 비트코인을 사용하려는 수요가 결정하는 가치인 것이죠. 먼 훗날 미래의 노드 운영자에게는 트랜잭션 비용에서의 경쟁이 더 중요한 역할을 하게 될 것입니다.

사토시 씨가 제기한 저축의 역설** 논쟁과는 반대로, 디플레이션을 통해 구매력

----

* 옮긴이_ 소비가 감소하면 기업의 투자가 감소하고 그로 인해 고용이 감소하며, 소득이 감소하면 다시 소비 감소의 심화로 이어지는 악순환의 반복

** 옮긴이_ 개인에게 저축은 합리적인 경제활동이지만, 모두가 소비를 줄이고 저축에만 집중하면 총수요의 감소로 생산활동이 줄어 오히려 소득이 감소하게 되는 현상

확보를 기대하며 비트코인을 모으고 저축하는 행위가 나쁜 것은 아닙니다. 그것은 비트코인 자본의 축적을 가능하게 하며 더 큰 자본 투자를 끌어들일 수 있게 합니다. 앞으로는 저축한 비트코인을 시장이 설정한 이율로 대출해주는 비트코인 은행 같은 것이 생겨서 비축 효과를 줄일 수 있을 것입니다. 하지만 이처럼 놀라운 저축에도 대가는 따릅니다. 현재의 욕구에 대한 만족이 지연되는 것이지요. 저축하려는 사람의 입장에서 보면 항상 '유형 자산을 구매하고 싶은 현재의 욕구'를 부정할 것인가, 아니면 '미래에 더 많은 것을 구입할 수 있는 가능성'을 부정할 것인가와 같은 질문을 하게 됩니다. 시간에 대한 선호도는 개인과 처한 환경에 따라 바뀝니다. 비트코인이 그 전자적 성격 때문에 쉽게 분할 가능하다는 점을 고려하면, 디플레이션 수준에 맞춰 가격은 쉽게 조정될 수 있을 것입니다. 너무 많은 사람이 저축을 하면 가격은 떨어지고 이자율은 내려갈 것입니다. 이것은 수요를 장려하고(가격을 낮추고) 저축하려는 욕구를 떨어뜨립니다(낮은 이율).

XC

--

XC 씨. 훌륭한 분석이십니다.

가치 상승이 기대되는 무언가의 합리적 시장 가격에는 현재의 가치에 미래의 기대되는 가치 증분이 반영되어 있을 것입니다. XC 씨는 머릿속으로 비트코인의 가치가 계속 상승하려면 갖춰야 하는 조건들을 만족시킬 수 있는 상황에 대해 계산하고 계시는군요.

가격을 형성할 시장이 없는 상황에서 뉴 리버티 스탠다드의 생산 비용 기준 가격 평가는 좋은 추측치이고 유용한 서비스입니다(감사합니다). 모든 상품의 가격은 생산 비용에 좌우되는 경향이 있습니다. 가격이 생산 비용보다 높아지면 더 많은 물건을 만들어 파는 방법으로 수익을 낼 수 있습니다. 그와 동시에 증가된 생산량은 난이도를 증가시켜 생산 비용이 가격에 근접하도록 밀어붙일 것입니다.

세월이 지나 새로 만들어내는 코인이 기존 공급량에서 적은 비중을 차지하게 되면 시장 가격은 오히려 생산 가격에 많은 영향을 받을 것입니다.

현 시점에는 비트코인 생산에 투입되는 자원이 빠르게 증가하고 있다는 점에서, 사람들이 현재의 생산 비용보다 가치를 더 높게 평가하고 있다는 것을 짐작할 수 있습니다.

비트코인 주소의 충돌 가능성

비트코인 주소는 공개 주소의 해시값을 이용해 만들어지므로, 서로 다른 두 사람이 우연히 같은 비트코인 주소를 할당받을 수 있다는 주소 충돌 가능성에 대한 우려의 목소리가 있었습니다. 그러나 160비트 해시라 함은 2^{160} 또는 1.46×10^{48}가지의 경우의 수에 해당하므로 충돌 가능성은 극히 희박하다는 점에 유의하기 바랍니다.

RE: 비트코인 주소의 충돌

사토시 나카모토   2010년 2월 23일 09:22:47

뉴리버티스탠다드 작성

거의 불가능한 상황이겠지만, 두 비트코인 클라이언트가 동일한 비트코인 주소를
생성하면 어떻게 되나요? 결제 정보를 먼저 받은 클라이언트 쪽에서 결제가 이루
어질까요? 그런 충돌 상황을 방지할 수 있는 메커니즘이 내장되어 있다면 설명을
부탁드립니다.

--

모든 비트코인 주소는 각각 공개키/개인키 쌍이 있습니다. 모든 것을 여는 단일 개인
키는 가질 수 없습니다. 비트코인 주소는 공개키의 160비트 해시이고, 시스템상의 다
른 모든 것은 256비트입니다.

만일 충돌이 발생한다면, 충돌이 발생한 사람은 얼마의 금액이든 그 주소로 전달된 돈
을 사용할 수 있겠죠. 그 주소로 송금된 돈만요. 전체 지갑이 아니고요.

의도적으로 충돌하는 주소를 만들려고 한다면, 현재로서는 블록을 생성하는 깃보다 충
돌하는 비트코인 주소를 생성하는 시간이 2^{126}배만큼 더 듭니다. 차라리 블록을 생성하
는 쪽이 돈을 더 많이 벌 수 있을 겁니다.

난수의 시드*값은 꽤 복잡하게 만들어집니다. 윈도우에서는 컴퓨터가 켜진 이후의 디
스크 성능, 네트워크 카드 지표, CPU 시간, 페이징 등 온갖 정보를 측정한 성능 관측
데이터를 사용합니다. 리눅스에는 자체 엔트로피 수집기**가 들어 있고요. 그뿐 아니
라 비트코인 윈도우 내에서 마우스를 움직일 때마다 엔트로피가 생성되고, 엔트로피는
디스크가 동작하는 시점에 포착됩니다.

---

* 옮긴이_ 입력값에 따라 출력값이 정해지는 컴퓨터의 특성상 완전한 난수는 만들 수 없기 때문에 예측이 어려운
  무작위 값을 입력값으로 사용하며, 이 값을 시드라 한다.
** 옮긴이_ 리눅스에서는 난수 예측을 어렵게 하기 위해 엔트로피라는 개념을 사용하는데, 미리 엔트로피 풀이라
  는 영역에 엔트로피 수집기를 이용하여 난수 생성에 필요한 값들을 모아두었다가 필요 시 사용한다.

QR 코드

이번 장에서는 모바일용 QR 코드에 관해 두 번의 대화가 이루어집니다. 사토시는 ec라는 포럼 사용자가 제안한 원안에 기초하여, 오늘날 흔히 찾아볼 수 있는 매장에서의 결제 용도로 비트코인 주소용 QR 코드를 사용할 것을 제안했습니다.

RE: 비트코인을 위한 URI-구성

사토시 나카모토   2010년 2월 24일 05:57:43

매장에서 결제용으로 사용하면 좋겠습니다. 금전등록기가 비트코인 주소를 인코딩한 QR 코드와 금액을 스크린에 보여주고, 여러분은 폰으로 사진을 찍는 것이죠.

- https://bitcointalk.org/index.php?topic=177.msg1814#msg1814

RE: 비트코인 모바일

사토시 나카모토   2010년 2월 24일 05:57:43

> 인용 출처: sirius-m, 2010년 6월 10일 13:51:16
> 물론 모바일 브라우저에서 vekja.net이나 mybitcoin.com 같은 서비스를 사용할 수 있습니다.
> 당신이 신뢰하는 정도만큼 거기에 돈을 저장하고요.

--

지금으로서는 그것이 최고의 선택인 것 같습니다. 화폐와 마찬가지로 지갑에 전액을 보관하는 게 아니라 비상 상황을 대비해 용돈만 넣고 다니는 거죠.

그 업체들은 사이트를 모바일용으로 최적화해서 더 작은 버전을 만들 수 있을 겁니다. 앱이 하나 있다면 그 사이트로 연결되는 프론트엔드*가 될 수도 있습니다. 주 기능은 QR 코드를 읽는 것이죠. 어쩌면 QR 코드 정보를 받아들일 수 있도록 설계된 웹사이트에 정보를 전달하는 범용 QR 코드 리딩 앱 같은 게 있을지도 모릅니다.

vekja나 mybitcoin용 프론트엔드 역할만 하는 아이폰 앱이 있고, P2P에 연결되는 부분이 크지 않다면 애플도 승인할 겁니다. 거절할 근거가 없으니까요. 그 대신 안드로이드 앱은 언제나 만늘 수 있습니다. 앱이 반드시 필요한 것은 아니며 그냥 모바일 화면 크기의 웹사이트여도 됩니다.

집에서 비트코인 서버를 운영하는 데 활용되는 웹 인터페이스는 모두가 사용하기에 적합하지 않은 솔루션입니다. 대부분의 유저가 고정 IP를 사용하는 것도 아니므로, 포트 포워딩 설정에 너무 많은 문제가 생길 것입니다.

----

* 옮긴이_ 사용자와 상호작용을 위한 화면부

37 비트코인 아이콘과 로고

사토시는 비트코인에 사용할 로고와 아이콘을 만들었는데, 저작권 없이도
사용할 수 있게 했습니다. bitcoin.org에서는 이 로고를 사용하지 않으며
현재의 로고는 다음과 같습니다.

(http://commons.wikimedia.org/wiki/File:Bitcoin.svg 참고)

새로운 아이콘/로고

사토시 나카모토   2010년 2월 24일 21:24:23

새 아이콘입니다. 어때요? 이전 아이콘보다 괜찮나요?

--

맞춤형으로 줄여 쓰기 위한 풀사이즈 530x529픽셀의 이미지입니다.

● http://www.bitcoin.org/download/bitcoin530.png

더 큰 사이즈에서는 원근 그림자가 너무 두꺼웠어요. 가로 32픽셀, 48픽셀, 그리고 원
본 사이즈를 업데이트했습니다.

이 이미지들을 공개 도메인에 배포합니다(저작권 없음). 파생 저작물들은 공개 도메인
에 공개해주실 것을 요청 드립니다.

--

> 인용 출처: 사부니르, 2010년 2월 25일 02:28:49
> 훌륭하네요. 배너 대회에 참가하는 분들에게 좋은 자료가 되겠어요. 가로, 세로 치수는 왜 다른
> 가요?
> 한 가지 제안 드리자면, 코인의 글자를 더 강조해보세요. 낮은 해상도에서는 외곽선 작업이 어려
> 운 편이므로 대비값으로 실험해보는 것이 더 나을 거예요. 텍스트를 코인의 다른 부분보다 훨씬
> 어둡게 만들면 가독성이 좋아질 것입니다. 아니면 안쪽 원을 더 어둡게 하고 글자를 더 밝게 만
> 들 수도 있겠네요.

--

좋은 의견이십니다. B라는 글자를 조금 더 밝게, 배경은 조금 더 어둡게 만들었습니다.
아주 살짝요. 현재는 이전 로고의 BC*와 동일한 색상이에요.

16x16픽셀 사이즈에서 B를 쉽게 알아볼 수 없어도 괜찮을 듯 합니다. 그 크기에서는

----

* 옮긴이_ 첫 번째 비트코인 로고에는 BC라는 글자가 들어 있었다.

그게 코인이라는 것만 알아보면 되죠. 거기서 뭔가를 돋보이게 하는 건 크게 중요한 부분이 아닙니다. 안이 비어 있는 밋밋한 원이면 코인처럼 보이지 않을 것 같아서 약간의 디테일을 넣은 것뿐이에요.

폭이 높이보다 살짝 더 큰 이유는 코인 아래의 어두운 그늘 부분이 오른쪽으로 조금 더 가서 그렇습니다.

첫 번째 메시지에 32x31픽셀과 48x47픽셀 버전을 마무리해서 올렸는데요. 48x47픽셀 쪽이 꽤 마음에 듭니다.

선 두 개가 밖으로 튀어나온 B 심벌에 대해 모두들 어떻게 생각할까요? 그 디자인을 우리의 로고로 정할 수 있을까요?

--

인용 출처: Cdecker, 2010년 2월 27일 03:24:07
SVG 버전은 어떨까요? 그렇게 하면 필요에 따라 자동으로 더 작거나 큰 버전을 만들 수 있을 거예요.

--

SVG를 어떻게 만드는지는 모르지만, 원본을 500픽셀 이상의 큰 크기로 만들기 때문에 크기를 줄여서 쓸 수 있어요. 작업을 마치면 원본을 드릴게요.

각 아이콘 사이즈는 세로 선들이 픽셀로 사각형 모양을 유지하도록 최적화 작업을 해야 했습니다. 안 그러면 보기 싫게 흐릿해지거나 일관성이 없어지거든요. 그게 아이콘을 만들 때 어려운 점이죠.

원본은 48픽셀에서 500픽셀 사이의 크기로 줄이면 보기 좋을 것입니다. 더 작게는 말고요.

GPL 라이선스 대 MIT 라이선스

'우리는 비트코인을 받습니다' 로고에는 GPL 라이선스가 달려 있습니다. 사토시는 비트코인 소프트웨어가 사용하는 것과 동일한 오픈 소스 라이선스인 MIT 라이선스를 선호한다고 이야기했습니다.

RE: 여러분만의 '우리는 비트코인을 받습니다' 로고를 만드세요

사토시 나카모토   2010년 2월 24일 21:53:52

작업물에 GPL 라이선스를 활용한다면 저는 사용을 피해야겠군요. GPL 자체를 반대하는 것은 아니지만, 비트코인은 MIT 라이선스 프로젝트입니다. GPL 라이선스를 활용한다면 확실하게 명시해주세요.

지금 송금 규정

이번 글에서 사토시는 비트코인의 구매자와 판매자가 개인적으로 만나 비트코인의 구매 및 판매를 완료함으로써 어떤 종류의 규제도 피할 수 있는 서비스를 제안했습니다. 당사자들은 인터넷에 접속할 수 있는 기기를 가져오거나 공용 컴퓨터를 쓸 수 있는 장소(예를 들면 도서관이나 인터넷 카페)에서 만날 것입니다. 구매자는 아마도 현금으로 지불할 것이고, 판매자에게 자신의 주소를 제공하면 송금이 완료될 것입니다. 구매자와 판매자가 서로를 찾을 수 있게 해주는 서비스는 지금도 존재합니다(예를 들면 localbitcoins.com).

RE: 자금 송금 규정

사토시 나카모토   2010년 3월 3일 04:28:56

규모만 충분해지면, 송금은 하지 않고 구매자와 판매자를 서로 연결하여 직접 거래할 수 있게 하는 이베이^{eBay}와 비슷한 거래소가 생길 것 같습니다.

더 안전한 거래를 위해 거래소는 비트코인 쪽 결제만 담당하는 에스크로* 같은 역할을 하는 거죠. 판매자는 비트코인 지불금을 에스크로에 두고, 구매자는 기존 결제 방식으로 판매자에게 직접 송금하는 겁니다. 거래 서비스는 실제 현금을 다루지 않습니다.

이것은 이베이보다 한 단계 더 발전된 방법입니다. 이베이는 결제가 완료되지 않을 경우 이미 배송된 상품을 회수할 수 없는데도 별문제 없이 잘 운영되고 있지요.

---

* **옮긴이_** 안전거래 서비스라고도 하며, 구매자가 판매자로부터 물건을 구입하고 대금을 결제하면 물건을 받아서 확인할 때까지 안전결제 서비스 업체가 대금을 맡아둔다.

암호학적 취약점의 발생 가능성

사토시는 서로 다른 이슈들을 다룬 여러 스레드에서 동일한 해결책을 제시했습니다. 다음 스레드 중 두 개는 SHA256에 대한 것인데, SHA256은 트랜잭션의 묶음을 담고 있어 공개 장부 역할을 하는 블록들의 '메시지 다이제스트*'를 만드는 데 사용되는 암호학적 해시 함수입니다. SHA256은 은행 및 기타 금융기관 등에서 사용됩니다. 이러한 암호화 방식에 취약점이라도 발견되면 금융 산업 전반에 영향을 미치므로, 어쩔 수 없이 새로운 방법으로 교체되어야 할 것입니다. 사토시는 비트코인에 대해서도 같은 정책을 제안했습니다.

두 번째 스레드는 주요 암호학적 취약성의 발견에 대한 것이었습니다. 처음에 사토시는 자신이 전에 썼던 SHA256 충돌에 관한 글을 언급했지만, llama라는 사용자는 비트코인 개인키를 만드는 데 사용되는 타원 곡선 암

---

* 옮긴이_ 임의의 길이의 메시지를 해시함수에 입력했을 때 출력으로 나오는 (더 짧은) 일정 길이의 해시값으로, 메시지 다이제스트만 비교하면 원본 메시지가 변조되었는지 쉽게 판단할 수 있다.

호화 코드에 중대 결함이 발견된 사건을 특정하여 이야기했습니다.

RE: SHA256 충돌 다루기

사토시 나카모토   2010년 6월 14일 08:39:50

> 인용 출처: lachesis 2010년 6월 14일 01:01:11
> 수학자인 제 친구 얘기로는 해시 프로토콜이 10년 이상 살아남는 경우는 거의 없다
> 더군요. SHA256이 당장 내일 크래킹 당한다고 가정했을 때 비트코인에서는 어떤
> 해결책을 갖고 있나요?
> SHA256은 매우 강력합니다. MD5*에서 SHA1로 단계가 올라가는 것과는 다르죠.
> 엄청나게 진보된 방법으로 공격받지 않는 한 수십 년은 그대로 사용할 수 있을 겁
> 니다.

--

SHA256이 완선히 부너시신나면, 분세가 시삭뇌기 전에 어떤 블록이 징직한 블록이있
는지에 대해 일종의 합의를 거쳐 블록들을 잠근 후, 새로운 해시 함수로 블록 생성을
계속해나갈 수 있을 것이라 생각합니다.

해시함수의 무력화가 점차적으로 일어난다면, 새로운 해시로 계속 전환해나갈 수 있습
니다. 비트코인 소프트웨어는 일정 수의 블록을 만든 다음 새로운 해시를 사용하도록
프로그래밍될 것입니다. 그 시점에는 모두 업그레이드를 해야겠죠. 비트코인이 다른
블록에 과거에 만든 것과 중복되는 해시를 사용할 수 없도록 하기 위해, 모든 과거 블
록에 새로운 해시값을 만들어 저장할 수도 있을 것입니다.

----

* **옮긴이_** 메시지 다이제스트 알고리즘 5(Message Digest algorithm 5)의 약자로, 임의의 길이의 문자열을
입력받아 128비트 길이의 해시값을 만들어낸다. 같은 해시값을 만드는 입력값을 비교적 짧은 시간에 찾아낼 수
있다는 결함이 발견됨에 따라 현재 보안 목적으로는 거의 사용되지 않는다.

RE: 주요 붕괴

사토시 나카모토   2010년 7월 10일 16:26:01

인용 출처: llama 2010년 7월 1일 22:21:47
사토시 씨, SHA가 무력화(확실히는 붕괴에 가깝겠죠)된다면 그것이 진정한 해결
책이겠군요. 우리는 아직 서명으로 돈의 소유자가 맞는지 구별할 수 있으니까요(개
인키는 여전히 안전할 거예요).
하지만 어떤 사건이 발생해서 서명 방식이 위태로워진다면(아마도 정수의 인수분
해 문제가 풀린다거나, 양자 컴퓨터 정도?) 마지막 유효 블록에 대한 합의조차 소
용없는 일이 되겠죠.
--
맞습니다. 그런 일이 갑자기 일어난다면 그렇겠죠. 그러나 점차적으로 일어나는 경우
라면 더 강력한 뭔가로 전환할 수 있을 것입니다. 업그레이드된 소프트웨어를 처음 실
행하면 비트코인이 더 강력한 서명 알고리즘으로 당신의 돈 전체에 대해 재서명할 것
입니다(더 강력한 서명을 포함시켜 자신에게 돈을 송금하는 트랜잭션을 만드는 식으
로요).

RE: HASH() 함수는 안전하지 않습니다.

사토시 나카모토   2010년 7월 16일 16:13:53

SHA256은 128비트에서 160비트로 옮겨가는 것과는 다릅니다. 비유를 해본다면
32비트에서 64비트 주소 공간으로 옮기는 것과 더 비슷하겠네요. 16비트 컴퓨터에서
는 주소 공간이 순식간에 부족해졌지만, 32비트 컴퓨터에서는 4GB에서 부족해졌습니
다. 그렇다고 64비트에서 조만간 주소가 모자라게 된다는 뜻은 아닙니다.
SHA256은 컴퓨터의 연산능력 증가가 무어의 법칙을 따르기 때문에 우리가 사는 동안
에는 무력화되지 않을 겁니다. 무력화된다면 어떤 획기적인 크래킹 방법에 의해서겠
죠. SHA256을 계산 가능한 범위로 가져와 완전히 정복할 수 있을 정도의 공격이라면

SHA512 역시 압도해버릴 가능성이 높습니다.

SHA256의 취약성이 점차적으로 발견될 경우, 일정 수의 블록을 만든 이후에 새로운 해시 함수로 옮겨가면 됩니다. 그 블록 숫자에 도달하면 모두 자신의 비트코인 소프트웨어를 업그레이드해야 할 거예요. 새로운 소프트웨어는 이전의 모든 블록들이 같은 해시값을 가진 다른 블록으로 교체되지 않았다는 것을 확실히 하기 위해 모든 이전 블록들의 해시를 저장하게 될 것입니다.

트랜잭션 타입의 다양성

이번 글은 다른 글에 비해 조금 더 기술적입니다. 그럼에도 이 내용을 포함시키기로 결정한 이유는, 사토시가 처음 코어 설계를 구현할 때 가급적 다양한 트랜잭션 타입을 지원하도록 함으로써 향후 중요한 변경이 없도록 한 이유가 무엇인지 설명하는 데 유용하기 때문입니다.

RE: 트랜잭션과 스크립트: DUP HASH160…EQUALVERIFY CHECKSIG

사토시 나카모토   2010년 6월 17일 18:46:08

인용 출처: 개빈 안드레센* 2010년 6월 17일 11:38:31

그래서 비트코인의 wallet.dat 파일을 분석하는 작은 툴을 하나 만들고 있습니다. 주된 이유는 비트코인이 정확히 어떻게 동작하는지 더 잘 이해하고 싶어서입니다. 그리고 트랜잭션의 출력에 값(비트코인의 수)이 하나 있고, 비트코인에 내장된 작은 포스^{Forth}** 계열 스크립팅 언어를 통해 실행되는 바이트 묶음이 들어 있다고 알고 있습니다. 예를 들면 다음과 같습니다.

['TxOut: value: 100.00 Script: DUP HASH160 6fad...ab90 EQUALVERIFY CHECKSIG']

비트코인이 스크립트 언어를 내장하고 있다는 점이 조금 신경 쓰입니다. (루프나 포인터도 없고, 수학과 암호학 외에는 아무것도 없는) 정말 단순한 스크립팅 언어리 할지라도요. 더 복잡해지기 때문에 신경이 쓰입니다. 복집힘은 보인의 직이거든요. 게다가 비트코인과 호환되는 두 번째 구현체를 만드는 것도 더 어려워집니다. 하지만 그런 부분은 제가 알아서 할 수 있을 것 같군요.

코드를 보니 새로운 트랜잭션은 서명을 푸시하고 공개키를 인터프리터의 스택에 넣은 후 TxOut 스크립트를 실행하는 과정으로 검증을 받네요(제가 제대로 이해한 거죠?).

TxOut 안에 유효 스크립트가 포함된 트랜잭션을 생성하도록 코드를 작성해도 될까요? 예를 들면 OP_2DROP OP_TRUE... 처럼 누군가가 소비할 수 있는 코인을 생성하도록 하는 스크립트가 포함된 TxOut을 만들 수 있을까요?

그리고 이렇게 코딩한 이유는 코인 타입을 유동적으로 만들기 위해서인가요?

--

비트코인의 성격상, 일단 버전 0.1이 배포되면 이후 소프트웨어가 동작하는 한 코어 설

---

* 옮긴이_ 비트코인의 수석 개발자로 2010년부터 사토시에게 코드 수정 권한을 얻어 비트코인 개발에 참여함. 닉네임으로 자신의 이름(Gavin Andresen)을 그대로 사용하고 있어 번역한 이름을 대신 사용함.

** 옮긴이_ https://ko.wikipedia.org/wiki/포스_(프로그래밍_언어) 참고

계 변경이 불가능하도록 고정됩니다. 그 때문에 제가 생각할 수 있는 모든 가능한 트랜잭션 타입들을 지원할 수 있도록 설계하고 싶었어요. 여기서 문제는 각 트랜잭션들이 사용 여부에 관계없이 특별한 지원 코드와 데이터 필드를 필요로 했고, 한 번에 하나의 특수 케이스만 다룰 수 있었다는 점입니다. 특별한 케이스들은 폭발적으로 늘어났겠죠. 해결책은 스크립트였습니다. 스크립트는 문제를 일반화해서 결제 당사자들이 노드 네트워크가 평가할 수 있는 문장 형태로 트랜잭션을 기술할 수 있게 해줍니다. 노드는 전송인의 조건이 충족되었는지 평가하는 선에서 트랜잭션을 이해하기만 하면 됩니다. 스크립트란 실제로는 프레디케이트^{predicate}(술어문)이고요. 참인지 거짓인지 평가하는 수식일 뿐입니다. 프레디케이트는 길고 불친절한 단어라 저는 그걸 스크립트라고 부릅니다.

결제 수신인은 스크립트에 대해 템플릿(견본) 비교를 수행합니다. 현재 수신인은 두 개의 템플릿만 승인하는데, 직접 결제와 비트코인 주소입니다. 향후 버전에서는 더 많은 트랜잭션 타입에 대한 템플릿을 추가할 수 있고, 해당 버전이나 그 이상의 버전을 운영하는 노드는 그 템플릿을 받을 수 있을 것입니다. 네트워크상 모든 버전의 노드는 블록 내의 어떤 새로운 트랜잭션이라도, 심지어 읽는 방법을 모르는 경우라도 검증하고 처리할 수 있습니다.

비트코인은 제가 몇 년 전에 설계했던 엄청나게 다양한 트랜잭션 타입들을 지원하도록 설계되었습니다. 시간이 지나 많은 사람들이 비트코인을 사용하게 된다면 에스크로 트랜잭션, 담보 계약, 제3자 중재, 다자간 서명 같은 것들도 살펴봐야 하겠지만, 그런 모든 타입들을 나중에 제대로 사용할 수 있도록 처음부터 설계에 포함해야 했습니다.

비트코인과 호환되는 두 번째 구현체를 만든다는 것은 좋은 생각이 아닌 것 같습니다. 설계상 많은 부분들이, 모든 노드가 정확히 동일한 결과를 가진다는 데 기반하고 있기 때문에 두 번째 구현체라는 것은 네트워크에 위협이 될 겁니다. MIT 라이선스는 다른 모든 라이선스 및 상업적 용도와 호환되므로 라이선스 관점에서도 코드를 재작성할 필요가 없고요.

두 번째 버전을 개발하고 유지보수한다는 것은 제게 엄청나게 번거로운 일이 될 겁니다. 두 번째 버전이 공존하는 상태로 네트워크를 업그레이드하면서 하위 호환성을 유지하는 것만도 충분히 어려운 일이에요. 두 번째 버전이 꼬이면 양쪽의 사용자 경험에 안 좋은 영향을 주겠죠. 최소한 사용자에게 공식 버전에 머물러 있는 것이 얼마나 중요한지 강제로 깨닫게는 하겠지만요. 누군가 두 번째 버전으로 갈아탈 준비를 한다면, 저는 소수^{minority} 가 사용하는 버전을 사용하면 어떤 위험이 있는지 알리는 많은 면책 조항들을 사람들에게 전달해야 할 것입니다. 의견에 불일치가 발생하면 수가 많은 쪽이 승리하도록 만든 것이 비트코인 설계입니다. 그래서 의견 불일치가 일어나면 소수 버전 쪽에 꽤나 안 좋은 상황이 벌어질 텐데 그런 문제에 끼어들고 싶지 않습니다. 그리고 하나의 버전만 있는 한 제가 관여할 필요도 없겠죠.

대부분의 개발자들이 자신의 소프트웨어가 새로운 독립 버전으로 분기하는 것을 달가워하지 않는다는 것은 알지만, 이 경우는 정말 기술적으로 타당한 이유가 있습니다.

--

인용 출처: 개빈 안드레센 2010년 6월 17일 19:58:14

트랜잭션 내에 스크립트를 두는 방식의 유동성에 대해 감탄했습니다만, 이를 악용하는 방법도 떠오르네요. 저는 TxOut 스크립트 내에 모든 종류의 흥미 있는 정보를 인코딩해 넣을 수 있을 것 같습니다. 그리고 만약 해킹당하지 않은 클라이언트가 그런 트랜잭션들의 유효성을 확인하고 무시한다면 유용하면서도 은밀한 방송 통신 채널이 될 것 같습니다.

멋진 기능이죠. 비트코인이 유명해진 후, 누군가가 결제 네트워크에서 레이디 가가의 최신 비디오를 친구들에게 보내기 위해 네트워크를 수백만 개의 트랜잭션들로 싹 채우는 일이 새비있겠냐고 생각하기 선싸시는요.

--

그것이 바로 트랜잭션 수수료가 있는 이유 중 하나입니다. 필요한 경우 우리가 취할 수 있는 다른 조치들도 있고요.

--

인용 출처: laszlo 2010년 6월 17일 18:50:31

사토시 씨는 이런 설계 작업을 얼마나 오랫동안 해오셨나요? 꽤나 세심하게 계획하신 것 같아요. 많은 브레인스토밍이나 토론 등이 선행되지 않고 그저 앉아서 코딩만으로 해낼 수 있는 수준은 아닌 것 같습니다. 모두들 비트코인의 결함을 찾아내려고 뻔한 질문들을 하고 있지만 비트코인이 잘 버티고 있네요. 😊😊)

--

2007년 언제쯤인가부터 위와 같은 결제 과정들을 신뢰가 전혀 필요없는 방법으로 해낼 수 있을 것이라는 확신을 갖게 되었고, 그 생각을 떨쳐버릴 수 없었습니다. 코딩보다는 설계 작업이 훨씬 더 많았어요.

다행히도 지금까지 제기된 이슈들은 이미 고려해서 계획을 세워놨던 것들이었습니다.

최초의 비트코인 수도꼭지

현재* 비트코인 수석 개발자인 개빈 안드레센은, 고객마다 5비트코인씩 무료로 제공하는 '비트코인 수도꼭지Bitcoin Faucet' 프로그램을 만들었다고 발표했습니다. 사토시는 누군가 하지 않았다면 자기도 같은 생각을 했을 것이라고 답했습니다.

----

* **옮긴이_** 책이 집필되던 시점을 가리키며, 번역 시점인 2020년 현재는 수석 개발자가 아니다.

RE: FREEBITCOINS.APPSPOT.COM에서 5 비트코인을 받으세요.

사토시 나카모토   2010년 6월 18일 23:08:34

인용 출처: 개빈 안드레센 2010년 6월 11일 17:38:45

첫 비트코인 코딩 프로젝트로, 정말 바보같이 보일 어떤 일을 해보기로 결심했습니다. 그것은 비트코인을 나눠주는 웹사이트를 만드는 것이었습니다. 바로 http://freebitcoins.appspot.com/입니다.

여기서는 고객당 5 비트코인씩 선착순으로 드립니다. 우선 1,100 비트코인을 넣어 뒀습니다. 제대로 동작한다는 것이 확인되면 더 추가할 예정입니다.

왜냐고요? 비트코인 프로젝트가 성공하길 바라니까요. 사람들이 먼저 사용해볼 수 있도록 코인을 한 움큼 쥐어주면 성공 가능성이 더 높아질 것이라고 생각합니다. 여러분의 노드가 코인을 어느 정도 만들어낼 때까지 기다리려니 답답해질 것 같아 서요(시간이 지나면 더 답답해지겠죠). 게다가 비트코인을 사는 것이 아직은 조금 번잡하거든요.

방문해서 무료 쿠인을 받아보세요 이미 더 많은 비트코인을 갖고 있더라도요. 비트코인을 받은 후 바로 기부할 수도 있습니다. 주소는 여기입니다.

15VjRaDX9zpbA8LVnbrCAFzrVzN7ixHNsC *

--

첫 프로젝트로 훌륭한 선택이네요. 잘 하셨습니다. 아무도 나서지 않으면 제가 하려고 생각했던 게 바로 이것이었습니다. 신규 사용자가 50 비트코인을 만드는 것도 힘들어 한다면, 코인을 조금 받아가서 써볼 수 있게 하려고 했어요. 그 코인들은 기부를 받아 서 계속 채워질 수 있어야 하고요. 지급기에 남은 금액을 보여주는 디스플레이가 있어 서 사람들이 금액을 채우도록 유도하는 거죠.

자금을 대고 싶어하는 사람들을 위해 페이지 내에 기부용 비트코인 주소를 명시해야 해요. 그리고 어느 정도 채워질 때마다 새 주소로 갱신된다면 이상적일 것 같습니다.

---

* 옮긴이_ 현재는 사용되지 않는 주소

이후 비트코인의 가치가 올라가자 사토시는 비트코인 수도꼭지를 1 비트코인으로 줄일 것을 제안했습니다.

RE: FREEBITCOINS.APPSPOT.COM에 기부가 필요합니다!

사토시 나카모토   2010년 7월 16일 02:02:07

인용 출처: 개빈 안드레센 2010년 6월 12일 19:15:46
비트코인 수도꼭지가 슬래시닷 현상*에 훌륭하게 대응하고 있네요. 나눠줄 코인이 다 떨어져간다는 점이 문제지만요. 지난 밤에 비트코인을 다시 채워놓은 이후 5,000 비트코인이 넘게 빠져나갔어요.
초창기에 수만 개의 코인을 만들었던 얼리어답터분 중에 더 많은 사람들이 비트코인을 써볼 수 있도록 수도꼭지에 비트코인을 조금 보내주실 분 없으신가요? 무료로 나눠준 대부분의 비트코인이 소실될 수 있다는 것은 알고 있습니다(5 비트코인을 다 사용할 만큼 오래 머물러 있지도 않으면서 병목 현상만 만드는 뜨내기들이 많을 것 같습니다). 하지만 그렇게 해주시면 어쨌든 갖고 계신 나머지 비트코인의 가치는 증가할 것입니다.
기부 주소는 다음과 같습니다.
15VjRaDX9zpbA8LVnbrCAFzrVzN7ixHNsC
기부 액수와 슬래시닷이 얼마나 오래 유지되는지 보면서, 비트코인을 더 작게 쪼갠 단위로 나눠줘야 할 수도 있겠어요.
--
요즘에는 5 비트코인이 큰 금액 같네요. 적정량은 1이나 2 비트코인 정도인 것 같습니다. 이는 비트코인을 만드는 것을 너무 어려워하는 신규 사용자가 최소한 뭔가는 얻어갈 수 있도록 하는 중요한 서비스이니까요.

---

* 옮긴이_ 사용자가 몰려들어 웹사이트가 느려지거나 사용이 불가능해지는 현상

비트코인 버전 0.3을 배포합니다!

사토시는 새 공개 버전을 소개하면서 기술적 측면에 대한 설명뿐 아니라 영업 및 마케팅 선전 문구도 다음과 같이 추가했습니다. "언제 발생할지 모르는 중앙 통제형 통화의 인플레이션 위기에서 벗어나세요! 비트코인의 총 통화량은 2,100만 코인으로 제한되어 있습니다."

비트코인 버전 0.3을 배포합니다!

사토시 나카모토   2010년 6월 6일 18:32:35

P2P 암호화폐인 비트코인 버전 0.3을 소개합니다! 비트코인은 암호화 기법[cryptography]을 활용하는 디지털 화폐로, 탈중앙화 네트워크를 사용하기 때문에 신뢰할 수 있는 중앙 서버가 필요 없습니다. 언제 일어날지 모르는 중앙 관리형 통화의 인플레이션 리스크에서 탈출하세요! 비트코인의 총 통화량은 2,100만 코인으로 제한되어 있습니다. 코인은 CPU 파워를 기반으로 네트워크에 기여하는 노드에 점차적으로 배포됩니다. 여러분도 유휴 CPU 자원을 기여하면 그 비트코인 중 일부를 얻을 수 있습니다.

새로운 기능
- 명령줄 및 JSON-RPC 제어
- GUI가 없는 데몬[daemon] 버전 포함
- 트랜잭션 필터 탭
- 20% 더 빠른 해싱
- 해시연산 성능 지표 표시
- 맥 OS X 버전(Laszlo 씨에게 감사드립니다.)
- 독일어, 네덜란드어, 이탈리아어 번역 추가(DataWraith, Xunie, Joozero 씨에게 감사드립니다.)

자세한 정보는 http://www.bitcoin.org나 포럼에서 볼 수 있습니다.

네트워크 분리 또는 '인터넷 킬 스위치*'

네트워크가 분리되거나 단절이 발생할 가능성에 대한 두 가지 스레드입니다.

RE: 익명성!

사토시 나카모토   2010년 6월 8일 19:12:00

인터넷이 완전히 분리된다는 것은 상상하기 힘듭니다. 그것은 스스로를 의도적으로 전세계 다른 나라들과 완전히 차단시킬 때 가능할 것입니다.

양쪽에 모두 접근할 수 있는 노드는 자동으로 블록체인을 흘려보낼 것입니다. 전화선을 사용하는 모뎀이나 위성전화 같은 방법으로 봉쇄를 우회하려는 사람처럼요. 그렇게 하는 데는 노드 하나만 있으면 됩니다. 사업을 지속하고 싶어하는 사람에게는 혹할 만하겠죠.

네트워크가 분리되어 있다가 다시 합쳐지면 긴 체인 쪽에는 없는 짧은 체인 쪽의 모든

----

* 옮긴이_ 정상적인 방법으로는 시스템을 종료할 수 없는 상황을 대비해 전원 차단이나 서비스 강제 종료 등의 조치를 취할 수 있도록 설계된 안전 장치

트랜잭션은 트랜잭션 풀에 다시 배포되고, 이후에 만들어지는 블록에 포함될 자격을 얻게 됩니다. 그리고 그 트랜잭션에 대한 승인 횟수는 초기화됩니다.

누군가 네트워크가 분리된 상황을 이중지불을 만드는 데 악용하여 같은 돈에 대해 분리된 양쪽 네트워크 각각에 지불이 발생하게 만든다면, 짧은 체인 쪽에 포함된 이중지불은 사라지고 0/미승인으로 바뀐 상태를 유지하게 됩니다.

네트워크 분리 상태를 이중지불에 이용하기는 쉽지 않을 것입니다. 한쪽에서 다른 한쪽으로의 통신이 불가능하다면 어떻게 양쪽에 소비를 만들겠습니까? 방법이 있다면 다른 누군가가 블록체인을 흘러가게 만드는 데 그 방법을 사용하겠죠.

대부분 자신이 더 작은 쪽 그룹에 있다는 것을 알 것입니다. 예를 들면 여러분의 나라가 스스로를 다른 나라들로부터 고립시킨다면, 전 세계 다른 나라들이 더 큰 쪽 그룹이 됩니다. 당신이 더 작은 쪽 그룹에 있다면 아무것도 승인되지 않는다고 가정해야 합니다.

여기서는 네트워크 분리 상황을 구체적으로 다룹니다.

네트워크가 장시간 분리되었다가 다시 연결되면 무슨 일이 일어나나요?

New Message   — ✕ ✕

em3rgentOrdr 작성　　　　　　　　　　　　　　　2010년 8월 1일 11:07:24

비트코인이 전 세계에 걸쳐 널리 사용된다고 가정해보죠. 두 나라 간의 모든 인터넷 연결은 차단되어 있다고 가정하고요(예를 들어 중국과 미국 간의 전시 상황). 그리고 사람들은 두 나라 각각의 네트워크 내에서 계속 트랜잭션을 만들어냅니다. 이제 각 네트워크의 모든 트랜잭션은 각 네트워크 내의 모든 노드에 전파되지만, 상대방 네트워크에는 전파되지 않습니다. 그리고 각 네트워크 내에서 가장 긴 체인은 유효하다고 판단될 것이며, 비트코인 경제도 각 네트워크 내에서 계속되겠지요.

독립된 상태로 존재하면서 수년이 흐른 지금, 두 네트워크가 다시 연결되면 어떤 일이 발생할까요?

RE:

kiba 작성   2010년 8월 2일 03:19:08

아마도 재연결되지 않을 것입니다. 그 대신 사실상 두 가지 통화를 갖게 되겠죠. 그러면 동서양 사이의 비트코인 통화 거래소들이 출현할 것입니다.

RE:

throughput 작성   2010년 8월 2일 18:07:08

한 명의 판매상으로서 저는 제 네트워크가 다수에 속하는 네트워크인지에만 관심을 가질 겁니다. 재연결 후 제 트랜잭션들이 승인될 수 있게 하기 위해서요. 그러려면 현재 개별 노드의 수를 모니터링할 수 있는 것만으로도 충분할 겁니다. 노드 수를 그래프로 나타내서 숫자가 갑자기 반토막 나면 트랜잭션 처리를 중단시키세요. 비트코인 노드를 운영하는 웹서버상에서 동작하는 서비스로 만들 수도 있을 것입니다.

하지만 노드 수를 모니터링하는 방법이 있긴 한가요? 없으면 현재의 표준에 일부 기능을 추가시키는 것이 현명할 것 같습니다. 운영 중인 개별 노드의 수가 얼마인지 실시간으로 판단할 수 있도록요.

RE:

creighto 작성   2010년 8월 3일 20:01:22

인용 출처: throughput 2010년 8월 3일 13:33:08

네…

하지만 말씀하신 내용은 네트워크가 분리될 예정이라는 것을 누군가가 알아채고 입증한 후에나 가능합니다. 네트워크 분리가 시작되는 것을 감지할 방법이 있나요?

--

이 내용에 이어지는 또 다른 스레드를 시작했습니다. 개별 상인들이 쓸 수 있는 감시용 데몬*이 있는데, 가장 최근에 공식적으로 난이도 변경이 일어난 이후 블록 간 평균

---

* 옮긴이_ 멀티태스킹 운영체제에서 사용자가 직접 제어하지 않고 여러 가지 백그라운드 작업을 수행하는 프로그램

시간을 추적하고, 단일 블록 생성 시간이 평균보다 두 배 이상 걸릴 경우 경고함으로써 가맹점에서 무슨 일이 일어났는지 확인할 때까지 새 코인의 승인을 보류하도록 합니다. 개별 블록 생성에 연속해서 평균 이상의 시간이 걸릴 경우 거짓 양성 반응이라는 확신을 갖게 됩니다. 그래서 한 블록 생성에 평균보다 두 배의 시간이 걸리고, 이어지는 블록 생성에 평균보다 75% 더 시간이 걸린다면, 더 이상 자신이 다수의 네트워크에 속하지 않는다는 것을 확신할 수 있습니다.

RE:

사토시 작성   2010년 8월 3일 22:45:07

creighto 씨의 생각에 동의합니다. 몇 시간이 지나면 우연히 발생했을 것 같지 않은 확률로 블록의 흐름이 끊어졌다는 것을 클라이언트에게 알릴 수 있어야 합니다. 세상이 어떻게 돌아가고 있는지 데몬이 더 이상 듣지 못한다면 클라이언트에게 알려줄 수 있겠죠.

--

> 인용 출처: knightmb 2010년 8월 3일 19:02:13
>
> --
>
> > 인용 출처: 개빈 안드레센 2010년 8월 3일 18:38:44
> > 분리 상태가 충분히 오래(100블록 이상) 지속된다면, 짧은 쪽 체인에서 생성된 코인을 포함한 트랜잭션들은 병합 시 유효하지 않은 상태가 될 것입니다.
>
> --
>
> 흥미로운 이야기네요. 이중지불 같은 문제만 아니라면, 블록 체인이 100개 정도의 블록을 만드는 시간 이상(또는 16시간 이상) 분리되어 있지 않는 한 괜찮겠군요.

--

실제 네트워크의 분리는 꽤나 비대칭적으로 일어날 가능성이 높습니다. 세상을 절반으로 나눈다는 것은 어려운 일입니다. 단일 국가 대 나머지 세상 전체가 될 가능성이 더 높겠죠. 예를 들면 1:10으로 분리될 수 있을 것입니다. 그렇게 되면 소수 그룹 쪽에서는 100개의 블록을 생성하는 데 10배의 시간이 필요할 텐데, 약 7일 정도가 걸립니다. 또한 클라이언트는 너무 적은 블록이 생성되고 있다는 것을 듣고 뭔가 잘못되었음을 쉽게 알아차릴 수 있을 것입니다.

--

인용 출처: knightmb 2010년 8월 3일 19:02:13

분리 지연에 대해 하드코딩*된 시간 제한이 있나요? 그러니까 만약 제가 공개 네트워크에서 분리된 작은 네트워크에 속해 있을 때, 코인을 조금 소비하고 며칠이 지나 공개 네트워크로 복귀해서 블록을 동기화하면 (코인 생성이 아닌 다른 종류의) 트랜잭션들은 무사할까요?

--

시간 제한이라는 것은 없습니다. 당신이 소수 그룹에서 생성된 코인을 소비하지 않거나 이중지불된 코인을 받아 소비한다고 가정하면, 트랜잭션은 이후 언제든 다른 체인에 포함될 수 있습니다.

---

* 옮긴이_ 프로그램 코드상에 미리 고정된 값으로 정해놓는 것

매점매석

사토시는 누군가가 모든 비트코인을 사들이려고 시도하는 경우에 대한 글에 답하면서 1970년대 후반의 헌트 형제와 은 시장 사례를 언급했습니다. 실제로 헌트 형제가 사들인 은의 비율은 전체 은 시장에서 얼마 되지 않는 적은 비율이었음에 유의하기 바랍니다. 그들의 운이 다한 이유는 세계 최대의 금 선물 시장인 코멕스COMEX에서 손익확대 포지션으로 선물 거래를 했기 때문이었습니다. 코멕스는 개인이 보유할 수 있는 계약금 총액에 한도를 두도록 규정을 변경함으로써 지정 한도 이상을 가진 사람이라면 누구든 매도 포지션으로 강제 전환되도록 만들었고, 그 때문에 헌트 형제도 강제 청산을 당했습니다. 이 주제에 대한 자세한 내용은 마이크 말로니가 사이트에 기고한 다음 글을 참고하기 바랍니다(http://wealthcycles.com/features/the-hunt-brothers-capped-the-price-of-gold-not-50-silver).*

....

* 옮긴이_ 헌트형제의 은 강제 청산 사건은 '실버 목요일'이라는 이름으로도 알려져 있다. 현재 본문 주소의 링크는 유효하지 않으나, 검색 엔진에서 '실버 목요일'을 키워드로 검색하면 다수의 관련 글들을 찾을 수 있다.

RE: 비트코인의 취약성(BTC 시스템에 대한 대규모 공격이 정말 가능한가요)?

사토시 나카모토   2010년 7월 9일 15:28:46

> 인용 출처: user 2010년 7월 7일 18:15:28
> 안녕하세요(제가 개념을 잘못 이해한 부분이 있다면 죄송합니다). 어떤 공격자가
> 비트코인을 몽땅 사들여서 모든 바이너리 데이터를 삭제해버리면 어떻게 될까요?
> 이런 방법으로 비트코인 시스템을 무너뜨릴 수 있을 것 같은데요. 비트코인 네트워
> 크는 이런 공격에 대해 보호되어 있나요?

--

앞에서 설명한 것은 '매점매석*'에 대한 내용입니다. 누군가가 전 세계에 공급되는
희소 자산 전체를 사들이려고 할 경우, 많이 사들일수록 가격은 상승하게 됩니다. 그
리고 어느 지점에 이르면 더 이상 사들일 수 없을 만큼 가격이 비싸지겠죠. 그런 자산
을 미리 보유하고 있던 사람들은 미친듯이 높아진 가격에 자산을 팔 수 있기 때문에 굉
장한 사건이 될 겁니다. 또 가격이 계속 오르므로 가격이 더 높아지기를 바라면서 보유
자산을 팔지 않고 버티는 사람도 나타납니다.

헌트 형제는 1979년에 은 시장에서 매점매석을 시도하다가 다들 아시다시피 파산해버
렸습니다. 넬슨 벙커 헌트와 허버트 헌트 형제는 1970년대 후반과 1980년대 초에 걸
쳐 은 시장에서 사재기를 시도했으며, 한때는 전 세계 은 유통량의 절반 이상에 대한
권리를 보유하기도 했습니다. 헌트의 귀금속 사재기로 인해 은 가격이 1979년 9월 온
스당 11달러에서 1980년 1월 온스당 50달러 가까이 치솟았습니다. 두 달 후, 은 가격은
온스당 11달러 이하로 무너져 내렸는데, 대부분의 폭락이 현재 실버 목요일이라고 알
려진 단 하루만에 발생했습니다. 원인은 마진 상품 구매에 관한 거래 규정 변경** 때
문이었습니다.

. . . .

* http://en.wikipedia.org/wiki/Cornering_the_market
** 옮긴이_ 은의 가격 폭등에 의한 경제 위기를 우려한 시카고선물거래소가 연방준비은행과 경제위원회의 동의를
  얻어 개인의 은 선물 소유 한계를 300만 온스로 제한하도록 규정을 변경했다.

확장성과 경량 클라이언트

시간이 지날수록 2009년 1월부터 생성된 모든 트랜잭션 기록을 담고 있는 블록체인도 계속해서 길이가 늘어납니다. 몇 개의 비트코인 주소와 그에 해당하는 개인키 및 비트코인 잔고가 들어 있는 비트코인 지갑이 있다면, 비트코인은 한 트랜잭션을 처리하는 데 어떤 주소 또는 주소들이 사용되어야 하는지 알고 있어야 합니다. 예를 들어 비트코인 주소 A가 0.1 BTC를, B가 0.2 BTC를, C가 0.3 BTC를 갖고 있고 지불할 금액은 0.5 BTC라고 가정해 봅시다. 비트코인 월렛은 어떤 개별 주소에도 전체를 지불하기에 충분한 금액이 들어 있지 않으므로 0.5 BTC를 충당하려면 두 가지 이상의 조합을 선택해야 합니다. 비트코인 클라이언트가 전체 블록체인을 갖고 있어서 각 주소의 현재 잔액을 파악할 수 있는 것이 아니라면, 블록체인을 갖고 있는 서버와 통신해야 합니다.

사토시의 비트코인 백서 원문에 처음 설명된 단순지불검증^{Simplified Payment} ^{Verification}은 클라이언트들이 비트코인 네트워크에 참여해서 전체 블록체인은 갖고 있으나 채굴 과정에는 참여하지 않을 수도 있는 서버에 의존하게 합니다. 해당 기능은 이후에 구현되어 클라이언트를 경량화하는 데 도움을 주었습니다.

RE: 확장성

사토시 나카모토 2010년 7월 14일 21:10:52

> 인용 출처: jib 2010년 7월 12일 11:36:17
> (백서에서 말한 대로) 모든 노드가 모든 트랜잭션에 대한 정보를 받는다고 이해했는데요. 그러면 비트코인을 큰 규모에서 통화로 사용한다는 것은 완전히 비현실적인 이야기 아닌가요?

--

비트코인 설계 문서에는 블록체인 데이터 전체를 저장할 필요가 없는 경량 클라이언트에 대해 개략적으로 설명되어 있습니다. PDF 설계 문서에 단순지불검증이라고 표기되어 있습니다. 경량 클라이언트는 트랜잭션을 주고 받을 수 있지만 블록을 생성하지는 못합니다. 지불을 검증하는 데는 노드를 신뢰할 필요가 없으며 클라이언트 자체적으로도 여전히 검증 가능합니다.

경량 클라이언트는 아직 구현되지 않았지만 필요해지면 구현할 계획입니다. 지금은 모두가 전체 기능을 가진 네트워크 노드만 운영하고 있지요.

제 예상으로 노드는 10만 개를 넘지 않을 겁니다. 아마 더 적을 거예요. 노드가 추가로 합류돼도 얻을 이익이 없는 선에서 평형을 유지할 겁니다. 나머지 노드들은 경량 클라이언트가 될 것이고, 그 수는 수백만이 될 수도 있습니다.

노드의 수가 비슷한 수준으로 유지되는 규모에서는 많은 노드들이 LAN상에서 한두 개의 네트워크 노드를 가지고 팜 내의 나머지 노드에 데이터를 공급하는 서버팜이 될 것입니다.

빠른 트랜잭션 문제

이번 글에서 사토시는 하나의 결제 처리 회사가 비트코인 네트워크에서 가맹점들과 이해관계에 있는 트랜잭션 및 트랜잭션 충돌까지 감시하는 상황에 대해 설명했습니다. 노드들은 첫 번째 트랜잭션만 승인하고 그와 충돌하는 나머지 트랜잭션은 거부할 것이므로 가맹점의 트랜잭션이 가장 먼저 보여야 합니다. 결제 처리 회사가 어떤 트랜잭션 충돌을 발견하면 가맹점에 해당 트랜잭션이 잘못되었다고 알릴 것입니다. 물론 올바른 트랜잭션이 공식적으로 승인된다면 가맹점은 고객에게 정산해주거나 판매 처리를 할 수 있습니다.

RE: 비트코인 과자 자판기(빠른 트랜잭션 문제)

사토시 나카모토   2010년 7월 17일 22:29:13

인용 출처: Insti 2010년 7월 17일 02:33:41

비트코인 과자 자판기는 어떻게 동작할까요?

1) 자판기로 가기로 마음먹는다. 자판기에 비트코인을 전송한다.

2) ? (알 수 없는 과정)

3) 달고 맛있는 과자를 먹으며 떠난다(이익이네!)

이때 트랜잭션이 컨펌될 때까지 한 시간을 기다리고 싶지는 않을 것입니다. 또 자판기 회사는 많은 캔디를 무료로 나눠주고 싶지 않을 것이고요.

2번 단계에서는 어떤 동작이 일어날까요?

--

결제 처리 회사가 대략 10초 이내에 트랜잭션들을 충분히 검사한 후 고속으로 전파하는 서비스를 제공할 수 있을 것이라고 생각합니다.

네트워크 노드들은 수신하는 트랜잭션의 첫 번째 버전만 승인해서 만들려는 블록에 통합시킵니다. 트랜잭션 하나를 전파시킬 때 다른 누군가가 동시에 이중지불을 전파시킨다면 대부분의 노드에 먼저 전파시키기 위한 경쟁이 일어납니다. 어느 한쪽이 살짝 먼저 출발한다면 기하급수적인 속도로 네트워크에 더 빨리 퍼져나가 노드의 대부분을 차지하게 되겠죠.

대강 계산해본 예입니다.

1	0
4	1
16	4
64	16
80%	20%

그래서 1초라도 기다려야 한다면 이중지불이 크게 불리해집니다.

결제 처리기는 많은 노드와 연결되어 있습니다. 트랜잭션 하나를 받으면 한번에 퍼뜨리는 동시에 네트워크에서 이중지불이 일어나는지 감시합니다. 수많은 수신 노드 중 어느 한 곳에서 이중지불을 수신하면 처리기는 해당 트랜잭션이 잘못되었음을 알립니다. 이중지불 트랜잭션은 그 노드들을 모두 피하면서 멀리 퍼져나갈 수 없을 것입니다. 이중지불인은 수신 단계가 종료될 때까지 기다려야 하지만, 그 즈음에는 결제 처리기가 전파시킨 트랜잭션이 대부분의 노드에 도달하거나 전파가 한참 앞서 있기 때문에 이중지불인이 남은 노드들의 상당 비율을 얻을 것이라는 희망을 가질 수 없게 됩니다.

이후 또 다른 스레드에서 확장성과 트랜잭션 속도에 대해 다뤘는데, 사토시는 앞의 스레드를 다시 언급했습니다.

RE: 확장성과 트랜잭션 속도

사토시 나카모토   2010년 7월 29일 02:00:38

> 인용 출처: Red 2010년 7월 22일 05:17:28
> 개발자들이 확장성에 대해 어떻게 생각하는지 궁금합니다. 예를 들어 시스템이 수백만의 사용자를 다룰 수 있을까요? 각자 하루에 5개의 트랜잭션 정도를 만든다고 가정하고 매일 5백만 개의 트랜잭션이 만들어진다면 10분당 대략 35,000개 정도의 트랜잭션이 만들어집니다.
> 블록을 생성하는 백만 개의 노드에 35,000개의 트랜잭션을 전파시키면 병목 현상이 생길까요? 아니면 그런 상황도 설계 의도에 반영되어 있나요?
>
> --

모든 유저 각각이 하나의 네트워크 노드인 현재 시스템은 대규모 사용을 염두에 둔 구성이 아닙니다. 그것은 모든 유즈넷 사용자가 자신만의 NNTP 서버를 운영하는 것과 비슷합니다*. 설계는 사용자가 사용자일 수 있게 하는 쪽을 지지합니다. 노드를 운영하는 데 부담이 커질수록 더 적은 노드들이 남을 것입니다. 얼마 남지 않은 그 노드들

....

* 옮긴이_ 유즈넷은 유저 네트워크의 줄임말로, 주로 텍스트 기사들을 전 세계 사용자들이 공개된 공간에서 주고받을 수 있게 설계한 분산형 네트워크이다. 유즈넷 기사들을 수집, 요청, 전송하는 등의 경우 NNTP라는 통신 규약이 사용된다.

은 큰 서버팜이 되겠죠. 나머지는 트랜잭션을 처리만 하고 생성하지 않는 클라이언트 노드가 될 것입니다.

--

> 인용 출처: bytemaster 2010년 7월 28일 20:59:42
> 그것도 그렇지만 지불이 제대로 됐는지 검증하는 데 10분은 너무 길어요. 신용카드를 긁는 것만큼 빨라야 합니다.

--

과자 자판기 스레드를 읽어보세요. 어떻게 하면 결제 처리기가 결제를 충분히 훌륭하게 (신용카드보다 사기 가능성이 훨씬 낮도록) 수행하면서도 10초 이내에 검사를 마치게 할 수 있을지 간단히 설명해놓았습니다. 저를 못 믿으시거나 이해가 안 되셔도 설득시켜 드릴 시간이 없네요. 죄송합니다.

http://bitcointalk.org/index.php?topic=423.msg3819#msg3819

위키피디아의 비트코인 기사

현재의 관심도로 보면 위키피디아가 비트코인 항목 삭제를 고려하리라고는 상상하기 어렵습니다. 다음 글이 작성되던 시기에 비트코인 가격은 여전히 1달러 미만이었으나 위키피디아에 기사가 존재하는 것이 당연하다 싶을 정도로 충분한 관심을 모으고 있었습니다. 다음 글에서 사토시는, 미디어에서 비트코인을 다루는 비율이 급속히 늘어난 시점이 의외라고 이야기했습니다.

RE: 위키피디아 측에서 기사를 삭제하고 싶어합니다

사토시 나카모토　　　　　　　　　　　　　2010년 7월 20일 18:38:28

인용 출처: Giulio Prisco 2010년 7월 14일 07:21:08

http://en.wikipedia.org/wiki/Bitcoin

이 기사는 위키피디아의 삭제 정책에 따라 삭제 심의가 진행 중입니다. 삭제 대상 기사 페이지에 비트코인 기사 항목이 들어 있는 것에 대해 어떻게 생각하시는지 알려주세요.

이 글에는 믿을 만한 제3 출판물에서 언급되었다는 참고문헌이 부가되어 있어야 합니다. 주제와 관련된 주요 출처들은 위키피디아 기사로 실리기에 충분치 않습니다. 믿을 만한 출처에서 적절히 인용된 사례들을 더 추가해주세요.

최근 슬래시닷 기사는 믿을 만한 참조처로 고민해볼 만합니다(http://news.slashdot.org/story/10/07/11/1747245/Bitcoin-Releases-Version-03).

저는 지금 편집이 불가능하던데, 여러분은 그 위키피디아 기사를 저장할 수 있나요?

--

비트코인은 1998년 사이퍼펑스^{Cypherpunks}(http://en.wikipedia.org/wiki/Cypherpunks)에 실린 웨이데이^{Wei Dai}의 B화폐 제안서(http://weidai.com/bmoney.txt) 및 닉 재보^{Nick Szabo}★의 비트골드 제안서(http://unenumerated.blogspot.com/2005/12/bit-gold.html)를 구현한 것입니다.

시점이 의외네요. 슬래시닷에 기사가 나간 후 제3자가 비트코인을 다루는 비율이 엄청나게 늘었으니까요. 저는 토론을 마무리하고 결정하는 데 너무 서두르지 않았으면 합니다. 위키피디아가 그렇게 댓글을 달 수 있도록 기사를 공개해놓는 기간은 보통 얼마나 되나요?

Giulio Prisco 씨의 의견대로 한다면 기사를 정리해서 홍보 느낌이 덜 나도록 하는 데 도움이 될 것 같습니다. 사람들에게 비트코인이 무엇인지, 전자화폐의 어느 영역에 적합한지만 알릴 뿐 그것이 좋다고 설득하지는 말자는 겁니다. 위키피디아 측은 아마 비트코인에 대해 일반적인 설명만 하기를 원하며, 동작 원리 전체를 설명하는 것은 바라지 않을 겁니다.

만약 사이트(http://en.wikipedia.org/wiki/Wikipedia:Articles_for_deletion/Bitcoin)에 글을 올린다면 "그래요. 하지만 비트코인은 정말 중요하고 특별해서 규정대로 하면 안 됩니다."라고 얘기한다거나 규정이 어이없고 공정하지 못하다는 논쟁은 피해주세요. 상황만 더 안 좋아집니다. 어째서 규정에 합당한지를 설명해주세요.

구글에서 'bitcoin'을 검색해보고 인포월드와 슬래시닷 출처 외에 참조할 만한 곳이 더 있는지 알아봐주세요. 슬래시닷 기사에서 비트코인을 접한 기자들이 최근에 쓴 글도 있을 수 있거든요.

★ 옮긴이_ 1996년 스마트 계약이라는 개념을 제시하고, 1998년 스마트 계약 기반의 비트골드를 만들었다. 현재 '비트코인의 대부'라 불린다. 자세한 내용은 사이트(http://wiki.hash.kr/index.php/닉_재보)에서 확인할 수 있다.

저는 위키피디아의 비트코인 기사가 삭제되지 않기를 바랍니다. 삭제된다면 그런 지레 짐작을 극복하기가 어려워질 거예요. 제도적 관성이란 마지막 결정을 유지하려고 하는 법이죠(수정: 최소한 저는 그렇다고 생각합니다. 그게 일반적인 세상의 이치고요. 하지만 위키피디아는 다를 수도 있습니다).

그리고 얼마 후인 7월 31일, 해당 기사는 공식적으로 삭제되었고 이후 복구되었습니다.

RE: 비트코인 위키피디아 페이지가 삭제됐어요!

New Message

em3rgentOrdr 작성   2010년 7월 31일 02:17:41

사이트(`http://en.wikipedia.org/wiki/Bitcoin*`)를 보면 다음과 같은 설명이 나옵니다.

"이 페이지는 삭제되었습니다. 해당 페이지의 삭제 및 이동 기록은 참고용으로 아래에 제공됩니다. 2010년 7월 30일 10:42, Polargeo(토론 및 기여자)가 'Bitcoin'을 삭제함(위키피디아: 삭제 대상 기사/Bitcoin)"

RE:

sirius 작성   2010년 9월 30일 16:45:26

삭제된 페이지를 제거하지 않고 다른 언어 버전으로 만들 수는 없을까요? 할 수 있으면 같이 해봐요. 저는 핀란드어 버전을 작성할 수 있어요.

----

* 옮긴이_ 이 글의 작성 시점에는 비트코인 관련 내용이 삭제되어 있었으나 이후에 복구되었다.

RE:

사토시 작성   2010년 9월 30일 17:50:32

작성하신다면 100단어 이하로 비트코인이 무엇인지만 알려주는, 아주 간단한 한 단락 짜리 기사가 되어야 한다고 생각합니다.

위키피디아 측에서 기사를 삭제하기보다는 길이에 제약을 두었으면 하는 바람입니다. 충분히 유명하지 않은 주제라면 적어도 그것이 무엇인지 설명하는 하위 기사라도 둘 수 있을 텐데요. 저는 위키피디아 측에서 무엇인지 들어보려는 노력이라도 했어야 하는 항목들에 짜증나는 빨간 링크*가 달린 경우를 종종 봅니다.

기사는 다음과 같은 수준으로 단순하게 쓸 수 있습니다.

"비트코인은 개인 대 개인의 탈중앙화 /link/전자화폐/link/**이다."

위키피디아 항목을 조금 더 표준화하려면, '전자통화'나 '전자화폐' 등과 같이 더 포괄적인 카테고리에 글이 있어야 합니다. 아마도 거기에 글을 만들 수 있을 거예요. 다시 말씀드리지만 짧게 써주세요. 무엇인지만 알 수 있게요.

RE:

ribuck 작성   2010년 12월 13일 11:23:41

해당 기사는 복구될 것 같습니다. 하지만 비트코인 기사에서 이 포럼 내의 많은 페이지들을 참조로 연결하고 있다는 점이 계속 지적되고 있습니다. 누군가 포럼에 대한 참조 링크를 이해관계가 얽히지 않은 페이지로 교체할 수 있다면 도움이 될 것 같습니다.

---

* 옮긴이_ 위키피디아에서 관련 항목에 대한 페이지가 아직 작성되지 않았을 경우, 링크가 걸린 항목이 빨간색으로 표시된다.
** 옮긴이_ 위키피디아에서 특정 항목에 링크를 달기 위한 태그 형식이다.

코인의 도난 가능성

앞서 설명했듯이, 비트코인에는 코인을 받고 소비를 승인하기 위한 메커니즘으로 공개키와 개인키를 활용한 비대칭 암호화를 사용합니다. 그러나 사토시는 비트코인 주소로 공개키 자체가 아닌 공개키의 해시값을 사용하기로 결정했습니다. 여기에는 두 가지 이유가 있습니다. 첫 번째는 해시값이 160비트 길이밖에 안 되므로 각 트랜잭션의 크기를 줄일 수 있기 때문이고, 두 번째는 비트코인에 사용되는 비대칭 암호화 알고리즘에 '백도어'나 보안상의 결함이 발견될 경우를 대비해 보안 계층을 한 겹 덧씌울 수 있기 때문입니다. 해커가 비트코인을 소비하려면 먼저 해시로부터 공개키를 유도해야 하고 그 후 공개키로부터 개인키를 유도해야 합니다. 비트코인 매거진이 이 주제에 대해 훌륭한 기사를 게재했습니다. *

다음 스레드는 많은 컴퓨팅 파워를 가진 공격자가 주소에 저장된 비트코인

· · · · · · · · · · · · · · · · · ·

* https://bitcoinmagazine.com/articles/satoshis-genius-unexpected-ways-in-which-bitcoin-dodged-some-cryptographic-bullet

을 소비할 가능성이 있는지에 대한 토론입니다. 비트코인 블록체인은 공개 장부이기 때문에 어떤 비트코인 주소가 큰 금액을 보유하고 있는지 들여다 볼 수 있으므로 공격자는 그런 주소들을 집중 공격할 수 있습니다.

사토시는 공격자가 비트코인을 공격하기 매우 어려울 것이라고 결론을 내렸는데, 해시값에 맞는 공개키를 알아내려면 무차별 대입 공격이 필요하기 때문이었습니다. 이 점은 비트코인이 보안을 위해 (누구나 볼 수 있도록) 코드를 오픈소스화한 것이 가치있음을 나타내기도 하며, 소스를 공개하지 않는 경우에는 얻을 수 없는 것입니다. 사토시의 글 전체를 포함해 스레드의 중요한 부분들을 이곳에 옮겼습니다.

코인 훔치기

·New Message

Red 작성   2010년 7월 25일 17:08:03

제가 보기에 현재 구현된 상태의 비트코인에는 꽤 치명적인 암호학적 결함이 있는 것 같습니다. 지금 악용이 가능한지는 모르겠지만 (저는 크립토해커가 아닙니다) 머지않은 시기에는 충분히 악용될 수 있을 것 같습니다.

그 결함으로 인해 임의의 비트코인 주소에서 익명으로 코인을 훔칠 수 있을 겁니다. 또한 현재의 암호화 시스템을 안전하게 지켜주는 어려운 문제를 푸는 과정도 없습니다. 구현체에 있는 '잠재적으로' 수정 가능한 논리적 결함이에요.

저는 비트코인이 성공했으면 좋겠습니다. 그래서 공공장소에서 결함에 대해 소리 지르며 날뛰지는 않으려고요. 이러한 종류의 이슈를 논의할 적절한 공간이 있을까요?

RE:

사토시 작성   2010년 7월 25일 17:45:22

저에게 개인적으로 말씀하셔서 먼저 수정하도록 하는 것이 가장 좋을 것 같습니다.
제 이메일 주소로 메일을 드렸습니다(아니면 여기서 저에게 개인 메시지를 보내셔도
됩니다).

RE:

사토시 작성   2010년 7월 25일 19:06:23

Red 씨, 먼저 개인적으로 알려주셔서 감사합니다! 가셔서 글을 올려주세요(그리고 모
두의 긴장도 풀어주시고요!).
그가 말한 요점은 한 비트코인 주소에 지불된 트랜잭션이 해시 함수만큼만 안전하다
는 것입니다. 비트코인은 주소를 짧게 만들기 위해 공개키 자체가 아니라 공개키의 해
시값을 사용합니다. 공격자는 ECDSA가 아닌 해시 함수만 무력화시키면 되겠죠.

RE:

Red 작성   2010년 7월 25일 19:09:43

사토시 씨, 감사합니다.
다음은 제가 사토시 씨에게 보낸 내용입니다.
--
공개키 암호화는 큰 소수를 소인수분해하기 어렵다는 사실에 기반합니다. 모두가
아는 내용이죠. 비트코인 송금이 제대로 만들어진 공개키로 이루어지고 이후에 송
금할 때 그 개인키로 서명을 요구받는다면, 저는 비트코인 암호화 송금이 완벽하게
안전하다고 결론 내렸을 것입니다.
하지만 비트코인 송금이 그런 식으로 작동하는 것 같지는 않더군요(제가 읽기로는
요). 트랜잭션은 특정 '비트코인 주소'에 보낼 코인의 양을 배정합니다. 그 주소는
공개키의 해시값이고요.
트랜잭션을 확인하기 위해 노드는 서명에서 공개키를 가져와 실제 서명을 검증하

는 데 사용합니다. 서명이 유효하다면 노드는 공개키를 해싱해서 이전 트랜잭션에 할당된 비트코인 주소와 일치하는지 확인합니다. 정의에 의하면 양쪽이 일치할 경우 그 트랜잭션은 정상입니다.

잠재적인 취약점은 서명 내의 공개키와 비트코인 주소를 연결시키는 데 있습니다. 공개키와 주어진 해시값 사이에는 다수 대 하나의 관계가 있습니다. 자, 이제 안전한 공개키/개인키 쌍을 만들면서 공개키를 해싱하여 특정 비트코인 주소가 되도록 하는 소수 쌍을 찾는 것은 어려워 보입니다. 아마도 어렵겠죠.

하지만 그럴 필요가 없습니다.

당신에게 필요한 것은 알려진 많은 비트코인 주소와 충돌하는 해시값을 가진 공개키를 나타내는 무언가입니다. 소수에 기반한 안전한 키 쌍일 필요가 전혀 없죠. 딱 한 번만 작동해서 훔친 돈을 다른 계정으로 송금할 수 있으면 되니까요. 잠재적으로는 그게 훨씬 쉽지요.

어떤 해시값은 다른 값들과 충돌을 일으키기가 더 어렵습니다. 사용되는 해시의 강도에 대해서는 확실히는 모르겠군요. 하지만 해싱되는 내용이 무엇인지 신경쓸 필요가 없다면 해시 충돌을 일으키는 것은 훨씬 쉬워질 것입니다.

공개키는 쏙쏙싱 닌수 데이터처럼 보입니다. 지는 공기키를 인수분헤히는 데 성공하지 못했다고 해서 공개키가 안전한 수학에 기반하는지는 알 수 없다고 이해했습니다. 그래서 클라이언트들은 시도해보지 않습니다. 보통은 서명을 검증만 하고 검증이 동작하면 공개키가 안전한 방법으로 만들어졌으리라 추정해버리는 거죠.

참고: 다음 분석은 진짜 크립토해커*와 이중으로 확인해볼 필요가 있습니다(저는 정말 크립토해커가 아니에요).

그래서 해시값에 따라서는, 유명한 해시 충돌 알고리즘들 중 하나를 이용해서 공개키를 나타내는 데이터 블록이 충돌하는 상황을 만들어볼 수 있을 것입니다. 그 후 그런 공개키/개인키를 만들어내는 수학적 과정을 거꾸로 하여 유효한 서명을 생성할 수 있는 (그렇지만 안전하다고는 할 수 없는) 대응 개인키를 만들어보세요.

그 다음에는 안전하지 않으며 쉽게 소인수분해도 가능한 키 쌍을 얻어서 대상 비트코인 주소와 일치하는 서명된 트랜잭션을 만들어보세요.

....

* 옮긴이_ 암호학 지식을 이용하여 암호화 체계를 무력화시키는 해커

트랜잭션 로그는 코인을 얻으려는 의도로 만든 모든 공개키가 유효한지 검증할 수 없으므로 제시된 것이 맞다고 가정할 겁니다.

블록 리스트 내에 송금 대상 전체의 공개키를 기록해두면, 목표로 하는 보안 수준을 다시 확보할 수 있습니다. 하지만 34개 안팎의 문자로 이뤄진 주소를 전달하는 능력은 잃어버리겠죠.

제가 헛다리를 짚은 거라면, 시간 낭비하게 해서 죄송합니다.

수고하세요!

RE:

Red 작성
2010년 7월 25일 19:22:14

사토시 씨는 제 시나리오에서 여전히 해시 함수가 해체되어야 한다는 점을 지적하셨는데요. 맞습니다. 하지만 저도 그걸 해낸 사람이 있다는 사실을 알고 꽤 놀랐습니다. MD4와 MD5가 확실한 사례입니다.* 하지만 SHA-1과 SHA256 계열의 해시 충돌 시도도 꾸준히 이뤄지고 있죠.

비트코인은 여기에 어떤 해시를 사용하나요?

사토시 씨는 생성된 키쌍 이외의 것을 사용할 수 있다는 데 회의적이기도 합니다. 이 지점에서 저는 그것이 단순히 수학적인 문제라는 데 제법 확신을 갖고 있습니다. 저는 문서의 '익명 서명'에 대해 배우기 전까지는 이 문제에 별로 관심이 없었습니다.

여러분은 문서를 하나 골라서 거기에 임의의 숫자를 곱합니다. 그리고 뒤죽박죽이 된 파일에 누군가가 서명을 하게 만들죠. 마지막으로 그 서명을 여러분이 곱한 난수로 나누면 결괏값은 원래의 문서에 대해 여전히 유효한 서명이 됩니다. 그것이 가능할 거라고 누가 상상이나 했겠어요?

어쨌든 키쌍은 소수쌍에 기반하는 경우에만 안전합니다. 숫자들이 소수가 아니라면 어떤 것도 수학을 이길 수 없어요. 소인수분해만 더 쉬워질 뿐인 거죠.

어떤 암호학 전문가든 제가 멍청이임을 입증해준다면 정말 행복할 것 같습니다. 이

---

* 옮긴이_ MD5는 1991년에 MD4를 대체하기 위해 개발된 암호화 해시 함수이나, 1996년에 설계상 결함이 발견되어 현재 보안 관련 분야에서는 사용되지 않는다.

것은 동일 선상에서 제가 이전에 만든 프로젝트의 일부 기능에도 영향을 줍니다. 그때도 이런 생각은 못했었죠.

RE:

knightmb 작성   2010년 7월 25일 19:34:42

매우 훌륭하군요. 제가 오픈 소스를 좋아하는 또 다른 이유죠.

제가 당시에 이해한 것은 다음과 같은데, 혹시라도 틀린 부분이 있다면 정정 부탁 드립니다.

공개키의 해시값은 공개키 자체보다 더 작기 때문에 해시와 일치하는 충돌을 발견 하기만 하면 됩니다. 그리고 그런 충돌이 발견되면 공개키/개인키 조합을 알게 되 죠. 그리고 알아낸 키를 이용해서 코인을 소비하면 다른 클라이언트는 그것이 유효 한 송금이라고 생각하게 될 겁니다. 클라이언트는 당신의 해시값이 피해자의 해시 값과 일치하는지, 그리고 트랜잭션이 항상 기록되는지에만 관심을 갖기 때문이죠.

현재의 해시값은 35개의 문자로 이루어졌고, 문자 하나딩 영숫자 62가지(대문자 26개+소문자 26개+숫자 10개)를 사용할 수 있습니다.

그러므로 가능한 조합은 541,638,008,296,341,754,635,824,011,376,225,346,98 6,572,413,939,634,062,667,808,768가지입니다.

그래서 주요 개인키/공개키를 찾기 위해 무작위 대입 방식을 사용하는 것과 비교 하면 작업량이 절반 정도로 줄어든다고 봅니다.

미래를 대비한다고 나쁠 것은 없죠. 😊

RE:

knightmb 작성   2010년 7월 25일 19:44:02

인용 출처: Red 2010년 7월 25일 19:22:14
사토시 씨는 제 시나리오에서 여전히 해시 함수가 해체되어야 한다는 점을 지적하셨는데요. 맞 습니다. 하지만 저도 그걸 해낸 사람이 있다는 사실을 알고 꽤 놀랐습니다. MD4와 MD5가 확실 한 사례입니다. 하지만 SHA-1과 SHA256 계열의 해시 충돌 시도도 꾸준히 이뤄지고 있죠.

--

사람들이 자주 간과하는 것은 '충돌 생성'에 여전히 많은 CPU 시간이 든다는 점입니다.

만약 제가 공개키 123456이 해시값 ABCD를 만들고, 공개키 654321도 해시값 ABCD를 만든다는 것을 알아냈다고 합시다. 저는 아직 개인키가 없습니다. 하지만 말씀하신 대로라면, 저는 공개키 654321만 있으면 공개키 123456인 척하면서 코인을 소비할 수 있겠죠.

RE:

Red 작성   2010년 7월 25일 19:52:23

제가 듣기로는 비트코인이 비트코인 주소를 만드는 데 160비트 해시 중 하나가 사용된다고 합니다. 해시 알고리즘 중에는 SHA-1 계열이 가장 널리 사용되는데요. SHA-1이 160비트 해시입니다.

2^{52}번의 암호화 연산으로 SHA-1 충돌을 발견했다고 주장하는 논문이 있습니다. 그리고 안전한 해시로 가장 적절한 것은 2^{80}번의 연산이라고 합니다. 2^{52}번이라는 것은 큰 숫자지만 점차 컴퓨터 클러스터*와 봇넷이 다룰 수 있는 범위에 들어오고 있습니다.**

MD5 해시값들은 이미 랩톱 컴퓨터로도 수초 내에 무력화가 가능합니다. MD5가 인증서 기반 서명에서 퇴출된 이유였죠.

맞습니다. 제가 하려는 말은, 제 생각에는 여러분이 공개키를 수학적으로 결합할 수 있는 두 개의 비밀 숫자로 볼 수 있다는 것입니다. 그리고 그 두 숫자 중 개인키는 따로 보관되고요. 시스템의 안전성을 높이려면 두 비밀 숫자를 정말 큰 소수로 만들어야 합니다. 그러나 그 두 수가 소수가 아닌 정말 큰 숫자라 하더라도 수학적 조합은 여전히 동작합니다. 알고리즘을 해체하는 속도만 훨씬 빨라질 뿐이죠.

구글링을 조금 더 해보고 제 주장을 입증할 만한 것이 있는지 알아보겠습니다. 누군가가 그런 생각을 해소해줄 수 있었으면 하는 바람입니다.

....

* 옮긴이_ 서로 연결되어 하나처럼 동작하는 여러 컴퓨터의 집합

** http://www.ictlex.net/wp-content/iacrhash.pdf

RE:

사토시 작성   2010년 7월 25일 20:01:40

> 인용 출처: knightmb 2010년 7월 25일 19:44:02
> 만약 제가 공개키 123456이 해시값 ABCD를 만들고, 공개키 654321도 해시값
> ABCD를 만든다는 것을 알아냈다고 합시다. 저는 아직 개인키가 없습니다. 하지만
> 말씀하신 대로라면, 저는 공개키 654321만 있으면 공개키 123456인 척하면서 코
> 인을 소비할 수 있겠죠.

--

그래도 여전히 공개키 654321로 서명을 하셔야 할 거예요. 개인키를 알고 있는 공개
키를 사용해서 충돌을 찾아야 합니다.
비트코인 주소 트랜잭션을 요청할 때는 해당 해시와 일치하는 공개키를 제시한 후, 그
키를 이용해서 서명을 해야 하죠.
Red 씨 말씀의 요지는, 여러분이 해킹 가능하며 안전하지 않은 공개키를 빠르게 만들
어낸 후 충돌을 발견해 개인키를 찾는 것이 가능하다는 뜻입니다.
그가 지적한 부분은 공개키를 안전하게 만들려면 소수를 찾는 데 상당한 양의 작업이
필요하며, 그래야 해시 함수만 단독으로 사용할 때보다 보안 강도가 높아질 것이라는
점입니다. 무차별 대입 방식을 시도하는 사람이 매번 키 생성 시도를 할 때마다 시간이
많이 걸려야 한다는 것이죠.

RE:

knightmb 작성   2010년 7월 25일 20:20:41

> 인용 출처: 사토시 2010년 7월 25일 20:01:40
> 그래도 여전히 공개키 654321로 서명을 하셔야 할 거예요. 개인키를 알고 있는 공개키를 사용해
> 서 충돌을 찾아야 합니다.
> 비트코인 주소 트랜잭션을 요청할 때는 해당 해시와 일치하는 공개키를 제시한 후, 그 키를 이용
> 해서 서명을 해야 하죠.
> Red 씨 말씀의 요지는, 여러분이 해킹 가능하며 안전하지 않은 공개키를 빠르게 만들어낸 후 충
> 돌을 발견해 개인키를 찾는 것이 가능하다는 뜻입니다.
> 그가 지적한 부분은 공개키를 안전하게 만들려면 소수를 찾는 데 상당한 양의 작업이 필요하며,
> 그래야 해시 함수만 단독으로 사용할 때보다 보안 강도가 높아질 것이라는 점입니다. 무차별 대
> 입 방식을 시도하는 사람이 매번 키 생성 시도를 할 때마다 시간이 많이 걸려야 한다는 것이죠.

--

네. 저는 개인키가 어딘가에 뒤섞여 있어야 한다고 생각했습니다. 또 다른 임의성을 추가한다든가 하는 식으로요. 그러면 또 다른 공개키와 충돌하는 해시값을 찾아야 하고, 그와 동시에 개인키는 쉽게 해체될 정도로 약해야 합니다. 그것이 불가능하다는 얘기를 하려는 게 아니라, 역방향으로 충돌을 찾는 데 변수 2개가 필요하다는 뜻입니다.

기본적으로 공격자는 약한 개인키들로 레인보우 테이블*을 만들겠죠. 그리고 테이블의 값들을 공개키의 해시들과 비교해야 할 겁니다. 그 다음에는 다른 누군가가 그 공격 대상에 포함되는 해시값을 갖고 있기를 바라야 합니다. 물론 가능성이 없는 것은 아닙니다만, 10년 뒤에 컴퓨터가 100배 더 빨라지면 실현 가능성이 얼마나 될까요?

[수정] 좋습니다. 당신의 글을 다시 읽어보세요. 공개키는 개인키에서 만들어지는 것이지 따로 만들어지는 것이 아닙니다. 그래서 약한 공개키 하나를 찾는 것도 만만치 않습니다.

RE:

사토시 작성   2010년 7월 25일 20:48:01

인용 출처: Red 2010년 7월 25일 19:52:23
2^{52}번의 암호화 연산으로 SHA-1 충돌을 발견했다고 주장하는 논문이 있습니다. 그리고 안전한 해시로 가장 적절한 것은 2^{80}번의 연산이라고 합니다. 2^{52}번이라는 것은 큰 숫자지만 점차 컴퓨터 클러스터와 봇넷이 다룰 수 있는 범위에 들어오고 있습니다.

--

생일 공격**을 할 수 있다면 2^{80}번이죠. 여기에는 생일 공격을 사용할 수 없습니다. 그래서 난이도는 2^{160}비트 전체 크기입니다. 그렇다고 해도 100만(2^{20}개) 트랜잭션 중에서

----

* 옮긴이_ 해시함수로 만들어낼 수 있는 많은 값들을 미리 표로 만들어둔 것
** 옮긴이_ 사람이 많아질수록 그중 생일이 같아지는 사람이 나타날 확률이 빠르게 증가하는 것을 생일 문제라고 하며, 생일 문제와 같은 방식으로 입력값의 수를 늘리면 그중에서 해시 충돌이 발생할 가능성이 높아진다는 원리를 이용한 암호해독 공격 방법을 생일 공격이라 한다.

아무거나 하나를 크래킹할 경우 $2^{160}/2^{20} = 2^{140}$번의 부분적 생일 공격은 가능할 겁니다. 비트코인 주소는 160비트 해시가 사용되는 유일한 곳입니다. 다른 모든 곳은 SHA256 이에요. 계산해보면 다음과 같습니다.

비트코인주소 = RIPEMD-160(SHA256(공개키))

틀린 부분은 고쳐주세요(부탁드립니다. 기쁘게 굴욕을 감수하겠습니다). 하지만 저는 이 경우 RIPEMD-160에 대한 분석적 공격을 사용하기 어려울 것이라고 생각합니다. 분석적 공격은 충돌 발견 가능성을 크게 높이기 위해 특정 범위 또는 패턴의 입력값을 사용합니다. 여기서 당신은 RIPEMD-160의 입력값에 대해 그런 종류의 제어권이 없죠. 입력값이 SHA256의 출력값이니까요. 분석적 공격이 RIPEMD-160에서 충돌을 일으키는 입력값을 찾아내는 데 도움이 된다면 그걸로 뭘 하실거죠? 아직 SHA256이 그 값을 출력하도록 만드는 일이 남았죠. 그러면 SHA256 역시 뚫어야 할 겁니다.

무차별 대입에 대해서라면 RIPEMD-160(SHA256(x))이 RIPEMD-160을 단독으로 사용할 때보다 더 강하지는 않습니다. 하지만 분석적 공격에 대해서라면 RIPEMD-160과 SHA256 둘 다에 대해 분석적 공격을 해야 할 것 같은데요. 제가 틀렸다면 강도는 RIPEMD-160과 동일하고 SHA256은 단지 일회성으로 키를 강화하는 역힐민 하는 겁니다.

RE:

Red 작성   2010년 7월 25일 21:04:01

> 인용 출처: 사토시 2010년 7월 25일 20:48:01
> 비트코인주소 = RIPEMD-160(SHA256(공개키))
> 틀린 부분은 고쳐주립니다(부탁드립니다. 기쁘게 굴욕을 감수하겠습니다). 하지만 저는 이 경우 RIPEMD-160에 대한 분석적 공격을 사용하기 어려울 것이라고 생각합니다.

--

분석적 공격에 대해서는 사토시 씨 생각이 맞는 것 같습니다. 잘은 모르지만 최소한 그것을 분석하는 사람은 수학 천재라고 봐야죠.

'비트코인주소 = RIPEMD-160[SHA256(공개키)]'가 더 쉬울 거라고 걱정했습니다.

RE:

Red 작성　　　　　　　　　　　　　　　　　　　　2010년 7월 25일 21:19:11

그래서 저는 이렇게 읽었습니다. 두 숫자 p와 q가 주어졌을 때 RSA를 위해 둘 다 큰 소수라고 가정하면 'n = p * q'와 같이 됩니다.

공개키는 두 개의 필드로 구성된 (n, e)이고 e는 공개 승수라고 부르는데, 공통으로 사용되는 숫자 집합에서 선택되는 것으로 보입니다.

개인키도 역시 두 개의 필드를 가진 (n, d)로 나타내며 d는 개인 승수라고 부릅니다. 이 값은 e, p-1, q-1을 알아야 유도할 수 있습니다.

여기서 중요한 부분은 n을 p와 q로 소인수분해하기가 정말로 어렵다는 점입니다. 따라서 p-1과 q-1을 찾는 것 역시 마찬가지로 어렵습니다.

제 가정은 n이 임의의 수이고 e가 공통수 중 하나라면 조건에 맞는 수많은 p, q 쌍이 존재한다는 것입니다. 숫자를 더 작은 소수로 바꿀수록 p와 q를 찾아내고 그에 따라 p-1과 q-1을 찾아내기가 쉬워집니다. 그리고 임의의 데이터를 포함한 큰 블록을 갖고 있으면 쉽고 다양한 방법으로 해시 충돌을 시도해 볼 수 있습니다(제가 완전히 오해했을 수도 있는 지점이 여기입니다. 저보다 잘 아는 암호 천재가 보면 정말 재미있어 할 거예요).

키 생성 알고리즘이 p와 q를 '매우 적절한 소수'가 되도록 만든다는 부분은 읽었는데요. 확실히 이해하려고 하니 분량이 너무 많습니다. 그 때문에 저는 비소수가 확실한 실패를 일으키는 것은 아니라고 믿게 되었죠. 제가 틀렸을 수도 있지만요.

RE:

사토시 작성　　　　　　　　　　　　　　　　　　2010년 7월 25일 22:27:36

죄송합니다. 사실은 타원 곡선 디지털 서명 알고리즘$^{\text{Elliptic Curve Digital Signature Algorithm}}$(ECDSA)입니다. RSA가 아니고요. '소수'라는 말을 꺼내지 말았어야 했네요. ECDSA는 키쌍을 만드는 데 많은 시간이 들지 않아요.

RE:

Red 작성   2010년 7월 26일 12:46:04

> 인용 출처: 사토시 2010년 7월 25일 22:27:36
> 죄송합니다. 사실은 ECDSA(타원 곡선 디지털 서명 알고리즘)입니다. RSA가 아니고요. '소수'라
> 는 말을 꺼내지 말아야 했네요. ECDSA는 키쌍을 만드는 데 많은 시간이 들지 않아요.

언젠가는 타원 곡선이 어떻게 동작하는지 공부해야겠지만 오늘은 아니에요. 대학
에서 유한 수학* 과목을 더 들어둘 걸 그랬네요. 그게 여기저기에 유용하게 쓰일
줄 누가 알았겠어요?

어쨌거나 비트코인의 아이디어와 구현체는 훌륭해요, 사토시 씨!

비트코인은 완전히 새로운 세상에 대한 가능성을 열었어요. 저는 특히 신뢰에 의존
하지 않는 분산 합의라는 개념이 마음에 듭니다. 혁신적인 개념이라고 생각해요.

그리고 비트코인 채굴이라는 아이디어도 훌륭합니다! 당신이 다른 방법으로 네트
워크가 자가 운영되도록 만들 수 있었을 것 같지는 않지만요. 그것이 코인을 분배
하는 '공정한 방법'이라는 것에는 동의하지 않지만 세상이 공정한 건 아니잖아요.
그리고 진심인데, 다른 방법으로는 사용자들을 이렇게 많이 흥분시켰을 것 같지 않
아요.

어쨌든 제가 이전에 가정한 방식대로는 비트코인을 훔쳐낼 실마리가 없다는 점을
인정합니다. 제가 보기에 이중 해시는 확실한 방법처럼 보입니다. 훌륭합니다!

덧붙여 비소수에 기반해 RSA 키를 만들면 어떻게 될지 아직 궁금합니다. 이중 해
싱을 하지 않은 다른 시스템들이 있을 것 같습니다.

RE:

Bitcoiner 작성   2010년 7월 27일 02:01:16

현 상태에 대해 날카로운 시선을 유지하는 Red 같은 분이 있어서 정말 기쁩니다!
이 스레드는 오픈소스 소프트웨어에 감사하는 마음을 갖게 하기도 합니다. 이 포

----

* 옮긴이_ 응용 분야에 따라 전산수학 또는 이산수학이라고도 하며, 연속되지 않은 공간이나 셀 수 있는 수를 다룬
다.

럼에는 똑똑하고 호기심 많은 사람들이 많아서 소프트웨어를 검증하고 신뢰를 더 할 수 있게 합니다. 비트코인이 비공개 소스였어도 성공할 수 있었을지는 모르겠습니다.

RE:

bytemaster 작성 2010년 7월 28일 21:42:17

제가 볼 때 잠재적 공격의 위험을 최소화시킬 수 있는 확실한 방법은 잠재적 '보상'을 최소화하는 것입니다. 그러니 절대로 많은 코인을 한 주소에 넣어두지 마세요. '보상'의 경제적 가치가 시스템 침투에 드는 비용보다 적다면 아무도 시도하려고 하지 않을 거예요. 저는 아직도 가능한 한 크래킹을 어렵게 만드는 것이 최고의 방법이라고 생각합니다.

RE:

Knightmb 작성 2010년 7월 28일 22:45:16

운도 좋아야 하고 무력화 연산을 수행할 CPU의 연산능력과 저장 공간도 있어야 하니 정말 어렵겠죠.

충돌하는 해시값과 개인키를 발견하는 것만으로는 소용이 없을 거예요. 계정을 사용하는 사람들을 541,638,008,296,341,754,635,824,011,376,225,346,986,572, 413,939,634,062,667,808,768가지의 생성 가능한 다른 계정들 중 하나와 연결해야 하니까요.

그러니 두 가지 측면으로 보세요. 제가 해시 내에서 충돌을 발견하고 그에 대한 개인키를 발견했다면, 운 좋게 다른 누군가가 그 해시값을 사용하고 있기를 바라는 수밖에 없죠. 지구에 있는 모든 사람보다 만들 수 있는 해시 주소의 수가 더 많기 때문에, 공격은 내용상으로는 흥미로울지 몰라도 대규모로는 절대 실현 불가능합니다.

주요 결함이 발견되다

비트코인 소프트웨어/프로토콜에서 주요 결함이 하나 발견되었는데, 송금인이 유효하지 않은 트랜잭션을 보내 새로운 비트코인을 생성할 수 있도록 허용하는 것이었습니다. 결함이 수정될 무렵까지 수백만 개의 유효하지 않은 비트코인이 생성되었습니다. 그렇게 생성된 비트코인은 나중에 블록체인에서 삭제되었습니다.

[긴급] 버전 0.3.6으로 업그레이드하세요

New Message	_ ✓ ×
사토시 작성	2010년 7월 29일 19:13:06

가급적 빨리 버전 0.3.6으로 업그레이드하세요. 가짜 트랜잭션을 승인된 것으로 표시하는 구현상 버그를 수정했습니다. 0.3.6으로 업그레이드하기 전까지는 비트코인 트랜잭션으로 이루어지는 결제를 승인하지 마세요!

당장 0.3.6으로 업그레이드할 수 없다면 업그레이드할 때까지 비트코인 노드를 멈춰두는 것이 최선입니다.

0.3.6에서는 더 빠른 해싱도 가능합니다.

- 중간 상태 캐시를 최적화했습니다. Tcatm 씨가 도움을 주셨습니다.
- Crypto ++ ASM SHA256이 도입되었습니다. BlackEye 씨가 도움을 주셨습니다.

전반적으로 생성 속도가 2.4배 빨라졌습니다.
다음 주소에서 다운로드할 수 있습니다.

- http://sourceforge.net/projects/bitcoin/files/Bitcoin/bitcoin-0.3.6/*

윈도우 및 리눅스 사용자의 경우 0.3.5 버전을 받았다면 0.3.6으로 업그레이드해야 합
니다.

·················

* 옮긴이_현재는 다운로드가 불가능하며, 버전 0.11.0 이후의 실행파일은 bitcoincore.org/en/releases에
서 얻을 수 있다.

51 플러드 공격 방지

여기서 제기된 논점은 비트코인에 대한 서비스 거부 공격에 해당하는 내용으로, 한 개체가 수백만 개의 트랜잭션을 만들어 각 트랜잭션에, 예를 들어 1사토시(0.00000001 BTC)의 소액을 보내는 식의 공격 방법입니다. 이 스레드는 다른 스레드보다 조금 더 기술적인데, 전체 글을 다 옮겨오는 대신 주제와 관련되고 사토시가 언급한 논점들만 발췌했습니다.

0.00000001 비트코인 플러드 공격*

Mionione 작성   2010년 7월 12일 12:04:24

안녕하세요, 누군가가 0.00000001 비트코인 수백만 개를 수백만 개의 주소로 전송하면 어떻게 될까요?

- 모든 네트워크 피어는 모든 트랜잭션을 저장해야 할까요?
- 각 0.00000001 사용자/해시가 모든 피어들의 블록에 저장되나요?

비트코인이 비트코인의 조각들을 어떻게 다루는지 잘 모르겠습니다.

RE:

개빈 안드레센 작성   2010년 7월 12일 12:08:45

소스 코드에 의하면

main.h : // 더스트 스팸**을 제한하기 위한 목적으로 0.01보다 작은 모든 출력값에는 0.01의 수수료가 붙습니다.

---

* 옮긴이_ 플러드 공격(Flood Attack)은 일종의 서비스 거부(DoS) 공격으로, 네트워크 내에서 고의로 대량의 무의미한 데이터 전송이 일어나도록 만들어 원활한 서비스 운영이 불가능하게 한다.
** 옮긴이_ 보낼 가치가 없는 수준의 아주 적은 금액을 더스트라고 하며, 악성 사용자가 다른 사용자의 개인정보를 침해할 목적으로 더스트를 전송하는 것을 더스트 스팸이라고 한다.

RE:

llama 작성　　　　　　　　　　　　　　　　　　　2010년 7월 12일 14:23:46

흠, 그런 부분이 있는지 몰랐습니다. 그리고 그런 방식의 접근은 정말 마음에 안 드네요.

수수료는 비트코인이 진정한 소액결제에 사용될 가능성을 망쳐버리는 거예요. 클라이언트가 스팸 IP를 무시하도록 만드는 게 더 낫지 않았을까요? 당연히 공격자가 더 많은 대상을 공격할 수 있겠지만, 수백만 명을 공격할 수는 없겠죠.

RE:

개빈 안드레센 작성　　　　　　　　　　　　　　　　2010년 7월 12일 14:45:54

하지만 적법하게 소액결제를 처리하는 IP와 스팸성으로 '비트코인이 아주 많은 대역폭을 사용하게 만들어서 아무도 비트코인 노드를 운영하려고 하지 않게 만들' IP를 어떻게 구분할까요?

정말 적은 액수의 소액결제는 제가 보기에 꽤나 어려운 문제 같습니다. 그리고 저는 비트코인이 수많은 어려운 문제들을 한꺼번에 모두 해결해야 한다고는 생각하지 않습니다.

RE:

Insti 작성　　　　　　　　　　　　　　　　　　　2010년 8월 4일 14:58:31

이 0.01비트코인 트랜잭션 수수료로 '해결'된다는 '더스트 스팸'이라는 것이 정확히 뭔가요? bytemaster 씨가 제기한 것처럼 소액결제 구현체를 만들 수 없기 때문에 득보다 실이 더 많아 보입니다.

기존 트랜잭션 규모의 비중으로 봤을 때 네트워크 상태가 악화된다는 것은 느끼지 못하겠는데요. 많은 트랜잭션을 보내고 싶으면 자신에게 X개의 비트코인을 여러 차례 보내는 방식도 사용할 수 있습니다.

RE:

사토시 작성   2010년 8월 4일 16:25:36

> 인용 출처: Insti 2010년 8월 4일 14:58:31
> bytemaster라는 분이 제기한 것처럼 소액결제 구현체를 만들 수 없기 때문에 득
> 보다 실이 더 많아 보이네요.
>
> --

비트코인은 현재 아주 작은 금액의 소액결제에는 적당하지 않습니다. 금액 합산 메커
니즘이 없는 건별 지불 검색이나 페이지뷰별 지불 서비스에도 쓸 수 없고 0.01 비트코
인보다 적은 금액을 내는 서비스도 안 됩니다. 더스트 스팸 제한은 이런 식의 작은 금
액 결제를 의도적으로 막으려는 첫 번째 시도입니다.

비트코인은 기존의 결제 수단보다 더 작은 소액결제에 적당합니다. 소액결제 범위의
상한이라고 할 수 있을 만큼 충분히 작고요. 소액 결제에만 유용하다고 주장하는 것은
아닙니다.

RE:

사토시 작성   2010년 8월 5일 16:03:21

소액 결제의 장점을 추가로 얘기한다는 걸 깜빡했네요. 현재는 비트코인이 작은 소액
결제에 실용적이라고 생각하지 않지만, 저장 공간과 네트워크 대역폭 관련 비용이 점
점 줄다 보면 결국 실용성을 갖추게 될 것입니다. 비트코인이 널리 채택될 즈음에는 이
미 가능해졌을 수도 있죠. 실용성을 더 높일 수 있는 또 다른 방법은 제가 클라이언트
전용 모드를 구현하고 네트워크상의 수많은 노드들이 더 적은 수의 전문 서버팜에 합
병되는 것입니다. 필요한 소액 결제의 크기가 얼마든 결국에는 쓸 수 있게 될 거예요.
5년이나 10년 후 정도면 대역폭과 저장 공간은 사소한 문제가 될 것이라고 생각합니
다.

네트워크에 DoS 공격이 통하지 않는다고 주장하는 것은 아닙니다. 대부분의 P2P 네
트워크들은 다양한 방법으로 공격당할 수 있다고 생각합니다(여담으로, 음반회사들은
모든 파일 공유 네트워크에 서비스 거부 공격을 하고 싶지만 반해킹/반남용법을 위반
하고 싶어하지는 않는다는 글을 읽은 적이 있습니다).

우리가 수많은 쓰레기 트랜잭션들로 여기저기에서 서비스 거부 공격을 받기 시작한

다면, 여러분은 최소 트랜잭션 수수료인 0.01 비트코인을 지불하게 될 것입니다. 버전 0.1.5에는 실제로 그렇게 설정할 수 있는 옵션이 있었지만 혼란을 줄이기 위해 옵션을 제거했습니다. 무료 트랜잭션은 좋은 것입니다. 그리고 사람들이 남용하지만 않는다면 수수료가 없는 방식을 고수할 수 있을 거예요.

그럼 질문이 하나 생기네요. 각 트랜잭션마다 최소 0.01 비트코인이라는 수수료가 붙는다면, 0.01밖에 안 되는데 자동으로 수수료를 붙여야 할까요? 매번 물어보면 꽤나 짜증날 것 같은데요. 당신이 50.00을 갖고 있고 10.00을 보낸다고 가정해보죠. 수취인은 10.00을 받고 당신에게는 39.99가 남습니다. 제 생각에는 자동으로 추가해야 할 것 같은데요. 다른 많은 형태의 서비스에 자동으로 붙는 수수료와 비교해보면 소소합니다.

--

인용 출처: FreeMoney 2010년 8월 4일 19:30:32
서비스 거부 공격을 방어하는데 해시생성속도^{hashrate}를 더 느리게 하는 방법도 포함되나요?

그건 안 됩니다. 절대로요.

RE:

사토시 작성   2010년 8월 5일 16:30:20

인용 출처: bytemaster
결제는 일괄 진행될 겁니다. 한 번에 1BTC 같은 식으로요. 그러면 연결이 종료될 때 '잔돈'을 돌려받겠죠. 이런 규칙으로는 트랜잭션을 추가로 만들지 않는 단순한 '검색'에 대한 비용을 지불할 수 없게 됩니다.

--

한 가지 대안은 반올림 체계를 사용하는 것입니다. 당신은 1,000페이지 분량의 문서나 이미지 파일, 다운로드, 검색 등 어떤 것이든 한 번에 비용을 지불합니다. 당신이 지불한 1,000페이지 분량에 대한 비용을 다 써버리면 또 다시 1,000페이지에 대해 비용을 내는 것이죠. 만약 딱 한 페이지 분량만 사용한다면 절대 사용할 일이 없을 999페이지 분량이 남겠습니다만, 그래도 별 문제가 되지 않는 이유는 1,000페이지당 비용이 여전히 작기 때문입니다.

아니면 일당으로 비용을 낼 수도 있겠죠. 특정한 날 사이트에 처음 접속했을 때 24시간의 접속 비용을 지불하는 것입니다.

소비자 입장에서는 1,000건당이나 일당으로 계산할 경우 더 쉽게 이해할 수 있는데요. 건별로 청구하면 비용이 얼마나 빨리 추가되는지 알 수 없어 걱정될 수도 있지만, 24시간 동안 무제한이라고 하면 소비자들은 이용 가격이 어떻게 계산될지 알 수 있습니다. 그리고 소비자가 1,000건이 필요 이상으로 충분히 많다고 생각하는 경우라면 클릭 한 번에 돈을 얼마나 더 내야 할지 걱정하지 않게 될 것입니다.

RE:

사토시 작성   2010년 8월 5일 16:39:58

> 인용 출처: bytemaster 2010년 8월 5일 15:39:19
> 이 문제의 유일한 해결책은 트랜잭션 전파를 '무료가 아니게' 만드는 것입니다. 다시 말해 당신이 제게 트랜잭션 추가를 원한다면 저에게 비용을 내야 합니다. 순수한 (밀짱난을 하려는 게 아니고요) 결과로, 각 클라이언트는 블록에 트랜색션을 넣어주는 개인뿐 아니라 그 트랜잭션을 전송하려는 다른 클라이언트들에게도 비용을 지불해야 할 필요가 생깁니다. 이와 같은 방법으로 경제 법칙은 유지되고 아무도 트랜잭션 전파 시스템에 무임승차하지 않게 됩니다.
> --
> 그것을 어떻게 구현하는지는 모릅니다. 블록 제작자에게 보내는 트랜잭션 수수료는 블록 사이즈를 더 늘리지 않으면서 수수료를 포함시키기 위해 특별한 방법을 사용합니다. 트랜잭션 수수료마다 트랜잭션이 생긴다면 트랜잭션 수수료 지불을 위한 트랜잭션에 대한 수수료는 어떻게 될까요?

RE:

사토시 작성   2010년 8월 5일 17:49:43

> 인용 출처: bytemaster 2010년 8월 5일 16:46:52
> 현재는 트랜잭션 수수료 주소가 '공백' 상태로 남아 있고 블록 생성자가 그 부분을

채웁니다. 그러면 당신은 블록을 만들어 달라고 부탁하는 사람의 주소로 공백을 채우게 되는 것이죠.

--

만약 블록을 만드는 작업을 한 사람에게만 시킨다면 며칠이 걸릴 수도 있습니다. 아, 트랜잭션에 기록된 수수료가 각 노드마다 서로 다른 값을 갖도록 전송한다는 의미인가요?

지금의 방식이 그렇고요. 누구든 블록을 생성하는 사람이 그 수수료를 받게 됩니다.

필요한 경우 트랜잭션 전파를 위해 비트토렌트와 비슷한 주고받기 기법을 사용할 수도 있을 겁니다. 결제 트랜잭션들이 저를 통해 중계되도록 해주세요. 그렇지 않으면 저는 결제 트랜잭션이 당신을 통해 중계되도록 하지 않을 겁니다. 실제로 문제될 일은 없겠지만, 의무적으로 중계하는 노드 하나만 있으면 중계를 하지 않으려는 욕심쟁이 7명 몫을 해낼 수 있을 것입니다.

RE:

사토시 작성 2010년 8월 11일 23:28:50

blk*.dat 파일은 가능한 한 작게 유지하는 게 좋을 것 같습니다.

최종적인 해결책은 그 파일이 얼마나 커지든 신경쓰지 않는 것이겠죠. 하지만 아직 파일 크기가 작은 현재로서는 신규 사용자들이 파일을 더 빠르게 받을 수 있도록 작은 크기를 유지하는 것이 좋을 것 같습니다. 결국 클라이언트 전용 모드를 구현하면 더 이상 문제되지 않을 거예요.

트랜잭션 수수료에 대해서는 작업할 일이 더 있습니다. 플러드가 발생할 경우 트랜잭션 수수료로 0.01 비트코인을 지불함으로써 당신의 트랜잭션이 큐(대기열)를 건너뛰어 다음 블록에 포함되도록 할 수 있는데요. UI에 옵션을 추가할 시간이 없었습니다. 규모에 상관없이 테스트 네트워크는 같은 식으로 반응할 겁니다. 하지만 낭비되는 대역폭과 짜증은 훨씬 적죠.

바닥난 비트코인 수도꼭지

비트코인의 가치가 올라가면서 비트코인 수도꼭지(42장 참고)는 사람들에게 더 매력 있는 서비스로 다가왔습니다. 개빈 안드레센은 수도꼭지를 처음 만든 이래 비트코인의 가치가 10배 증가했다고 보고했습니다.

어떤 스페인 녀석이 수도꼭지를 바닥내는 거야?

New Message	_ ↗ ×
개빈 안드레센 작성	2010년 8월 4일 20:40:55

방금 사이트(freebitcoins.appspot.com)를 닫았습니다. 스페인에 사는 어떤 욕심 많은 녀석이 계속해서 새 IP 주소와 비트코인 주소로 들어와 캡차captcha*를 풀어 대고 있어요.

----

* 옮긴이_ Completely Automated Public Turing test to tell Computers and Humans Apart라는 긴 문장의 약자로, 컴퓨터와 인간을 구분하기 위한 테스트다. 웹 서비스 사용 중 가끔 볼 수 있는 '로봇이 아닙니다' 체크박스를 비롯해 읽기 힘들게 처리된 문자열을 타이핑하거나 사진 속에서 특정 사물이 나타난 영역을 선택하는 등의 테스트가 모두 캡차 기술을 이용한 서비스다.

코드:

```
79.154.133.217 - - [04/Aug/2010:12:46:55 -0700]
"POST / HTTP/1.1" 200 1294 "https://freebitcoins.appspot.com/"
"Opera/9.80 (Windows NT 6.0; U; es-LA) Presto/2.6.30 Version/10.60,gzip(gfe)"

79.146.112.13 - - [04/Aug/2010:12:45:20 -0700]
"POST / HTTP/1.1" 200 1294 "https://freebitcoins.appspot.com/"
"Opera/9.80 (Windows NT 6.0; U; es-LA) Presto/2.6.30 Version/10.60,gzip(gfe)"

81.44.159.81 - - [04/Aug/2010:12:42:20 -0700]
"POST / HTTP/1.1" 200 1294 "https://freebitcoins.appspot.com/"
"Opera/9.80 (Windows NT 6.0; U; es-LA) Presto/2.6.30 Version/10.60,gzip(gfe)"
--
```

이 IP 주소들은 모두 텔레포니카 데 에스파냐*에 할당된 것입니다. 이 주소가 당신
이라면 비트코인을 돌려주기 바랍니다.

15VjRaDX9zpbA8LVnbrCAFzrVzN7ixHNsC

이제는 5 비트코인의 가치가 꽤 높아졌기 때문에 부정 행위에 대한 대응책이 더 필
요하다고 생각합니다. 다음의 네 가지를 시도해보려고 하는데요.

1) IP 주소의 첫 바이트에 기반한 속도 제한(이 경우 79. 또는 81.)
2) USER-AGENT 문자열에 기반한 속도 제한(이 경우 "Opera/9.8…")
3) IP 주소에 대한 역방향 DNS 조회 결과의 마지막 도메인 두 개에 기반한 속도 제
   한(이 경우 rima-tde.net)
4) 기본 증정 금액을 0.5 비트코인으로 설정(수도꼭지 서비스가 시작된 이래 비트
   코인의 가치가 10배 올랐습니다.)

속도에 제한이 걸리면 내일 다시 시도하라는 메시지를 받게 됩니다.
BitcoinFx 씨, 수도꼭지에 기부해주신 데 대해 다시 한 번 감사드립니다. 임시로
수도꼭지의 저장량을 500 비트코인 이하로 만들려고 하는데, 기부해주신 금액은
새로운 부정 행위 대응책을 적용한 이후 다시 채워두도록 하겠습니다.

----

* 옮긴이_ 스페인 최대 규모의 통신회사. 개빈은 IP가 스페인 통신회사에 할당된 주소라는 것에서 해당 사용자가
  스페인 사람일 것으로 추정했다.

RE:

조용히 실패하는 것은 좋아보이지 않을 겁니다.

--

> 인용 출처: 개빈 안드레센 2010년 8월 4일 20:40:55
>
> 1) IP 주소의 첫 바이트에 기반한 비율 제한(이 경우 79. 또는 81.)

--

반드시 필요합니다. 속도를 어떻게 바꿀 생각인가요? 궁극적으로는 고갈돼버리도록 두는 것보다 속도를 제한하는 것이 낫겠네요.

--

> 인용 출처: 개빈 안드레센 2010년 8월 4일 20:40:55
>
> 3) IP 주소에 대한 역방향 DNS 조회 결과의 마지막 도메인 두 개에 기반한 비율 제한(이 경우 rima-tde.net)

--

깜짝 놀랄 만큼 잘 동작할 것 같군요. 이 방식이 통한다면 부정 행위자들이 비트코인 생성 속도가 한계치에 도달하도록 하는 것을 막을 겁니다. 하지만 속도 한계치는 최후의 방어선 역할로 만들어둔 거예요.

--

> 인용 출처: 개빈 안드레센 2010년 8월 4일 20:40:55
>
> 4) 기본 증정 금액을 0.5 비트코인으로 설정(수도꼭지 서비스가 시작된 이래 비트코인의 가치가 10배 올랐습니다.)

--

확실히 금액을 낮출 시기군요.

비트코인 주소 대신 IP 주소로 송금

초창기에는 비트코인 주소 외에 (아마도 추가 사항으로) IP 주소로 전송하는 방법도 고려되었습니다.

IP 주소로 bitcoind 트랜잭션 전송

New Message

lfm 작성　　　　　　　　　　　　　　　　　　　　2010년 8월 5일 14:22:14

bitcoind 명령어 줄 인터페이스에서 IP 주소로 트랜잭션을 어떻게 보내야 할지 모르겠습니다. 이 기능이 지금 구현되어 있나요?(참고로 리눅스 64비트를 씁니다)

RE:

사토시 작성　　　　　　　　　　　　　　　　　　2010년 8월 5일 17:28:40

구현되어 있지 않습니다. 그런 방식의 송금 기능을 좋아하는 사람이 없어서 개발 시 관심을 두지 않았습니다.

에스크로와 다중서명 트랜잭션

복수 개의 서명을 요구하는 트랜잭션이 비트코인 프로토콜 내에 구현되어 있으며 에스크로 서비스에서 사용할 수 있습니다. 예를 들어 세 개의 키가 관여하는데 그중 두 개의 키만 트랜잭션 서명에 필요합니다. 이 경우 키 하나는 지불인이, 두 번째 키는 수취인이, 세 번째 키는 에스크로 중개인이 각각 소유합니다. 분쟁이나 충돌이 없으면 지불인과 수취인은 트랜잭션에 서명해서 수취인이 자금을 받을 수 있도록 합니다.

분쟁이 발생하면, 에스크로 중개인은 분쟁 내용을 검토하고 지불인이나 수취인 중 옳다고 생각하는 쪽을 선택하여 트랜잭션에 서명합니다. 이는 세 사람 중 두 사람의 서명을 요구하는 은행 수표와 유사하며 이 경우 세 사람은 지불인, 수취인, 에스크로 중개인입니다. 비트코인 트랜잭션에 대한 에스크로 서비스는 현재 존재합니다. 다음 세 스레드에서는 에스크로를 어떻게 다룰 수 있는지, 그리고 비트코인의 에스크로가 시사하는 바가 무엇인지에 관한 논의들이 제시되었습니다.

반자동 에스크로 메커니즘에 대한 제안

Olipro 작성   2010년 7월 30일 19:29:08

기본적인 에스크로는 두 사람이 제3자를 통해 다른 형태의 상품이나 서비스(주로 돈)를 교환하는 데 사용합니다.

에스크로 사업은 두 사람 모두 정직한 거래일 때 본질적으로 자동화될 수 있습니다. 구매자가 상품을 받고 출금을 승인하는 데 있어서 분쟁이 발생했을 때만 사람 사이의 상호작용이 필요하기 때문이죠. 따라서 저는 다음과 같은 시스템을 제안합니다.

해당 금액에 대해 에스크로 트랜잭션을 하나 만듭니다. 이 트랜잭션은 당신의 키로 승인받았고 수취인의 키/데이터 같은 것을 포함하고 있습니다. 이 블록은 구매자가 승인하여 다음 블록이 발행되기 전까지 청구가 불가능합니다. 구매자 역시 판매자가 비용 환불을 승인해주지 않으면 재청구가 불가능합니다.

이 에스크로 트랜잭션은 네트워크에 입력되어 검증받고 판매자는 상품을 보냅니다. 구매자는 상품을 받은 후 양도 트랜잭션을 생성하고 판매자는 비트코인을 받습니다.

분쟁이 발생하여 양 당사자가 돈을 어느 한쪽으로 양도하기를 거부할 경우에는 제3의 중재자가 필요합니다. 이 경우 구매자와 판매자 양쪽 모두에게서 제3자를 승인한다는 서명이 필요한데, 이 서명은 제3자에게 원래의 에스크로 트랜잭션에 대한 소유권을 줌으로써 문제를 해결할 수 있게 합니다.

RE:
사토시 작성   2010년 8월 5일 18:08:30

트랜잭션에는 다음 번 소비에 두 개의 서명이 필요하다고 기록할 수 있습니다. 그리고 당신은 수취인과 비트코인을 소비할 전송자가 모두 서명해야 하는 지불 트랜잭션을 만들 수 있습니다. 에스크로를 양도하려면 수취인에게 당신 쪽 절반의 서명을 주거나, 수취인이 당신에게 자신의 서명 절반을 줌으로써 에스크로를 상환할 수 있습니다. 이처럼 간단한 경우에는 중재자가 없습니다. 상환이란 트랜잭션 양도를 거부하는 것인데, 본질적으로는 돈을 태우는 것과 같습니다.

RE:

> 인용 출처: jgarzik 2010년 8월 5일 19:00:30
> 그 상환이라는 것 때문에 에스크로 메커니즘으로 사용될 것 같지가 않네요. 😩

--

그럴까요? 사람들이 자신이 얻는 이득이 무엇인지 이해하지 못할 거라고 생각하시나요(이득이 전혀 없다고 주장하는 것이라면, 사람들이 이해 못하는 경우를 부풀려서 얘기하는 것 같습니다)?

--

사토시는 에스크로 처리에 관한 특정 스레드를 만들었습니다.

에스크로

New Message

사토시 작성   2010년 8월 7일 20:13:52

다음은 소프트웨어에서 구현 가능한 에스크로 트랜잭션 유형에 대한 개요입니다. 구현된 것도 아니고 조만간 구현할 시간도 없을 것 같습니다만, 어떤 것이 가능한지만 알려드리려고요.

기본 에스크로: 구매자는 에스크로할 지불금을 제출합니다. 판매자는 에스크로에 돈이 들어 있는 트랜잭션을 받지만 구매자가 잠금을 풀기 전까지는 돈을 쓸 수 없습니다. 구매자는 트랜잭션 제출 이후 언제든 해당 지불금을 양도할 수 있습니다. 양도하지 않을 수도 있고요. 그렇다고 해서 구매자가 돈을 돌려받을 수 있는 것은 아니지만, 악의적으로 지불금을 양도하지 않으려고 돈을 태워버리는 선택을 하게 만들 수도 있습니다. 판매자가 구매자에게 돈을 되돌려주는 선택을 할 수도 있고요.

이 시스템이 거래 당사자들에게 손해를 끼치지 않는다는 것을 보장하지는 않지만, 부정행위는 일어나지 않는다는 장점이 있습니다.

판매자는 상품을 보내지 않을 경우 돈을 받지 못합니다. 구매자에게서는 돈이 빠져나간 상태일 것이고요. 하지만 적어도 판매자에게는 부정 행위를 할 금전적인 동기가 없습니다.

대금 지불이 실패했을 때 구매자가 얻는 이익은 없습니다. 에스크로의 돈을 돌려받을 수 없으니까요. 구매자는 지불에 성공해야만 대금을 잃지 않을 수 있습니다. 판매자는 구매 대금이 자신의 계정에 제출되었고 사람에게는 전송이 불가능하다는 사실을 확인할 수 있습니다.

그러면 경제학자 입장에서는 사기꾼 판매자가 협상을 시도할 수 있다고 생각할 수 있습니다. "돈을 양도하면 당신에게 그 절반을 되돌려주지요."와 같은 식으로요. 하지만 그 시점에서 신뢰도는 크게 떨어지고 악의가 명확히 드러나므로 협상의 여지는 사라집니다. 이미 돈을 훔칠 생각으로 약속을 어겼던 사기꾼이 무엇 때문에 자기가 약속한 대로 돈 절반을 당신에게 돌려주겠어요? 큰 금액이 아닌 한은 일단 대부분의 사람들이 협상을 거부할 것입니다.

RE:

jgarzik 작성   2010년 8월 7일 21:25:40

상환도 안 되고 화폐를 소각하는 방법만 있으므로 구매자들에게는 사용성이 떨어질 것 같아요.

RE:

aceat64 작성   2010년 8월 8일 02:55:59

> 인용 출처: jgarzik 2010년 8월 7일 21:25:40
> 상환도 안 되고 화폐를 소각하는 방법만 있어서 구매자들에게는 사용성이 떨어질 것 같아요.

--

아마도 중재하는 방식으로 작업할 수 있을 것 같습니다. 구매자와 판매자가 모두 동의하면 돈은 제3자에게 넘어갈 수 있습니다. 그 제3자는 중재를 통해 돈을 구매자에게 돌려줄 수도 있고 판매자에게 전달하거나 훔칠 수도 있을 겁니다(당연히 믿을 만한 중재자를 택하고 싶겠죠).

RE:

jgarzik 작성　　　　　　　　　　　　　　　　　　　　　　　2010년 8월 8일 03:58:03

> 인용 출처: aceat64 2010년 8월 8일 02:55:59
>
> --
>
> > 인용 출처: jgarzik 2010년 8월 7일 21:25:40
> > 상환도 안 되고 화폐를 소각하는 방법만 있으므로 구매자들에게는 사용성이 떨어질 것 같아요.
> > --
> > 아마도 중재하는 방식으로 작업할 수 있을 것 같습니다. 구매자와 판매자 양 측이 동의하면 돈은 제3자에게 넘어갈 수 있습니다. 그 제3자는 중재를 통해 돈을 구매자에게 돌려주거나 판매자에게 전달하거나 훔칠 수도 있을 겁니다(당연히 믿을만한 중재자를 택하고 싶겠죠).
>
> --

온라인 에스크로가 현재 그렇게 동작합니다. 구매자와 판매자는 제3자가 물리적으로 돈을 들고 있게 하는 데 동의합니다. 구매자와 판매자 모두 중립적인 제3자가 거래를 해결하거나 환급하기 위해 따라야 하는 규칙들에 동의하는 거죠. 중립적인 제3자란 자금을 어느 한쪽 당사자에게 지급하는 사람입니다.

이 부분에 대해 잘 요약해놓은 사이트(https://www.escrow.com/solutions/escrow/process.asp*)가 있으므로 그곳의 설명을 참고하기 바랍니다.

어떤 사람들은 비트코인에 특정된 서명 에스크로 방식을 채택할 수도 있겠습니다만, 제 생각에는 "화폐를 소각하세요" 방식의 상환은 비트코인 에스크로를 정직하게 사용하는 데 도움을 준다기보다 비트코인 에스크로를 전적으로 기피하게 하는 데 영향을 줄 것 같습니다.

RE:

aceat64 작성　　　　　　　　　　　　　　　　　　　　　　　2010년 8월 8일 05:49:44

이 스레드에 있는 Olipro 씨의 제안이 마음에 드네요(http://bitcointalk.org/index.php?topic=645.0).

----

* 옮긴이_ 에스크로에 대한 설명은 같은 사이트의 다음 위치에서 볼 수 있다. https://www.escrow.com/what-is-escrow

구매자와 판매자 모두 동일한 금액의 비트코인을 에스크로에 넣고, 판매자는 구매자가 서명하지 않으면 양쪽 모두를 가져갈 수 없습니다. 두 당사자의 동의가 있을 경우에 한하여 자금이 원래 소유자에게 반환되거나 양쪽의 금액이 서로가 합의한 중재자에게 송금됩니다. 저는 중재자가 구매자 쪽의 절반에만 권한을 갖게 하자는 제안에는 반대합니다. 이 문제에서는 양 당사자들이 비트코인 지분을 그대로 유지할 수 있도록 중재자가 양쪽 금액에 전부 권한을 갖도록 했어야 한다고 생각합니다.

RE:

jgarzik 작성   2010년 8월 10일 18:53:57

> 인용 출처: nimnul 2010년 8월 10일 17:51:49
> 사토시 씨의 해법은 훌륭하군요. 고객이 환불을 받을 수 있게 만든다면 판매자에게는 큰 문제가 될 테니까요. 현재의 상황을 온라인 신용카드 결제와 결제 취소로 생각해 보죠. 결제 취소는 판매자에게 큰 골칫거리예요. 비트코인에서는 어떻게든 그런 상황을 피해야 합니다. 😊

--

고객이 돈을 영원히 잃어버리고 제3자가 복구해줄 수도 없게 만들었으면 좋겠는지, 실제 사업체를 운영하는 분들에게 물어보세요.

RE:

nelisky 작성   2010년 8월 10일 20:20:36

어떤 기술로 구현되든 에스크로는 항상 신뢰받는 존재가 되어야 한다고 생각합니다. 순조로운 상황에서의 자동화 절차는 쉽게 생각해볼 수 있습니다.

- 구매자는 에스크로에 비트코인을 보내고 수취인의 주소를 알립니다.
- 판매자는 자신에게 송금되도록 표시된 비트코인이 에스크로에 입금된 것을 확인합니다.
- 구매자는 판매자에게 대금을 양도할 수 있습니다.
- 에스크로는 X일이 지나면 자동으로 대금을 양도합니다.

● 당사자는 불만을 제기할 수 있습니다.

제가 자동화하려는 부분은 이것이 전부입니다. 문제가 발생할 경우 두 거래 당사자는 에스크로에 지불할 수수료를 갖고 있어야 합니다(이미 개설된 계정으로 수수료를 미리 지불한다거나). 그러면 양측은 모두 얼마간의 손해를 보게 되며, 그 후 에스크로가 나서서 중재할 수 있어야 합니다.

수수료 및 인간 중재자가 있기 때문에 장기적으로 보면 아마 사기가 성공하더라도 흥미가 생길 정도의 이익을 얻지는 못할 거예요. 이미 신뢰를 얻고 있는 사람이 이런 중개자 역할에 적합할 겁니다. 그리고 소액의 수수료를 부담하면 우리 같은 '일반인' 중 일부가 자신과 가까운 지역에 사는 어느 한쪽이 부정을 저질렀는지 확인하는 역할을 해줄 수도 있겠지요.

화폐 소각 방법은 경제적인 사기를 막을 수는 있겠지만 보복을 방지하는 데는 전혀 도움이 되지 않으며, 어느 한쪽이 정직하지 못할 경우 모두가 돈을 잃게 됩니다. 그런 방법은 절대 추천할 수 없겠네요.

RE:

사토시 작성   2010년 8월 11일 01:30:02

> 인용 출처: jgarzik 2010년 8월 10일 18:53:57
> 고객이 돈을 영원히 잃어버리고 제3자가 복구해줄 수도 없게 만들었으면 좋겠는지, 실제 사업체를 운영하는 분들에게 물어보세요.

--

어떻게든 돈은 날리게 되어 있고, 양쪽 모두가 협조하고 싶어 해도 돈은 되찾을 수 없다는 말처럼 들리네요.

뭔가를 살 때 미리 돈을 내면 환불받을 수 없는 것은 마찬가지입니다. 소비자는 그 사실에 익숙할 것 같은데요. 그보다 더 나빠지는 것은 아닙니다.

각 당사자는 언제나 상대방에게 돈을 양도할 선택권을 갖고 있습니다.

--

> 인용 출처: nelisky 2010년 8월 10일 20:20:36
> 화폐 소각 방법은 경제적인 사기를 막을 수는 있겠지만 보복을 방지하는 데는 전혀

도움이 되지 않으며, 어느 한쪽이 정직하지 못할 경우 모두가 돈을 잃게 됩니다. 그런 방법은 절대 추천할 수 없겠네요.

--

그렇다면 일반적인 선불 시스템에도 반대하시겠군요. 고객에게 손해니까요.

선불: 고객은 손해를 보고 도둑은 돈을 가져갑니다.

단순 에스크로: 고객은 손해를 보지만 도둑도 돈을 가져가지 못합니다.

여러분은 선불 시스템이 도둑이라도 돈을 가져가니 더 나은게 아니냐고 하시는 건가요? 최소한 누군가는 돈을 가져가니까요?

누군가가 당신의 물건을 훔쳐갔다고 생각해보세요. 당신은 그걸 돌려받을 수 없고요. 하지만 원격으로 작동시킬 수 있는 킬 스위치가 있다면 작동시킬 건가요? 도둑에게 당신의 모든 재산에는 킬 스위치가 있어서 훔쳐가도 쓸 수 없다는 사실을 알리는 것이 좋을까요? 당신도 물건을 잃는데도요? 도둑이 물건을 돌려주면 킬 스위치를 작동시킨 물건은 다시 활성화시킬 수 있어요.

도난당하면 납으로 바뀌는 금이 있다고 상상해보세요. 도둑이 되돌려주면 다시 금으로 바뀌고요.

제가 보기에는 '어떻게 올바른 방법으로 세시하는가'라는 무문이 분세 같아요. 우선 게임 이론에 대한 논의에서 '화폐 소각'에 대해 너무 선입견을 갖지는 마세요. 돈이 실제로 소각되는 일은 절대 없습니다. 여러분에게는 언제라도 돈을 영구적으로 양도할 수 있는 선택지가 있습니다.

RE:

ribuck 작성   2010년 8월 11일 11:13:12

> 인용 출처: Inedible 2010년 8월 11일 01:52:53
> 뭔가를 팔기로 해놓고 지불금을 '소각'한 후 물건은 보내지 않는 악의적인 행동을 줄이기 위해 할 수 있는 일이 아무것도 없다는 것은 안타까운 일이네요(물건은 있다고 가정).
> 이것은 악의가 있다고 가정하는 경우일 뿐이지만 여전히 꽤나 있을 법한 위협적인 상황이긴 합니다.
> A는 랩톱을 팔려고 내놓습니다.

B는 사기로 하고 2,000 비트코인을 에스크로에 넣습니다.

A는 랩톱을 보냈다고 하고 실제로는 보내지 않습니다.

B는 랩톱을 받지 못했으므로 비트코인을 양도하지 않습니다.

A는 신경 쓰지 않습니다. 목적은 B가 비트코인을 '소비'하고 환불받지 못하게 하는 것이었거든요.

--

이건 어떨까요?

A는 랩톱을 2,000 비트코인에 팔려고 내놓은 후 보증금으로 2,500 비트코인을 에스크로에 넣습니다.

B는 구매 의사를 전달하고 2,500 비트코인을 에스크로에 넣습니다.

A는 랩톱을 보냈다고 하고 실제로는 보내지 않습니다.

B는 랩톱을 받지 못했으므로 비트코인을 양도하지 않습니다.

A는 이제 신경이 쓰입니다. 2,500 비트코인을 보증금으로 에스크로에 넣었거든요.

이 시나리오에서는 A가 랩톱을 보내려 하는지가 관건입니다. 보내지 않으면 보증금 2,500 비트코인을 잃게 되죠. 또 B가 랩톱을 받았다는 사실을 확인해주려고 할지도 관건입니다. 확인해주지 않으면 '초과분'인 500 비트코인을 잃게 됩니다.

A와 B 모두가 정직하게 행동하더라도 보험에 가입하지 않은 배달 서비스 때문에 랩톱이 분실되거나 고장나는 경우 또는 참가자 중 한쪽이 에스크로에서 양도를 이행하기 전에 사망하는 경우 등 난감한 상황이 발생할 수 있습니다.

이후 다른 스레드에서 이 내용을 다시 다루었습니다.

분산형 비트코인 에스크로 서비스 만들기

harding 작성　　　　　　　　　　　　　　　　2010년 9월 26일 01:16:18

요약: 비트코인을 탈중앙화 에스크로에 맡기는 것은 다른 어떤 거래 중개소보다 이익이 되므로 채택률이 높아질 수 있습니다. 자세한 내용은 다음을 참고해주세요.

탈중앙화 통화에 대해서는, 중앙화 에스크로가 현재 비트코인의 표준인 것 같습니다. 예를 들면 다음과 같습니다.

앨리스는 밥으로부터 5달러어치 비트코인을 사고 싶어합니다. 그러나 앨리스나 밥 모두 상대방을 완전히 신뢰하지 않습니다. 그래서 둘 모두가 신뢰하는, 예를 들면 마운트 곡스* 사이트를 찾아갑니다. 거기서 각자의 돈을 입금하고 마운트 곡스가 교환하도록 만듭니다.

마운트 곡스에 나쁜 감정이 있는 건 아니지만(제가 좋아하는 사이트예요), 마운트 곡스의 에스크로 서비스가 없어도 교환이 가능할까요?

거의 분산화된 대체 방법:

신뢰를 받는 제3자인 찰리가 비트코인 개인키를 만듭니다.

그 후 찰리는 유닉스 명령어 split을 사용하여 개인키를 반으로 나누고 절반은 앨리스에게, 나머지 절반은 밥에게 줍니다.

밥은 분할된 비트코인 계정에 5달러어치의 비트코인을 예금합니다.

앨리스는 공개된 블록을 사용하여 트랜잭션을 검증합니다.

앨리스는 밥에게 페이팔로 5달러를 보냅니다.

밥은 페이팔 트랜잭션을 검증합니다.

밥은 앨리스에게 반쪽으로 분할된 자신의 개인키를 보내 앨리스가 앞서 밥이 입금했던 비트코인에 접근할 수 있게 합니다(간단한 설명을 위해 누가 트랜잭션 수수료를 내는지, 지불거절 사기를 방지하려면 얼마나 오래 기다려야 하는지 등의 페이팔 관련 설명은 생략하겠습니다. 마지막 단계가 진행되도록 하기 위해 밥에게 인센티브를 주는 부분도 생략합니다).

유닉스 명령어 split을 좀 더 복잡한 무언가로 대체하면 더 발전된(거의 분산화된)

----

* **옮긴이_** 2007년 온라인 게임 카드 거래소로 시작해서 2010년에 암호화폐 거래소로 개편했다. 2014년에는 세계 최대 규모의 거래소가 되었으나, 해킹으로 85만 개의 비트코인을 도난당하는 사건이 발생하여 파산했다.

사례를 만들 수 있습니다. 예를 들면 SSSS*(http://en.wikipedia.org/wiki/ Shamir's_Secret_Sharing)라는 샤미르의 비밀 공유 방식 구현체가 있습니다. SSSS와 같은 유틸리티 프로그램을 사용하면 앨리스와 밥 사이에서 의견이 일치하지 않는 경우 중재자를 지정할 수 있습니다.

물론 이 모든 사항과 관련해 문제가 있다면, 찰리가 자신이 만든 개인키의 완전한 사본을 남용하지 않을 거라고 믿어야 한다는 점입니다.

이상적인 해법은 앨리스와 밥이 직접 각자의 개인키 절반을 상대에게 만들어주도록 하는 것입니다. 최근 키쌍에 사용되는 수학을 완전히 이해하는 것은 아니지만, 현재의 알고리즘으로 가능한가에 대해서는 의구심이 생깁니다.

앨리스와 밥이 다른 누군가에게 개인키 전체를 넘겨주지 않고도 상대방 키의 절반을 얻게 하는 방법에 대안이 있을까요?

RE:

사토시 작성   2010년 9월 26일 17:34:26

아직 구현되지는 않았습니다만, 네트워크는 두 개의 서명을 요구하는 트랜잭션을 지원할 수 있습니다. 자세한 설명은 사이트(http://bitcointalk.org/index. php?topic=750.0)를 참조하기 바랍니다.

이 방법은 에스크로 없이 직접 지불하는 것보다 분명 더 안전하지만 인간이 중재하는 에스크로만큼은 훌륭하지 않습니다. 당신이 그 중재자를 충분히 신뢰한다는 가정하에서요.

이런 방식의 에스크로에서는 사기꾼이 승리할 수 없지만 당신이 돈을 잃을 가능성도 있습니다. 적어도 당신을 속여서 이익을 얻을 이유가 사라지긴 하겠지만요. 판매자는 자기에게 입금될 돈이 준비되었음을 확신하게 되고, 구매자는 거래가 완료될 때까지는 판매자에게 대금이 지급되지 않는다는 장점을 얻게 됩니다.

- - - - - - - - - - - - - - - -

* 옮긴이_ 암호학자 샤미르가 제안하여 Shamir's secret sharing scheme; SSSS라고도 불리며, 하나의 비밀을 수학 연산을 통해 여러 개로 분할하고 그중 일부만으로도 원래의 비밀을 알아낼 수 있게 한 기법이다.

55 비트코인 채굴의 자원낭비

비트코인 채굴이 자원 낭비인가에 대한 논쟁은 매체들이 이따금씩 다뤄왔습니다. 사토시가 익명으로 활동하지 않고 계속 비트코인에 관여했다면 그의 인터뷰에는 틀림없이 이런 질문이 포함되었을 것입니다. 그러므로 다음 글에서 그가 내놓았을 법한 대답들을 살펴보면 비트코인 채굴에 관한 논쟁을 이해하는 데 도움이 될 것입니다.

비트코인 채굴은 열역학적으로 바람직하지 않습니다

New Message

gridecon 작성   2010년 8월 6일 13:52:00

비트코인은 놀라운 프로젝트고 저는 그 구현체와 목표에 꽤 감동받았다는 점을 우선 밝히고자 합니다. 이 포럼의 글들을 읽다 보니 비트코인 경제의 설계와 운영에 대한 토론이 궁극적으로 비트코인 경제를 강화한다는 점을 이해할 수 있을 것 같습니다. 그래서 저는 이런 의견도 반영되었으면 합니다.

수정 – 저는 추가 연구와 토론을 통해 비트코인이 대부분의 전통적 통화에 비해 매우 효율적이라는 확신을 갖게 되었습니다. 정부에서 발행하는 피아트 통화를 지탱하는 데 필요한 인프라가 비트코인의 CPU 전력 소모보다 훨씬 큰 자원 투자를 필요로 하기 때문입니다. 이 스레드에서는 흥미로운 토론이 꽤 많이 이루어졌으므로 활성화 상태로 두겠습니다.

비트코인 경제에 필요한 에너지 투입량은 비트코인이 성장하는 데 심각한 걸림돌이 된다고 생각합니다. 이런 점에서 장기적으로는 주조보다 트랜잭션 쪽 상황이 훨씬 심각해질 것 같지만, 당분간은 범위와 정의가 조금 더 분명한 쪽인 주조에 대해 논의하려고 합니다. 비트코인의 가치가 어떤 식으로든 비트코인 채굴에 필요한 전기의 가격과 관련 있다는 점은 대부분의 사람들이 동의하지만, 이러한 비용 관계에 대한 정확한 본질이 무엇인지에 대해서는 논란의 여지가 있습니다.

주장 중 하나는, 누군가가 코인을 채굴하기로 결정한다는 것은 사실상 전기 요금이나 채굴 장비의 가격으로 비트코인을 구매하려는 것이고, 일부 내지는 다수의 사람들이 실제로 그러한 결정을 내리고 있기 때문에, 비트코인은 최소한 그 효용성을 극대화할 수 있는 채굴자들에게는 큰 '가치'가 있다는 것입니다. 그와 대비되는 주장은 생산 비용이 시장의 가치와 다르고, 가장 객관적인 척도란 시장에서 더 높은 유동성으로 널리 거래되는 US 달러 같은 통화로 전환되는 데 드는 비용이라는 것입니다.

제가 주장하는 바는 이러한 양쪽 논거 모두가 핵심과 진짜 문제를 벗어나 있다는 점입니다. 진짜 문제란 주조 과정이 승리하는 블록을 만들어내는 데 많은 양의 에너지와 연산 능력을 낭비하게 하므로 근본적으로는 바람직하지 않다는 데 있습니다. 화폐 주조 과정이 존재하는 이유는 실제로 통화를 '인쇄할' 필요가 있어서이고,

암호수학에 통화의 행동을 예측 가능하게 하는 일부 바람직한 특성이 있기 때문입니다. 현재의 채굴 과정에서 연산 작업에 많은 에너지가 필요하다는 점은 꽤나 유감스러운 일이고, 투자되는 자원보다 가치가 적은 디지털 객체를 만들어내는 데 에너지가 낭비된다는 점에서 비트코인이 실제로 '부를 파괴하는' 잘못된 결과를 초래할 우려가 있습니다.

종종 지적받는 부분이지만, 통화가 반드시 내재적 가치를 가져야 하는 것은 아닙니다. 교환 매체란 유용한 도구이고 사회적 합의의 결과물로서 온전한 가치를 지닐 수 있습니다. 소비전력 측면에서 보면 비트코인의 생산 가격은 낭비를 의미하며, 이것은 통화가 짊어져야 하는 '열역학적 부담'이 됩니다.

'컴퓨코인'이라는 가상의 대안 디지털 통화가 있다고 가정해봅시다. 이 코인은 네트워크상의 노드들로부터 CPU 연산 자원을 구매하는 데 쓰입니다. 이 통화의 시장 가치는 CPU 연산 자원을 만드는 데 필요한 전기 비용에 매우 가까이 수렴합니다. CPU 연산 자원을 코인 주조에 소비하는 대신, 코인으로 전환될 수 있는 CPU 연산 자원 가치가 통화의 가치를 결정하는 타당한 기준이 되어 컴퓨코인이 기존 시장에 들어올 수 있도록 만들 것입니다. 저는 비트코인의 다른 대안들(그중 다수가 아마도 상당 부분 비트코인 소스 코드를 공유할 것입니다)이 필연적으로 나타날 수밖에 없고, 비트코인의 현재 주조 과정은 에너지 투입 측면에서 통화를 '비싸게' 만들 것이라고 생각합니다. 저는 이것이 비트코인을 대안들과의 경쟁에서 뒤처지게 만들 뿐 아니라 비트코인이 광범위하게 채택되고 장기적으로 가치를 높이는 데 방해만 될 것이라고 생각합니다.

수정 - 앞에서 언급했듯이, 저는 현재 비트코인의 장기적인 전망을 훨씬 낙관적으로 보고 있습니다. 컴퓨코인이 괜찮은 아이디어라는 생각에는 변함이 없지만요!

RE:

사토시 작성　　　　　　　　　　　　　　　　　　　　　2010년 8월 7일 17:46:09

비트코인 채굴에 자원이 낭비된다는 주장은 금 채굴에도 마찬가지로 적용됩니다. 금을 채굴하는 데 드는 생산 비용은 금 가격과 비슷해지는 경향이 있습니다. 금 채굴은 낭비지만 그 낭비는 금을 교환 수단으로 사용함으로써 금이 갖게 되는 효용에 비하면 미미합니다.

비트코인도 마찬가지라고 생각합니다. 비트코인이 가진 교환 매체로서의 효용은 채굴에 사용된 전기의 가격을 훨씬 뛰어넘을 것입니다. 그러니까 비트코인을 갖지 않는 것이 진짜 낭비인 것이죠.

--

인용 출처: gridecon 2010년 8월 6일 16:48:00
전반적으로 봤을 때 코인을 만드는 데 드는 상당한 연산량의 부담이 현재 시스템에 필요하다는 의견에는 동의하지 않습니다. 제가 이해하기로 통화의 생성은 보통 시간으로 측정됩니다. 그리고 만일 그것이 기본 통제 변수라면 모두가 주어진 시간 내에 '가급적 주사위를 많이 굴릴' 필요가 있을까요? 코인 소유권 및 트랜잭션에 대한 '증명 체인'은 코인 생성 방법에 따라 달라지지 않습니다.

--

네트워크에서 각 노드의 영향력은 CPU 연산능력에 비례합니다. 노드에 얼마나 많은 CPU 연산능력이 있는지 네트워크에 알리는 유일한 방법은 그것을 실제로 사용하는 것입니다.
1인 1표 식으로 셀 수 있으면서 개인이 유한한 수량을 가질 수 있는 다른 무언가가 있을지 떠오르지가 않네요. IP 수소라면… CPU보다는 많은 수를 확보하는 것이 훨씬 쉽겠군요.
CPU 연산능력을 특정 시간에 측정할 수도 있을 것 같습니다. 예를 들면 CPU 연산능력 증명 테스트를 매 10분마다 평균 1분 정도씩만 실행하는 거죠. 테스트를 계속 실행하지 않아도 지정된 시간의 총 CPU 연산능력을 증명할 수 있을 겁니다. 구현할 수 있을지 확신은 없지만요. 그 시간에 없던 노드가 과거의 블록체인이 10분 내내 연산해서 생성된 것이 아니라, 9분을 쉬고 테스트가 진행되는 1분 동안만 연산해서 생성된 것인지 알 수 있는 방법은 없습니다.
작업증명은 신뢰할 수 없는 중개인을 거쳐 전달될 수 있다는 좋은 특성을 갖고 있습니다. 우리는 통신 내용을 보관하는 체인에 대해 걱정할 필요가 없습니다. 또 누가 가장 긴 체인을 알려줬는지는 중요하지 않습니다. 작업증명으로 명백해지니까요.

RE:

사토시 작성   2010년 8월 9일 21:28:39

집을 따뜻하게 해야 할 경우 컴퓨터에서 나오는 열이 낭비된다고 볼 수는 없습니다. 가정에서 전기 난방을 사용하고 있다면 컴퓨터의 열은 낭비가 아니라는 것이죠. 당신이 컴퓨터로 열을 만들어낸다면 같은 비용이 듭니다.

전기보다 더 싼 다른 열원이 있다면, 낭비라는 것은 가격의 차이에서만 나옵니다. 만약 여름철에 에어컨을 사용한다면 낭비는 두 배로 늘어나는 거죠.

비트코인은 생산 비용이 가장 저렴한 곳에서 채굴되어야 해요. 어쩌면 전기 난방이 필요한 추운 지역이어서 생산비용이 공짜나 다름없게 될 수도 있겠군요.

RE:

throughput 작성   2010년 8월 10일 12:27:30

제 생각에는 비트코인이 현재의 봇넷보다 더 큰 가치를 제공할 경우 봇넷 제작자가 자신의 사업에 더 많은 자원을 투입하도록 동기를 부여한다는 윤리적인 측면을 논의에서 놓친 것 같습니다. 비트코인 운영이 다른 활동을 능가한다면 어떻게 될까요? 어떤 면에서는 봇넷 제작이 커뮤니티에 도움이 된다는 것을 상상할 수 있으세요?

--

인용 출처: jgarzik 2010년 8월 6일 작성 19:53:25
네트워크에 정직한 노드로 참여하면 모두에게 도움이 됩니다.
네. 하지만 컴퓨터 소유자의 의지에 반하지 않는 경우만요. 전기요금은 소유자가 내니까요.
그렇다면 컴퓨터 소유자는 100% CPU 부하 때문에 발생하는 추가 전력소비로 '진짜' 돈을 잃게 됩니다. 그래서 비트코인은 해커들이 순진한 컴퓨터 소유자로부터 연산능력을 훔쳐내고 싶게 만듭니다.
그러면 이제 당신은 비트코인으로 얻는 이익과 사회적인 해악을 비교해보려고 할 수도 있겠군요. 하지만 정말 그런 비교를 통해 도덕적으로 옳고 그름을 따질 수 있다고 생각하시나요?

RE:

개빈 안드레센 작성   2010년 8월 10일 21:26:14

--

맞습니다. 신용카드가 있기 때문에 선량한 신용카드 사용자들로부터 신용카드 번호를 훔치려는 사람들이 있다는 주장과 마찬가지로요.

은행 계좌가 있기 때문에 해커가 시스템에 침투해서 당신의 은행 계좌 번호를 찾아내려고 한다는 말과 같습니다. 아니면, 자동차가 있으니 선량한 주유소 주인에게 휘발유를 훔쳐내려는 사람들이 있다고 하는 식이죠.

저는 비트코인이 가져다주는 이익이 해악보다 훨씬 커질 것이라고 믿습니다. 그리고 '제가' 그에 대해 도덕적 판단을 할 수 있다고도 생각하고요. 제가 틀렸을 수도 있고 이런 논쟁에 끼어든 것을 후회할 수도 있겠지만, 잘 될 거라고 100% 확신할 수 있는 일들만 한다면 결국 새롭고 흥미로운 일은 절대 해볼 수 없을 것입니다.

해시만 기록하는 대안형 블록체인

여기서는 사토시가 흥미롭다고 생각한 제안이 하나 논의되었습니다. 이 제안은 개인정보 보안 수준을 높이기 위해 블록체인에 정보를 덜 제공하는 방식입니다.

제안은 아닙니다

New Message

Red 작성   2010년 8월 10일 05:45:45

눈치채신 분도 있겠지만, 비트코인에서 신경 쓰이는 점 중 하나는 트랜잭션의 전체 이력이 완전히 공개된다는 것입니다. 이렇게 하면 작업이 단순해지고 누구나 코인의 유효성을 쉽게 증명할 수 있다는 이점에 대해서는 잘 이해하고 있습니다.

그래서 비트코인의 변경을 제안하려는 것은 아닙니다. 그보다는 어떤 것이 가능하고 어떤 것이 불가능한지에 대한 질문이라고 할 수 있습니다.

한 마디로 문의드린다면, 블록 리스트가 전체 트랜잭션을 저장하지 않도록 개발이 가능하거나 가능했을까입니다. 어쩌면 블록 리스트 내에 진입점과 진출점의 해시값만 저장할 수도 있었을 것 같은데요. 블록 리스트상의 이런 해시값에는 현재 동작하는 것과 정확히 같은 방법으로 (공증용) 타임스탬프를 찍게 되겠죠.

현재 방식과의 가장 큰 차이라면 전체 트랜잭션을 저장하는 일을 코인 수취인이 책임진다는 점입니다. 그리고 아마도 수취인은 이력 확인용으로 이전 X개의 트랜잭션만큼 저장하고 있어야 하겠죠.

그 후 수취인이 코인을 다음 대상에게 전송하려 할 때, 검증용으로 해당 트랜잭션의 선행 트랜잭션들도 제출해야 한다는 점을 제외하고는 현재 방식 그대로 트랜잭션을 만들게 될 겁니다. 검증 과정에서는 진입점의 각 선행 트랜잭션들의 해시값이 블록 리스트 내에 존재하는지 확인합니다. 진입점들은 해시값을 통해 블록 리스트 내에서 아직 소비되지 않은 것으로 식별 가능합니다. 그 후 트랜잭션은 지금과 같은 방식의 검증을 거칩니다.

모든 것이 정상적으로 검증되면 새로 생성된 진입/진출점들의 해시가 블록에 추가됩니다. 이로써 트랜잭션의 진입점은 닫히고 새로운 진출점의 해시가 소비되지 않은 것으로 표시됩니다.

노드가 (해시 경쟁에서 승리하여) 블록을 완성하면 컨펌과 승인을 위해 해시 블록과 관련 트랜잭션 및 신행 트랜잭션을 다른 노드에 전피합니다.

다음은 간단한 예제입니다.

```
{블록-9
해시-a, 해시-b, 해시-c, 해시-x
}
{블록-12
해시-a, 해시-y, 해시-c, 해시-d
}
{블록-17
해시-b, 해시-d, 해시-e, 해시-z, 해시-f
}

{트랜잭션
{진입점: 해시-x, 해시-y, 해시-z}
{주소, 서명 및 기타 트랜잭션 항목들}
```

{진출점: 지불금(payed)-해시, 잔액(change)-해시
}

{생성-블록
해시-x, 해시-y, 해시-z, 지불금-해시, 잔액-해시
}

그래서 기본적으로 진입점과 진출점의 해시값이 블록 리스트 내에 두 번 나타난다면 그것은 소비되었다는 뜻입니다. 한 번만 나타나면 소비되지 않은 것이고요.
그러면 블록-17 이후에는 다음과 같은 상태가 됩니다.

a, b, c, d는 소비되었습니다.
e, f, x, y, z는 소비되지 않았습니다.

트랜잭션은 x, y, z를 소비하고 지불금-해시와 잔액-해시를 생성하므로 이 트랜잭션은 유효합니다.
생성-블록 이후에는 다음과 같이 됩니다.

a, b, c, d, x, y, z가 소비되었습니다.
e, f, 지불금, 거스름돈은 소비되지 않았습니다.
==
목표:
목표는 현재의 시스템과 동일한 보안성을 제공하면서도 손쉽게 모든 트랜잭션을 연관지을 수 있는 공개 그래프를 만들지 않는 것입니다. 이 경우 해시들은 블록 내에서 연결될 필요조차 없으며, 블록은 모든 해시를 오름차순으로 정렬만 할 수 있게 됩니다.
저는 진짜 금화를 만들고 싶습니다. 제 코인을 여러분에게 줄 수는 있지만 이 세상 어느 누구도 제가 줬다는 것은 모르는 거죠. 여러분은 그 코인을 다음 사람에게 줄 수도 있고 그 코인이 순금으로 만들어졌다는 것을 증명할 수도 있습니다. 여러분에게는 코인의 족보가 있고 족보의 모든 세대는 공개된 기록부상에서 공증을 받았으니까요.

==

질문:

사토시 씨는 여러분이 머클트리$^{Merkle\ Tree}$ *구조를 통해 보안 문제를 일으키지 않으면서 블록 리스트 내의 트랜잭션들을 제거할 수 있다는 것을 보여주었습니다. 저의 진짜 질문은 다음과 같습니다.

"여러분이 제거할 수 있는 가장 과거의 트랜잭션이 뭘까요?"

여러분은 노드가 모든 것을 기억할 수 있다고 (웹사이트는 절대 잊지 않는다고) 주장할 수도 있습니다. 하지만 네트워크에 참여하는 새로운 노드들이 해시값을 포함한 블록 리스트만 받도록 규칙을 구성한다면, 노드들은 그 시점 이후의 것들만 기억할 것입니다. 그러면 개인정보에 어느 정도 도움이 될 수도 있겠죠.

==

어떻게 생각하세요? 사람들이 속임수를 써서 부자가 될 수 있는 확실한 방법이 있을까요?

RE:

Insti 작성   2010년 8월 10일 09:34:14

당신의 시스템에서는 블록체인에서 트랜잭션 정보를 받아오는 것이 아니라, 제가 직접 모든 트랜잭션을 검증하고 (어쨌든 제가 확인은 해야겠지만요) 저의 비밀 서버에 로그를 저장해야 하는데, 정보를 외부에 드러내지 않는 방식으로 보안을 유지하시려는 것 같군요.

모호성을 통해 보안을 유지하려는 입장인 것 같습니다.

---

* 옮긴이_ 한 블록 내에 있는 트랜잭션들의 해시를 트리 형태로 구성한 것. 두 개의 해시를 짝지어 해싱하고, 다시 그 해시 두 개를 모아 해싱하는 방법으로 마지막 하나의 해시가 남을 때까지 해싱 작업을 반복한다. 마지막으로 얻은 하나의 해시를 머클루트(Merkle Root)라고 한다.

RE:

Red 작성   2010년 8월 10일 14:09:36

--

전에도 언급했듯이, 모호성을 이용하는 방식으로 금전적인 안전을 도모하려는 것은 아닙니다. 저는 시스템이 현재와 동일하게 유지되기를 바랍니다.

하지만 개인정보에서는 모호성이 보안 수준을 높이는 것으로 알려져 있습니다. 당신의 이웃이나 FBI가 당신의 일거수 일투족을 하루 종일 지켜볼 수도 있겠지만 그렇게 하지 않을 것입니다. 그러나 당신이 '관심의 대상'이 되는 그 순간부터는 지켜보기 시작할 수도 있겠죠.

법적 권한을 늘릴 목적으로 가장 많은 요청을 받는 것은 '모두의 로그를 보게 해주세요!'일 것 같습니다(전화 통화, 기지국, 이메일 연락처, 페이스북 연락처, 신용 및 직불 카드 거래 내역, 구글 검색 내역, 웹브라우저 이용 기록 등). 다른 시스템들은 '권한을 통한 보안'을 사용합니다. 비트코인에는 그런 점이 없죠.

어쨌거나 저는 모든 노드에 모든 트랜잭션을 전파할 생각이 없습니다. 하지만 이건 별도의 스레드에서 다룰 내용이군요.

대부분의 디지털 공증 서비스가 작동하는 방식이 그렇습니다. 당신이 서비스 제공자에게 서명된 문서의 해시를 보내면 그들이 영구적으로 기록을 남기는 거죠. 그런 다음에 비트코인이 하듯 해시 체인을 만들고, 현재 해시 체인의 값을 신문이나 다른 오프라인에 중복되도록 기록하고 발표합니다.

당신의 개인 문서나 트랜잭션을 공증 서비스에 보내 서비스 운영자가 타임스탬프를 찍거나 기록하게 할 필요는 없습니다. 공증이란 이 해시와 일치하는 뭔가가 시간상 이 시점에 존재했다는 것을 증명하는 것뿐입니다.

RE:

Insti 작성   2010년 8월 10일 15:06:16

시 체인을 만들고, 현재 해시 체인의 값을 신문이나 다른 오프라인에 중복되도록 기록하고 발표합니다.

당신의 개인 문서나 트랜잭션을 공증 서비스에 보내 서비스 운영자가 타임스탬프를 찍거나 기록하게 할 필요는 없습니다. 공증이란 이 해시와 일치하는 뭔가가 시간상으로 이 시점에 존재했다는 것을 증명하는 것뿐입니다.

--

자신의 계정에 소비할 수 있는 비트코인이 X개 들어 있다는 것을 공증 서비스에 증명할 필요도 없습니다.

최근 영지식 증명*(http://en.wikipedia.org/wiki/Zero-knowledge_proof)에 관한 글을 읽었습니다만, 영지식 증명과 비슷한 무언가로 다른 정보는 드러내지 않으면서 자신의 계정에 X개의 비트코인이 있다는 것을 증명할 수 있다면, 그것이 당신이 찾고 있는 것일 수도 있습니다.

당신이 바라는 것이 이론적으로 불가능하다는 점이 문제일 뿐이죠.

RE:

Red 작성   2010년 8월 10일 17:29:44

> 인용 출처 : Insti 2010년 8월 10일 15:06:16
> 최근 영지식 증명(http://en.wikipedia.org/wiki/Zero-knowledge_proof)에 관한 글을 읽었습니다만,
> --

다시 살펴보니 흥미로운 아이디어였군요! 감사합니다. 한동안 잊고 있었네요.

RE:

사토시 작성   2010년 8월 11일 00:14:22

꽤 흥미로운 주제군요. 해결 방법을 발견했더라면 비트코인을 더 잘, 더 쓰기 쉽게 만들 수 있었을 거예요.

----

* 옮긴이_ 암호학에서 누군가에게 어떤 명제가 참이라는 것을 증명할 때, 그 명제의 참거짓 여부 이외에는 아무런 정보도 노출하지 않는 증명 방식

원래는 서명의 체인으로도 코인을 만들 수 있습니다. 타임스탬프 서비스를 이용하면 역추적 기록이 너무 넓게 뻗어나가기 전에 오래된 서명들을 사라지게 할 수도 있고요. 아니면 코인을 개별적으로 유지하거나 액면가를 붙일 수도 있습니다. 모든 트랜잭션에 대해 알고 있어야 하는 이중지불 여부 확인 과정에도 필요합니다.

여기서 어려운 점은 다른 지불이 네트워크상에 없다는 것을 어떻게 증명하는가입니다. 노드가 그걸 확인하려면 모든 트랜잭션에 대해 알아야 할 것 같거든요. 노드가 진입점 및 진출점의 해시만 알고 있다면 서명 검사로는 진출점이 이전에 지불되었는지 확인할 수 없습니다. 이와 관련해 좋은 생각이 있으신가요?

이 경우 영지식 증명을 적용할 방법이 쉽게 떠오르지 않네요.

뭔가가 존재하지 않음을 증명하려면, 모든 정보를 알고 있으면서 그 뭔가가 포함되지 않았다는 것을 확인해야 하는 것 같습니다.

RE:

Red 작성   2010년 8월 11일 04:58:50

사토시 씨에게

제가 작성한 글의 첫 부분은 알고 계실 겁니다. 하지만 다른 사람들도 논의를 따라올 수 있게 하면서 제가 잘못 이해했을 수 있는 부분을 바로잡아 주셨으면 좋겠습니다.

저는 보안성을 해치지 않으면서 트랜잭션을 삭제할 수 있는 시점을 알아보려고 현재의 머클트리^{Merkle tree} 구현체를 들여다보고 있었습니다.

트랜잭션 그래프상에서 트랜잭션들은 노드들을 나타냅니다. 트랜잭션 그래프의 간선^{edge}은 블록해시^{BlockHash} → 트랜잭션해시^{TransHash} → 진출점^{OutPoint}과 같은 구조를 사용해 진입점들이 이전 트랜잭션들을 가리키는 것으로 표현되고요. 진입점은 이전 진출점이 소비되었다는 것을 나타내기 위해 존재합니다.

따라서 한 트랜잭션이 유효하다고 말할 수 있으려면 그 트랜잭션의 진입점이 이전의 한 진출점에서 나왔다는 것과, 그 트랜잭션의 진출점이 이전의 진입점으로 연결되지 않았다는 것을 '모두' 나타내야 합니다. 그래서 트랜잭션의 모든 진출점은 각각 그 진출점과 연결된 진입점이 0개 또는 1개가 존재합니다. 0개는 소비되지 않았음을, 1개는 소비되었음을 나타냅니다.

이것은 이전과 현재 트랜잭션 모두의 진출점이 소비되기 전까지는 블록 리스트에서 어떤 트랜잭션도 분리될(culled) 수 없다는 뜻이기도 합니다. 그렇지 않으면 코인들은 사라지겠지요.

하지만 뒤에 연결되는 블록이 고정될 것이라고 확신하는 즉시 양방향으로 연결된(double-bound) 모든 트랜잭션을 삭제할 수 있습니다(가장 빠른 방법).

그렇지만 트랜잭션들을 삭제하고, 그 자리를 삭제한 트랜잭션들의 해시 트리로 대체하면 블록 리스트를 나타내는 그래프 구조는 손실됩니다. 사실 블록 리스트상에서 지워지지 않은 모든 트랜잭션은 리스트에 남아 있다는 자체가 소비되지 않은 값을 갖고 있다는 뜻입니다. 그래프에서 해당 부분이 분리된 후에는 더 이상 조상 트랜잭션들을 이용해 유효성 증명을 할 수 없습니다.

제가 고민했던 부분인데, 애초부터 전체 트랜잭션을 그래프에 넣지 않는다면 유효성을 증명할 방법이 있을까요?

--

인용 출처: 사토시 2010년 8월 11일 00:14:22
여기서 어려운 점은 다른 지불이 네트워크상에 없다는 것을 어떻게 증명하는가입니다. 노드가 그걸 확인하려면 모든 트랜잭션에 대해 알아야 할 것 같거든요. 노드가 진입점 및 진출점의 해시만 알고 있다면 서명 검사로는 진출점이 이전에 지불되었는지 확인할 수 없습니다. 이와 관련해 좋은 생각이 있으신가요?

--

트랜잭션 정보를 해시해서 진출점 해시의 일부로 포함시키는 방법이 있습니다. 그래서 트랜잭션이 단일 트랜잭션 해시가 아닌 두 개의 진출점 해시를 갖도록 표현하는 것이죠(저는 원래 해시들을 이용해 진입점/트랜잭션/진출점 구조로 만드는 것을 고려했습니다만 불필요하다고 결론지었습니다).

트랜잭션 검증자는 비트코인 주소가 기록된 진출점 해시와 연관되어 있다는 점만 알면 됩니다. 그것은 현재 트랜잭션의 진입점에 대해 제출된 선행 트랜잭션이 있다는 것으로 알 수 있습니다. 해당 해시가 블록 리스트상에서 한 번만 나타난다면 선행 트랜잭션과 그 진출점 해시는 해시되고 모두 유효하며 소비되지 않은 것으로 간주할 수 있습니다.

현재 트랜잭션은 당연히 선행 트랜잭션에 들어 있는 주소에 대한 키로 서명되어야 합니다. 이로써 유효성이 입증되면 두 개의 새 진출점 해시가 생성되어 현재의 블록에 추가됩니다. 진입점 해시도 현재 블록에 삽입되어 소비된 것으로 표시됩니다(해시가 두 번 나타나면 소비된 것입니다). 만약 트랜잭션을 하나의 단위(및 현재 확인 가능한 트랜잭션 그래프)로 표현하고 싶다면 진입점 해시와 진출점 해시를 하나로 묶을 수도 있습니다. 하지만 이것이 유효성 입증에 꼭 필요한 것은 아닙니다.

--

인용 출처: 사토시 2010년 8월 11일 00:14:22
뭔가가 존재하지 않음을 증명하려면, 모든 정보를 알고 있으면서 그 뭔가가 포함되지 않았다는 것을 확인해야 하는 것 같습니다.

--

우리는 찾으려는 해시가 딱 한 개만 있으며 두 개는 없다는 것을 입증하려고 합니다. 그러려면 입증할 대상 전부를 알아야겠죠.
이중지불 금지는 현재 버전만큼이나 강력한 것 같군요.

==== 주의! ====

그런데 노드 하나가 일부러 임의의 '취소 해시'를 추가하는 장난을 친다고 생각해 보세요. 이럴 경우 그 노드는 해당 코인에 접근할 수 없게 됩니다. 유효하고 소비되지 않은 진출점 해시에 대해 서명된 트랜잭션 해시가 없기 때문이죠. 그렇지만 현재의 소유자 역시 그 코인을 소비할 수 없습니다. 그 진입점은 이미 소비된 것으로 간주될 테니까요.

그것은 검증 조건이 현재 구현된 것과 '정확히 동일'하다는 뜻입니다. 모든 검증 노드는 블록을 받아들이고 체인에 쌓기 전에 블록 내의 모든 트랜잭션을 조사하고 검증해야 합니다.

제안된 블록 내에 유효한 트랜잭션에서 나오지 않은 해시가 존재한다면 해당 블록은 거부되어야 합니다. 현재의 시스템에 구현된 것과 정확히 같은데요. 하나라도 검증되지 않은 트랜잭션이 있으면 그 블록은 거부됩니다.

저는 모든 트랜잭션을 모든 검증자에게 보낸다는 조건을 완화시키고 싶었지만, (아직은) 신뢰하는 위임자에 의지하지 않으면서 그렇게 할 수 있는 방법이 있는지 모르겠습니다.

--

한 가지 흥미로운 기능이라면 이것으로 검증 프로세스가 단순해진다는 점입니다. (해시의) 블록 리스트만 한 번 파싱parsing해주면 필요한 일은 모두 끝납니다. 각 해시가 모두 파싱되니 해시 집합 하나만 바라보면 되는 것이죠. 그 안에 찾는 값이 없으면 추가하고 있으면 삭제합니다. 블록 리스트 파싱 작업을 마치면, 유효하며 소비되지 않은 진출점들의 최소 집합을 얻게 됩니다. 그러면 메모리 내에 전체 집합을 유지할 수도 있겠죠(잠깐동안 만이라도요).

--

> 인용 출처: 사토시 2010년 8월 11일 00:14:22
> 이 경우에 영지식 증명을 어떻게 적용하면 될지 방법이 쉽게 떠오르지 않습니다.

--

저에게도 어렵기는 마찬가지입니다! 😊 그래도 다시 읽어보니 재미있었어요.

저는 모든 트랜잭션 집합을 이중 점검할 필요 없이, 노드들이 블록 생성 규칙을 '항상 준수한다'는 것을 보여주는 방법에 대해 어떤 통찰력 같은 것을 얻을 수 있지 않을까 싶었습니다.

생각대로는 안 되었네요. 😊

RE:

사토시 작성   2010년 8월 11일 21:07:59

그 아이디어에 대해서는 아직 고민 중입니다.

네트워크가 수행해야 하는 유일한 작업은 진출점에서의 소비가 첫 번째인지 아닌지를 알려주는 것뿐입니다.

클라이언트가 자신의 돈에 대한 이력을 관리하도록 해야 한다면, 그 정보 중 일부는 네트워크에 저장할 필요가 없을 수도 있습니다. 예를 들면 다음과 같은 것들이요.

- 금액
- 한 트랜잭션에서 진입점들과 진출점들 사이의 관계

네트워크는 한 무리의 개별 진출점들을 추적합니다. 네트워크는 어떤 트랜잭션이나 금액이 누구에게 속해 있는지 모릅니다. 클라이언트는 한 진출점의 소비 여부를 알아낼 수 있고, 그에 맞는 진입점을 제출하여 그 진출점이 소비된 것으로 표시할 수 있습니다. 네트워크는 해당 진출점과 그것이 소비되었음을 증명하는 첫 번째 유효한 진입점을 저장합니다. 진입점은 자신과 연관된 다음 진출점과 솔트 *값의 해시에 서명하므로,

....

* 옮긴이_ 원문에 끼워 넣어 암호화 결과를 변조하는 데 사용하는 임의의 문자열. 암호화를 적용할 때마다 다른 문자열을 추가하므로 암호화된 문자열로부터 원문을 추정하기가 더 어려워진다.

그 솔트값을 알면 다음 특정 진출점에 서명이 이루어진다는 것을 개인적으로 보여줄 수 있습니다. 하지만 공개적으로 네트워크가 다음 진출점이 무엇인지는 알지 못하죠. 저는 클라이언트가 처음 생성된 코인으로 거슬러 올라가볼 수 있도록 전체 이력을 기록해야 한다고 생각합니다. 결제 금액을 보내는 누군가는 수취인에게 그 데이터를 전달해야 하고, 한편으로 네트워크와도 통신해서 소비된 진출점을 표시해 그 소비가 최초의 소비라는 것도 확인해야 합니다. 데이터 전송은 아마 이메일 첨부파일 같은 것으로 할 수 있을 겁니다.

클라이언트가 전체 이력을 저장해야 한다는 점은 개인정보 보호 측면의 장점을 퇴색시킵니다. 많은 돈을 다루는 사람이라면 여전히 수많은 트랜잭션 이력을 보게 됩니다. 그런 사람들은 소급 전개 방식을 통해 결국 대부분의 이력을 볼 수 있겠죠. 전개를 제한하기 위해 큰 금액을 쪼개는 방법도 가능하겠지만, 많은 돈을 다루는 사업자들은 여전히 많은 이력을 볼 수 있을 겁니다.

RE:

Red 작성　　　　　　　　　　　　　　　　　　　　　　2010년 8월 12일 01:10:19

> 인용 출처: 사토시 2010년 8월 11일 21:07:59
> 그 아이디어에 대해서는 아직 고민 중입니다.

--

조금 골치 아프게 만드는 아이디어죠? 😊
취소 가능한 공증이라는 개념을 멋지게 일반화해줬어요.

예를 들면 이 시스템은 비트코인 트랜잭션에만 한정되지는 않습니다. 서명된 계약들은 외부에 저장되기 때문에 추가적인 검증 및 공증 규칙을 이용해서 IOU*나 청구서 확인 같은 것들을 쉽게 구현할 수 있을 겁니다.

어떤 사람에게 5달러를 받았다면 당신은 그 사람에게 5달러의 IOU를 줄 수 있습니다. 그 IOU의 해시는 (해시의) 블록 리스트에 포함되어 공증이 이루어질 겁니다. 이후 5달러의 빚을 갚으면 그 사실을 확인하기 위해 5달러를 준 사람에게 IOU 서명을 요청합니다. 그런 다음 공증인에게 IOU 해시 취소를 추가하도록 요청합니다.

....

* 옮긴이_ I owe you의 약자로, 약식 차용증을 뜻한다.

그러면 아무도 IOU의 사본을 보고 이중지불을 요청할 수 없습니다.

--

인용 출처: 사토시 2010년 8월 11일 21:07:59
저는 클라이언트가 처음 생성된 코인으로 거슬러 올라가볼 수 있도록 전체 이력을 기록해야 한다고 생각합니다. …클라이언트가 전체 이력을 유지해야 한다는 점은 개인정보 보호 측면의 장점을 퇴색시킵니다.

--

저도 처음에는 그렇게 생각했는데, 나중에는 오히려 스스로 납득되었습니다.

여기서 관건은 검증자와 검증 프로세스를 얼마나 신뢰하는가입니다. 사람들은 보기 좋은 걸 좋아해서 가급적 모든 트랜잭션에 대해 자신의 돈의 기원을 그 생성 시점까지 거슬러 추적할 수 있게 만들고 싶어 합니다. 하지만 그게 필수적인 것은 아니죠.

블록 생성 중 (50% 이상 CPU의 동의로) 트랜잭션을 검증하는 절차에 확신을 갖고 있다면, 그리고 이전 블록들이 변경될 수 없다는 점을 확신한다면(이건 사토시 씨가 증명하셨습니다), 관련된 진출점이 소비되지 않았다는 것만 확인하면 됩니다. 트랜잭션 자체가 외부에 저장되고 선행 트랜잭션들이 전혀 저장되지 않는다고 해도 보안 기능은 블록 리스트와 처리 과정에 남아 있습니다. 사토시 씨는 일관성을 유지하기 위해 머클트리를 이용하여 과거 트랜잭션들을 삭제할 수 있다는 것을 증명해 이 점을 직접 확인시켜 주셨습니다.

--

인용 출처: 사토시 2010년 8월 11일 21:07:59
많은 돈을 다루는 사람이라면 여전히 수많은 트랜잭션 이력을 보게 됩니다. 그런 사람들은 소급 전개 방식을 통해 결국 대부분의 이력을 볼 수 있겠죠. 전개를 제한하기 위해 큰 금액을 쪼개는 방법도 가능하겠지만, 많은 돈을 다루는 사업자들은 여전히 많은 이력을 볼 수 있을 겁니다.
맞습니다. 개인정보 보호는 관찰 가능성과 직접적인 관련이 있죠. 환전인과 같은 중앙 집단이 있다면, 환전인은 많은 진출점을 연결 지을 수 있습니다. 그러나 우리가 모든 코인을 생성 시점까지 거슬러 추적해야 한다는 생각에서 벗어난다면, 관찰 한계 지점은 훨씬 가까워질 겁니다.

--

트랜잭션 처리 과정에서 한 코인이 다른 곳에 포함되지 않기 때문에 유효하다는 개념은 정말 적응이 안 될 정도로 낯설지만, 사실은 그게 바로 비트코인이 생성되는 방식입니다. 비트코인 생성 트랜잭션에는 진입점이 없지만, 블록 내 다른 곳에도 그 트랜잭션이 들어 있지 않을 것이기 때문에 누구나 트랜잭션의 진출점이 유효하다는 결정을 하게 되는 것입니다. 🌑

RE:

인용 출처: Red 2010년 8월 12일 01:10:19

--

인용 출처: 사토시 2010년 8월 11일 21:07:59
저는 클라이언트가 처음 생성된 코인으로 거슬러 올라가볼 수 있도록 전체 이력을 기록해야 한
다고 생각합니다. …클라이언트가 전체 이력을 유지해야 한다는 점은 개인정보 보호 측면의 장
점을 퇴색시킵니다.

--

저도 처음에는 그렇게 생각했는데, 나중에는 오히려 스스로 납득되었습니다.

--

이 부분은 기존의 비트코인 시스템으로 다시 돌아와서 말씀하시는 건가요?
저는 제가 기술했던 이론적인 시스템에 대해 얘기하던 중이었습니다. 네트워크가 트랜
잭션의 값들과 계보를 모르면 트랜잭션을 확인하고 보증할 수 없습니다. 그러면 클라
이언트는 전체를 거슬러 올라가는 이력을 저장해야 할 겁니다.
최근까지 네트워크에 없었던 클라이언트라면, 한 트랜잭션이 유효한 과거를 갖고 있다
고 설득할 수 있는 방법은 두 가지입니다.

1) 최초에 생성된 코인까지 거슬러 올라가는 전체 이력을 제시합니다.
2) 충분히 깊은 과거의 블록까지 거슬러 올라가는 이력을 제시하고, 수많은 노드들이
   모두 거기까지 거슬러 올라가는 이력이 옳다고 이야기하면 그것을 사실이라고 믿
   습니다.

하지만 네트워크가 트랜잭션의 값들과 계보를 모두 알지 못하면 2)는 불가능할 것이
라고 봅니다.

RE:

Red 작성   2010년 8월 12일 04:25:51

인용 출처: 사토시 2010년 8월 12일 02:46:56

--

--

네. 저는 가상의 시스템에 대해 이야기하고 있는 겁니다.

제가 제안하는 시스템에서는 매번 블록 하나가 생성될 때마다 모든 검증 노드가 블록 내 트랜잭션을 검증하고 해시들을 확인하는 방법으로 블록을 승인하거나 거부해야 합니다. 사실상 현재 시스템에서 진행되는 것과 동일한 작업에 진출점 해시 체크만 추가되는 것이죠. 다른 검증자는 이미 블록 생성을 위해 경쟁 중일 것이므로 이미 (적어도 대부분의) 해당 트랜잭션들을 갖고 있습니다.

현재 시스템에서는 트랜잭션들이 검증되지 않을 경우(추가로 진출점 해시와 비교되지 않을 경우) 다른 노드들이 그 블록을 거부할 것입니다. 블록이 최소 50%의 CPU 파워 승인을 얻지 못한다면 블록 리스트를 이루지 못합니다.

그래서 블록 리스트 내에 해시가 있다는 것은 해당 시점에 존재하는 검증자 중 최소 50%가 블록에 포함된 모든 트랜잭션과 진출점 해시를 확인했다는 것을 의미합니다. 따라서 (해시 충돌이 없는 한) 누군가가 소비되지 않은 진출점과 맞는 선행 트랜잭션을 제출하면 그 트랜잭션은 유효한 것입니다.

그 선행 트랜잭션의 선행 트랜잭션도 마찬가지로 유효하겠죠. 그렇지 않다면 선행 트랜잭션은 거부되었을 것입니다. 그리고 그 이전도 마찬가지입니다.

그런 경우가 아니라면, 블록이 진출점 해시에 대해 검증되지 않은 기간이 있다고 가정해야 합니다. 그렇지만 그것은 CPU 경쟁 시스템에서 있을 법하지 않습니다.

--

현재 시스템에 있는 트랜잭션들이 머클트리에서 제거되는 경우는 2) 사례에 해당합니다. 새로운 참여자는 그 절차를 신뢰해야 합니다. 누락이 발생해도 걱정할 필요가 없으며, 모두 그것이 유효했다고 가정해야 합니다.

제가 유일하게 이야기하는 것은, 비트코인 검증 경쟁 절차에 대한 확신만 있다면(우리도 확신해요!) '2) 충분히 깊은 과거의 블록'이 아주 먼 과거일 필요는 없다는 것입니다. 다른 스레드의 어떤 사람 말로는, 클라이언트가 2시간 이상이 지난 변경 사항은 블록에 추가하는 것을 거부한다고 하더군요. 그래서 우리는 12블록 깊이에 묻힌 모든 블록에 대해 절대적인 확신을 가질 수 있습니다.

그래서 한 트랜잭션이 소비되지 않았고 12블록 깊이에 묻혀 있다면 우리는 그 트랜잭션의 모든 조상들을 제거할 수 있습니다. 조상 블록은 형식적으로 거기 있을 뿐이지 추가적인 검증에 필요한 것은 아닙니다. 우리는 그 점을 이용해야 합니다. 거슬러 올라가서 경로를 변경할 방법이 없어지는 거죠.

그 후 모든 후속 블록은 모든 선행 블록들이 참이라고 가정합니다. 그렇지 않다면 후속 블록이 아니라 포크가 발생하겠죠. 따라서 이전 블록의 진출점에 대해 유효성이 검증된 모든 트랜잭션들은 그 진출점들이 존재하고 소비되지 않았을 경우 유효한 것으로 가정해야 합니다. 그 트랜잭션들이 유효하다고 가정하면 그 조상들이 제거되었어도 유효하다고 가정해야 합니다.

--

제안한 시스템에서도 정확히 같은 내용들이 적용됩니다.

만약 선행 진출점의 해시가 소비되지 않았고 12블록 깊이에 묻혀 있다면 그것은 소비되지 않은 것이 확실합니다. 그 점은 바꿀 수 없습니다. 조상은 확인할 필요가 없으며, 당신은 트랜잭션 검증을 마치고 진입점 해시를 취소한 후 새로운 진출점 해시를 만들 수 있습니다.

흥미로운 점은 선행 진출점 해시가 소비되지 않았고 12블록 깊이보다 '얕게' 묻혀 있을 경우, 그것은 '상대적으로' 소비되지 않았다고 볼 수 있다는 것입니다.

이상하다고 생각할 수도 있지만 조상은 여전히 확인할 필요가 없습니다. 선행 트랜잭션의 유효성을 바꿀 수 있는 유일한 방법은 가지를 더 긴 체인으로 교체하는 것뿐입니다. 여러분이 이 트랜잭션에 대해 검증하고 있는 선행 트랜잭션의 조상 하나가 교체되었다면 이 트랜잭션 역시 교체되었겠죠.

마치 뻔한 줄거리의 타임머신 영화같네요. 누군가가 과거로 가서 나의 조상을 소비해 버렸습니다. 그러면 나는 존재하지 않게 되는 거죠!

==

그래서 제가 말하고 싶은 것은 (현재 버전과 제안 버전) 양쪽 시스템 '전체'에서 검증자는 선행 진출점이 있는지, 그리고 (현재 블록체인에 대해) 소비되지 않았는지 검증만 하면 된다는 것입니다. 이러한 절차는 다른 모든 것들이 상대적 또는 절대적 유효 상태를 유지한다는 점을 보증합니다.

나머지는 그냥 그럴듯해 보이는 장식품일 뿐이죠.

추신: 글이 너무 장황하고 중언부언이라는 것은 알지만, 편집하려니 지치네요. 😑

RE:

사토시 작성　　　　　　　　　　　　　　　　2010년 8월 13일 19:28:47

말씀하신 아이디어를 아직 확실하게 파악하지 못했습니다. 제안하신 시스템이 공개 네트워크에서 감추는 정보가 있나요? 장점은 뭔가요?

만약 최소 50%의 노드가 트랜잭션을 충분히 검증해서 오래된 트랜잭션들을 버릴 수 있다면, 모든 사람이 모든 것을 확인하고 그 기록을 유지할 수 있을 겁니다.

공개 노드는 트랜잭션의 값을 볼 수 있나요? 그 값이 이전의 어떤 트랜잭션에서 온 것인지도 볼 수 있나요? 볼 수 있다면 그 노드는 모든 것을 알게 될 것입니다. 그리고 볼 수 없다면 그 값이 유효한 출처로부터 왔는지 확인할 수 없으므로 그 노드가 생성한 체인을 그 값들에 대한 검증 결과로 가져갈 수 없습니다.

제안하신 시스템이 비트코인 주소를 감수나요? 좋습니다. 그런지 아닌지는 이제 보게 되겠네요.

암호학에서 '키 은닉' 방법을 찾을 수도 있습니다. 제가 조금 조사해봤는데 애매하기는 하지만 방법은 있을 것 같습니다. '그룹 서명'과 관계가 있을 수도 있고요.

일반적인 내용들은 사이트(http://www.users.zetnet.co.uk/hopwood/crypto/rh/)에 어느 정도 나와 있습니다.

우리에게 필요한 것은 공개키의 은닉 버전을 추가로 생성하는 방법입니다. 은닉 버전은 루트 공개키와 동일한 속성을 가지므로 개인키로 그중 하나에 대한 서명을 만들 수 있습니다. 은닉의 특성상 다른 사람들은 은닉 키가 루트키나 같은 루트키로부터 생성한 다른 은닉 키들과 연관이 있는지 알 수 없습니다. 간단히 설명하자면 은닉이란 x = (x * 큰_임의의_정수값) mod m *입니다.

비트코인 주소에 지불할 때마다 매번 새로운 은닉 키가 만들어집니다.

그런 다음 두 개의 서명이 같은 개인키에서 나왔다는 것을 구분할 수 없도록 서명할 수 있어야 합니다. 항상 다른 은닉 공개키에 서명하는 것만으로 이 속성을 얻게 되는지는

----

* 옮긴이_ x값이 무엇인지 알 수 없도록 숨기기 위한 공식. mod는 나눗셈에서 나머지값을 구하는 연산이며, 암호학에서 mod m 연산은 결과를 m보다 작게 제한하는 용도로 주로 사용된다.

262　사토시의 서

모르겠습니다. 그렇지 않다면 그 자리에는 그룹 서명이 들어가야 할 것 같습니다. 그룹 서명을 이용하면 뭔가에 서명할 수는 있지만 누가 그 서명을 했는지는 알 수 없습니다. 일례로, 여론이 좋지 않은 군사적 공격 명령을 내려야 하지만 아무도 그 명령을 내린 사람으로 역사에 기록되고 싶어 하지 않는 상황을 가정해보죠. 만약 10명의 지휘관이 개인키를 갖고 있고 그들 중 한 명이 명령에 서명할 수 있다면 당신은 그 서명을 누가 했는지 알 수 없을 겁니다.

RE:

Red 작성   2010년 8월 13일 21:48:56

이에 대해서는 두 부분으로 나눠서 답변 드리겠습니다.

--

> 인용 출처: 사토시 2010년 8월 13일 19:28:47
> 말씀하신 아이디어를 아직 확실히 파악하지 못했습니다.

--

제 잘못입니다. 한꺼번에 너무 많은 주장을 담지 않으려고 했거든요. 분석이 편하도록 너무 많은 새로운 '기능'을 한번에 소개하지 않으려고도 했고요.

제가 생각하는 목표는 트랜잭션 가시성의 한계 지점을 점차적으로 제한하는 것입니다. 시간과 공간 전부에서요. 시간은 특정 순간에 동작하는 노드에게만 트랜잭션을 보낸다는 뜻이고, 공간은 그 시점에 동작하는 노드 전체보다는 작은 집합에 트랜잭션을 보낸다는 뜻입니다. 최적의 상태라면 트랜잭션이 전송자와 수신자에게만 알려집니다. 그리고 모든 증거는 사라집니다.

제가 당신에게 10달러짜리 지폐를 건네고 영원히 사라져 버린다고 합시다. 누군가 그 순간 제가 당신에게 지폐를 건네는 것을 목격하지 않은 한, 지폐만 관찰해서는 그것을 제가 건넸다는 사실을 알 수 없습니다.

--

> 인용 출처: 사토시 2010년 8월 13일 19:28:47
> 제안하신 시스템이 공개 네트워크로부터 감추는 정보가 있나요? 장점은 뭔가요?
> 만약 최소 50%의 노드가 트랜잭션을 충분히 검증해서 오래된 트랜잭션을 버릴 수만 있다면, 모든 사람들이 모든 것을 확인하고 그 기록을 저장할 수 있을 겁니다.
> 저는 애초에 모든 트랜잭션이 관계자들 사이에서만 검증되기를 바랐습니다. 사실상 블록을 생성하는 노드들은 그 관계자로부터 전달받은 해시를 기록하기만 하면 되는 거죠.

그러다 마지막 순간에야 해시들이 서명이나 별도의 검증을 받지 않았기 때문에 '이전 진출점 해시 취소'라는 명령을 쉽게 위조할 수 있다는 것을 깨달았습니다. 누군가의 코인을 훔쳐갈 수는 없겠지만 무효화할 수는 있겠죠.

그처럼 성가신 사항에 대한 조치를 생각해봤습니다. 1) 모든 검증자가 트랜잭션을 볼 수 있게 하고 최소한의 내용만 저장합니다. 2) 각 트랜잭션을 볼 필요가 있는 검증자의 수를 최소화하는 어떤 방안을 생각해냅니다. 3) 새로운 진출점마다 1회용 키쌍을 만들어 해시에 서명합니다(막판에 추가했어요).

1) 처음에는 첫 번째 사례에 대해서만 썼습니다. 한 번에 도입해야 하는 변수가 더 적거든요. 해시들만 기록한다는 것이 아주 '잘못된 일'은 아니라는 점을 분명히 하고 싶었습니다.

그리고 우리가 얻게 될 개인정보 보호 수준을 수치화해보려고도 했습니다. 최악의 경우는 최소한의 개인정보만 보호되겠지만(어쨌든 참여자 모두가 모든 내용을 저장합니다), 몇몇 경우에는 상당한 수준의 개인정보가 보호됩니다. 대부분의 사람들은 자신에게 필요하지 않은 것은 저장하지 않습니다.

따라서 이와 같이 향상된 개인정보 보호에서 얻을 수 있는 장점은 네트워크에 위협이 되는 새로운 사람이 나타나도 그들이 네트워크에 가입한 이후 발생하는 트랜잭션만 관찰할 수 있다는 것입니다. 그들이 가입한 시점부터 이후의 모든 것을 기록하는 더 이전 가입자가 누구인지 확인하고, 그들을 설득해서 정보를 공유해달라고 하지 않는 이상 과거의 상태를 되돌아볼 수 없습니다. 그래서 최소한의 보안이긴 하지만, 적어도 당신의 전 애인이 당신을 염탐하는 일은 생기지 않을 겁니다. 😊

7) 그렇지만 DHT(분산 해시 테이블)*를 영리하게 사용하면 공간적으로 넘어서지 못하는 영역을 최소화할 수 있습니다. 아직 모든 세부사항이 다 준비된 것은 아니지만, 예를 들어 블록 리스트를 같은 크기의 1,024개의 블록 리스트로 나누고 각각 10개의 검증 노드를 중복해서 갖게 하여 이를 시각화할 수도 있습니다. 무작위로 선정된 각 노드 집합은 해시 공간의 한 부분씩을 담당합니다.

그러나 조작하려면 전체 CPU 파워의 50%가 필요하다는 점을 보장하는 대신, 100%의 합의와 체인 체크섬 및(또는) 블록의 완전한 전파를 목표로 할 수도 있습니다. 따라서 주기적으로 DHT를 재정렬해주면 새로 가입하는 노드는 체인이 항상 100%의 일관성을 유지하고 있었음을 확인할 수 있습니다(신문에 1,024개의 체크섬을 매일 하나씩 싣는 것과 유사합니다).

이로 인해 공격자는 취소하고 싶어 하는 해시가 어떤 것인지 알아보는 시야가 제한됩니다(트랜잭션 1,024개 중 1개만 볼 수 있습니다). 그리고 이것은 일정 시간 내에 한 블록 리스트 조각의 검증자들을 모두 제어해서 사기성 취소 주문을 제출하려는 공격자의 시간 범위도 제한합니다. 그래서 시야를 어느 정도 제한함으로써 잠재적으로 개인정보를 보호할 수 있는 것입니다. 물론 어느 정도의 잠재적 위험 요소는 있습니다.

3) 따라서 저는 최고의 사례에 대한 아이디어를 떠올린 공을 당신에게 돌리고 싶습니다. 대단합니다! 저는 처음부터 현재의 비트코인 주소와 매우 비슷하다는 점 때문에 진출점 해시에 서명한다는 생각을 접었습니다. 서명에 필요한 공개키가 너무 많은 것에 관여할 거라고 가정했었죠.

하지만 진출점 해시와 현재 블록 번호의 조합에 일회용 공개키를 만들어 서명하면, 진출점 해

----

* 옮긴이_ 전체 해시 집합을 여러 개로 나누어 노드들이 분산 저장하는 것

시가 처음 만들어졌을 때 공개키와 함께 기록됩니다. 진출점이 소비될 때 그 해시는 다르지만 관련된 서명을 가진 것으로 검증받고 동일한 키로 서명됩니다.

저는 그 부분이 문제를 완전히 해결할 것이라고 생각합니다. 블록 리스트에 있는 진출점 해시의 두 일회용 객체들은 서로 연관되어야 하기 때문에 추가적인 연결은 없습니다. 그래서 두 번째 일회용 공개키 식별자를 추가해도 아무 의미가 없습니다.

'현재 블록 번호' 문제를 단순하게 만들면, 제출자는 다음 3~4개의 블록 번호에 대해 서명을 제출할 수도 있습니다. 이때 검증자는 적절한 하나만 블록에 기록합니다.

그러면 블록 리스트에 제가 생각했던 것보다 몇 비트가 더 추가됩니다. 저는 해시만 하나 넣는 것이 최적이라고 생각했습니다.

--

다음과 같은 특성을 가진 가장 작은 암호화 구조는 뭘까요? 해시와 완전 서명을 대체하는 것으로 고려해볼 수 있을까요?

1) 제가 당신에게 아무거나처럼 보이는 뭔가를 줍니다.
2) 저는 당신에게 당신이 처음 받은 것과는 쉽게 관련지을 수 있지만, 다른 사람이 처음 받은 것과는 관계 없는 뭔가를 줍니다.*
3) 다른 누구도 당신이 처음 받은 것에서 당신이 두 번째로 받은 것을 알아낼 수 없습니다.

예를 들면 다음과 같습니다.

1) 제가 당신에게 Z를 줍니다. 여기서 Z = X * Y이고 X와 Y는 모두 큰 소수입니다.
2) 제가 당신에게 (X, Y)의 쌍을 줍니다.
3) 아무도 Z로부터 X와 Y를 알아낼 수 없습니다.

이 경우 오프라인 트랜잭션을 보낼 때 발신자는 각 진입점에 대해 (X, Y)를 묶습니다. 수신자는 새로운 진출점마다 새로운 (X, Y) 쌍을 개인적으로 만듭니다.

그 후 수신자는 각 진입점의 (X, Y)를 취소하고, (X, Y)를 만들기 위한 각 진출점의 Z를 네트워크에 전파합니다.

이게 가능할까요? 아니면 너무 단순한 생각인가요?

----

* 옮긴이_ 받은 사람만이 구별할 수 있는 랜덤한 것을 주면, 남들은 그 사람이 받은 것 하나만으로 이전에 무엇을 받았는지 알아낼 수 없다는 뜻이다.

RE:

Red 작성   2010년 8월 13일 22:20:50

암호학에서 '키 은닉' 방법을 찾을 수도 있습니다. 제가 조금 조사해봤는데 애매하기는 하지만 방법은 있을 것 같습니다. '그룹 서명'과 관계가 있을 수도 있고요.

일반적인 내용들은 사이트(http://www.users.zetnet.co.uk/hopwood/crypto/rh/)에 어느 정도 나와 있습니다.

우리에게 필요한 것은 공개키의 은닉 버전을 추가로 생성하는 방법입니다. 은닉 버전은 루트 공개키와 동일한 속성을 가지므로 개인키로 그중 하나에 대한 서명을 만들 수 있습니다. 은닉의 특성상 다른 사람들은 은닉 키가 루트키나 같은 루트키로부터 생성한 다른 은닉 키들과 연관이 있는지 알 수 없습니다. 간단히 설명하자면 은닉이란 x = (x * 큰_임의의_정수값) mod m입니다. 비트코인 주소에 지불할 때마다 매번 새로운 은닉 키가 만들어집니다.

그런 다음 두 개의 서명이 같은 개인키에서 나왔다는 것을 구분할 수 없도록 서명할 수 있어야 합니다. 항상 다른 은닉 공개키에 서명하는 것만으로 이 속성을 얻게 되는지는 모르겠습니다. 그렇지 않다면 그 자리에는 그룹 서명이 들어가야 할 것 같습니다. 그룹 서명을 이용하면 뭔가에 서명할 수는 있지만 누가 그 서명을 했는지는 알 수 없습니다.

일례로, 여론이 좋지 않은 군사적 공격 명령을 내려야 하지만 아무도 그 명령을 내린 사람으로 역사에 기록되고 싶어 하지 않는 상황을 가정해보죠. 만약 10명의 지휘관이 개인키를 갖고 있고 그들 중 한 명이 명령에 시명할 수 있다면 당신은 그 서명을 누가 했는지 알 수 없을 겁니다.

--

정말 멋진 아이디어네요. 어떤 방향으로 진행하시려는지 알 것 같아요. 모든 내용을 맞춰보려고 몇 번이나 시도해봤습니다. 제가 조금 느린 편이에요.

이제 제대로 이해했네요. 당신이 일회용 은닉키를 사용해서 진출점 해시에 서명할 수 있을 것이라고 제안한 내용이었어요.

은닉된 공개키가 트랜잭션의 비트코인 주소에 대한 공개키와 동일한 경우, 예를 들어 그 비트코인 주소의 공개키/개인키 쌍이 P/p였다고 가정하면 은닉 공개키는 P1, P2, P3, ... Pn이 될 것이고, 각각은 개인키(p)로 서명한 것이라면 무엇이든 검증할 수 있습니다.

그래서 트랜잭션을 만들 때 검증용으로 진출점 해시를 제출하면 그것은 P1으로 서명된 것으로 나타납니다. 그러나 수신자가 취소용으로 진출점 해시를 제출하면 그것은 P2 내지 P1은 아닌 어떤 것으로 서명되었을 것입니다(이미 공개된 기록이기 때문이죠). 두 개의 연산된 서명은 동일하겠지만 공개키는 다를 겁니다. 이것은 공통의 개인키를 소유한 사람만이 그 공개키를 만들 수 있었다는 뜻이죠. 천재적이군요!

인상된 채굴 비용

이번 스레드는 컴퓨터 파워 증가에 따른 채굴 난이도 증가에 대해 논의한 내용입니다. 컴퓨터 파워가 증가했다가 급락하면 네트워크에 남은 채굴자는 훨씬 더 높은 난이도를 처리해야 하는데, 다음 조정까지 블록당 시간이 늘어납니다.

이 문제가 비트코인에 영향을 주지는 않았으나 페더코인^{Feathercoin}과 같은 일부 알트코인^{Altcoin}*에는 큰 영향을 미쳤습니다. 알트코인들을 통합할 목적으로 키모토^{Kimoto}의 중력 우물^{Gravity Well}이라는 방법이 개발되었습니다. 사토시는 특히 채굴 비용에 대한 시장의 반응을 다뤘습니다.

---

* 옮긴이_ 비트코인 이후에 등장한 암호화폐들을 뜻한다. 원문은 대안 암호화폐(alternative cryptocurrency)지만 문맥상 알트코인으로 대체했다.

잠재적 재난 시나리오

New Message

gebler 작성   2010년 8월 14일 12:43:54

비트코인 생성 난이도는 지금까지 잘 동작해 온 방법을 활용해서 주기적으로 조정됩니다. 하지만 현재의 방법이 엄청나게 잘못 동작하는 시나리오가 있을까봐 걱정됩니다.

어떤 시나리오는 다음과 같이 전개될 수 있습니다.

1) 비트코인이 점점 더 알려지면서 주조자 간의 경쟁이 계속 증가하며 그에 따라 난이도도 증가합니다. 괜찮은 가격으로 에너지를 얻을 수 없거나 에너지 효율적인 하드웨어, 소프트웨어 조합을 구할 수 없는 사람은 증가한 난이도로 인해 결국 비트코인 주조로 수익을 얻지 못할 것이 뻔합니다.

2) 일부 비트코인 사용자는 비트코인으로 수익을 얻지 못해도 비트코인 주조를 계속할 수 있습니다. 이유는 이데올로기 때문일 수도, 재미 때문일 수도, 아니면 그냥 채굴 상태를 방치해놨기 때문일 수도 있습니다. 하지만 주조 차익을 얻으려는 사람들이 비트코인의 절대 다수를 채굴할 것이라는 점은 꽤 그럴듯 합니다. 모든 비트코인의 99% 정도는 결국 영리사업자들이 채굴하게 되는 거죠.

3) 영리사업을 하는 채굴자들 사이의 경쟁이 심해짐에 따라 채굴을 계속할 경우 얻을 수 있는 수익 마진이 얼마 안 되는 수준까지 떨어질 겁니다. 한 번의 난이도 조정 기간(2016블록) 동안 일반적으로 얻을 수 있는 수익 마진을, 예를 들어 10% 정도라고 하죠.

4) 비트코인 채굴은 운영자의 조정이 없는 탈중앙화 과정이기 때문에 비트코인 채굴 활동에 예측 불가능한 변동이 있으리라 추측할 수 있습니다. 그것이 특정한 2016블록 생성 주기 동안의 난이도에 영향을 주지는 않습니다. 그래서 한 주기 내의 채굴 활동은 수익이 나지 않는 상황을 피하면서도 예를 들면 20% 정도 늘어날 수 있습니다.

이와 같은 상황을 가정했을 때, 다음번 난이도 조정이 오면 참사가 벌어집니다. 비트코인이 목표치보다 20% 더 많이 생산되었으므로 난이도는 20% 상향 조정됩니다. 하지만 수익 마진은 10%밖에 되지 않죠. 그래서 영리사업 채굴자들은 채굴을 계속할 경우 돈을 잃게 됩니다. 채굴자들은 결국 채굴을 멈출 것이고 그들이 전체 채굴량의 99%를 차지하므로 다음번 2016개의 블록을 만드는 시간은 정상 수준보다 100배 더 길어집니다(2주가 아니라 거의 4년).

이런 일이 발생한다면 난이도를 어느 정도 합리적인 수준으로 재설정하고 더 나은 알고리즘으로 난이도를 조정하는 새 클라이언트를 배포할 수 있을 겁니다. 하지만 문제가 발생하기 전에 미리 난이도를 조절하는 편이 훨씬 낫겠죠(아마도 미리 '플래그 데이'라고 부르는 특정 시간을 설정해서 때가 되면 새로운 알고리즘을 활성화시키고 새 클라이언트를 전파시킬 기회를 제공하는 식으로요).

알고리즘을 살짝(?) 변경해서 특정 블록 숫자가 아니라 특정 시간 간격이 지나면 조정을 수행하게 하는 것입니다. 난이도 조정 스위치는 여전히 다음 블록이 생성될 때 효력이 나타나도록 동기화할 수 있으므로, 절대 다수가 언제 새로운 난이도를 적용할지 합의하기 위해 클라이언트 사이의 시간을 아주 정확하게 동기화시킬 필요는 없습니다.

그리고 난이도는 이벤트마다 채굴되는 비트코인의 수(지금은 50개, 4년마다 절반으로 감소)를 감안해서 조정해야 할 수도 있습니다. 매번 생성되는 비트코인의 수를 반감시키는 것은 수익성 면에서 난이도를 두 배로 늘리는 것과 같습니다. 그리고 수익성 하락을 쉽게 피할 수 있다면 앞의 상황과 같이 급격한 수익성 하락이 일어날 일은 없겠죠.

현재의 조정 알고리즘에 이미 그런 점이 반영되어 있는지는 모르겠지만, 소스 코드상에서는 난이도를 조정하는 부분이 어디인지 찾지 못했습니다.

RE:

사토시 작성   2010년 8월 15일 16:37:16

채굴이 집중되는 몇몇 장소와 채굴에 집중하는 사람들이 있습니다.

1) 가격이 저렴하거나 무료인 장소
2) 이념적인 이유로 생산을 돕고 싶어 하는 사람
3) 거래하는 데 불편함 없이 코인을 얻고 싶어하는 사람

합법적이면서 채굴 비용이 들지 않는 장소들이 있습니다. 일단 비트코인 채굴은 전열 장치가 필요한 곳이라면 어디든 무료입니다. 컴퓨터의 열이 전열 난방을 제공하기 때문입니다. 소형 아파트의 경우 사용하기 편리한 전열 난방 장치가 있는 곳이 많습니다. 난방용 기름이 얼마나 비싼가요? 기름 가격이 너무 비싸서 전기보다 더 비싸지면 채굴 비용은 마이너스가 될 것입니다.

난방 비용이 부모님의 전기 요금 청구서에 추가되는 사람도 있고, 고용주가 직원들의 비용을 떠안기도 하며, 봇넷을 운영하는 경우도 있겠지요.

3번의 예는 소액일 경우에 해당합니다. 어쩌다 하는 소액 결제가 주머니의 잔돈 정도 만으로도 충분하다면 교환을 수행하는 데 추가적인 노력이 든다는 것은 말이 안 됩니다. 저는 이것이 명목화폐 대비 훌륭한 장점이라고 생각합니다. 주조세처럼 하나의 큰 덩어리로 모이는 것이 아니라 소액의 잔돈을 긁어모아야 하는 사람들이 쓰기에 편한 양이 되도록 나눠진다는 것이죠.

---

58 경보 시스템 개발

사토시는 개인키를 소유한 사람(이 경우는 사토시 본인)만이 비트코인 네트
워크 전체에 중요한 메시지를 보낼 수 있게 하는 경보 시스템 개발에 대해
논의했습니다. 이 시스템은 예를 들어 모든 채굴자에게 버그(문제점) 수정
후 중요한 소프트웨어 업그레이드가 필요하다고 알리는 데 사용할 수 있습
니다.

경보 시스템 개발

New Message

사토시 작성　　　　　　　　　　　　　　2010년 8월 22일 23:55:06

저는 경보 시스템을 만들고 있습니다. 경보는 네트워크를 통해 전파되고 일정 버전의
번호대에 적용됩니다. 모든 메시지는 저만 갖고 있는 개인키로 서명됩니다.
노드는 경보에 대해 두 가지로 응답할 수 있습니다.

- 상태 바에 경고 메시지를 띄웁니다.
- json-rpc 인터페이스의 화폐 핸들링 메서드가 에러를 반환하게 합니다.

오버플로 버그나 포크가 발생함에 따라 사용자가 수신한 지불금을 믿을 수 없는 상황
이 발생하면 경보는 사용자가 업그레이드할 때까지 이전 버전을 대부분 안전하게 유
지해야 합니다. 수동 사용자는 수신한 지불금을 찾을 때 상태 바 경고를 확인해야 하
고, json-rpc 안전 모드는 웹사이트가 업그레이드될 때까지 더 이상의 거래가 이루어
지지 않도록 자동화된 웹사이트를 중단시킵니다.
경보 발생 시 에러를 반환하는 json-rpc 메서드는 다음과 같습니다.*

- sendtoaddress(주소로 송금)
- getbalance(잔액 조회)
- getreceivedbyaddress(주소로 수신 내역 조회)
- getreceivedbylabel(레이블로 수신 내역 조회)
- listreceivedbyaddress(주소로 수신 내역 리스트 조회)
- listreceivedbylabel(레이블로 수신 내역 리스트 조회)

다음은 경보 시스템에 관해 누군가에게 답변한 내용입니다.

....

* 옮긴이_ 비트코인 프로그램 내부에서 여러 기능을 수행하는 함수들의 이름 옆에 수행하는 기능에 대한 설명을
추가했다.

RE:

사토시 작성　　　　　　　　　　　　　　　　　　　2010년 8월 24일 23:51:12

경보 시스템에 대해 히스테리를 느낄 정도로 편집증적이라면 분명 경고 메시지가 상태 바에 표시됐을 때 웹사이트와 포럼을 체크해볼 정도로 편집증적일 것 같습니다.

오버플로 버그와 같은 또 다른 버그가 발생하면, 자동화 웹사이트는 관리자가 무슨 일이 일어났는지 확인하고 무엇을 해야 하는지 결정할 때까지 거래를 중단하게 하는 것이 중요하다고 생각합니다. 그게 잘못된 알람이라 판단하고 운에 맡겨볼 생각이라면 '-disablesafemode' 스위치를 사용할 수 있습니다.

RE:

사토시 작성　　　　　　　　　　　　　　　　　　　2010년 8월 25일 15:17:37

원격으로 임의의 행동을 수행하게 할 수는 없습니다. 여러분 중에는 경보 시스템이 더 많은 일을 해야 한다고 제안한 사람들에게 동조하는 분이 계시는 것 같군요.

경보가 발생하면 다음과 같은 json-rpc 메서드들은 에러를 반환합니다.

- sendtoaddress(주소로 송금)
- getbalance(잔액 조회)
- getreceivedbyaddress(주소로 수신 내역 조회)
- getreceivedbylabel(레이블로 수신 내역 조회)
- listreceivedbyaddress(주소로 수신 내역 리스트 조회)
- listreceivedbylabel(레이블로 수신 내역 리스트 조회)

그리고 나머지 14개의 메서드는 정상 동작합니다.

더 안전한 옵션은 활성화가 기본값으로 되는 것이라고 생각합니다. 서버에서 계속 거래가 이루어지게 하면서 수신 금액이 오버플로 버그로 발생한 것 같다고 알리는 경보를 무시하고 싶다면 스위치를 사용하면 됩니다. 그러나 돈을 잃더라도 남 탓은 하지 마세요.

최악의 경우 경보를 활성화 상태로 둔다면, 여러분의 사이트는 업그레이드하거나

-disablesafemode 스위치를 추가할 때까지 거래를 중단합니다.

위험 상황에 잠시 노드 가동이 중지되어 놀라는 것이, 도둑이 당신의 창고를 모두 털어 가서 놀라는 것 보다는 낫습니다.

언젠가 오랫동안 새로운 버그가 나타나지 않고 별 탈 없이 철저히 안전하다는 검토를 받는 날이 오면 이 기능은 축소될 수 있습니다. 저는 기능을 영원히 고정시켜야 한다고 주장하는 것이 아닙니다. 비트코인은 아직 베타 버전이에요.

RE:

사토시 작성   2010년 8월 25일 16:56:15

> 인용 출처: jimbobway 2010년 8월 25일 16:45:22
>
> --
>
> > 인용 출처: BioMike 2010년 8월 23일 05:15:43
> > @mizerydearia, 인용 버튼이 댓글 버튼보다 찾기가 쉽네요.
> > 그러니까 이론적으로는 '어떤 정부'가 사토시 씨를 체포해서 키를 내놓을 것을 (아니면 사토시 씨의 컴퓨터에서 가져올 것을) 요구한 다음, 전체 네트워크를 셧다운시킬 수 있는 최초의 제어 시스템이군요?
> >
> > 아니면 그건 불가능한가요? '어떤 정부'가 어디까지 할 수 있죠?
> >
> > --
>
> 사토시 씨에게 몇 가지 과장된 질문을 드리겠습니다.
>
> 물고문을 버틸 수 있으세요?
> 전기 고문은 견딜 수 있으신가요?
> 어떤 종류의 고문이라도요?
> 끝으로, 당신은 잭 바우어*라도 되시나요? 진심으로요.
>
> --
>
> 경보 시스템에 대해 누가 신경이나 쓸까요? 키로 할 수 있는 일이란 기껏해야 사이트 소유자가 -disablesafemode 스위치를 추가하거나 사이트를 업그레이드할 때까지 6 개의 json-rpc 명령을 임시로 비활성화시키는 것입니다. 모든 노드는 계속해서 돌아

----

* **옮긴이_** 미국 드라마 〈24시〉의 주인공으로 특수부대, SWAT과 CIA 등을 거쳐 대테러기관에서 일하게 된 요원

가며 코인을 생산하고 네트워크는 계속 유지됩니다. 제가 대응할 수 없게 된다면 아마추어 해커라도 나서서 문자 두 개를 추가하는 방법을 알아낸 다음 경보 시스템을 비활성화하는 새로운 버전을 만들 수 있습니다. 일시적인 불편함은 있겠죠.

--

> 인용 출처: BioMike 2010년 8월 23일 05:15:43
> 그러니까 이론적으로는 '어떤 징부'가 사토시 씨를 체포해서 키를 내놓을 것을 (아니면 사토시 씨의 컴퓨터에서 가져올 것을) 요구한 다음, 전체 네트워크를 셧다운시킬 수 있는 최초의 제어 시스템이군요?

--

반대하는 사람은 자기가 무슨 말을 하는지도 모를 것이라고 생각하게 하는 것이 바로 이런 글입니다. 경보 시스템은 '전체 네트워크를 셧다운'시킬 수 없습니다.

RE:

사토시 작성   2010년 8월 25일 16:56:15

> 인용 출처: BioMike 2010년 8월 25일 18:23:45
>
> --
>
> > 인용 출처: 사토시 2010년 8월 25일 16:56:15
> > 반대하는 사람은 자기가 무슨 말을 하는지도 모를 것이라고 생각하게 하는 것이 바로 이런 글입니다. 경보 시스템은 '전체 네트워크를 셧다운'시킬 수 없습니다.
>
> --
>
> 이런 변경사항(아이디어)에 반대한 적은 없습니다. 그냥 이것이 가능한지, 어디까지 가능한지 묻는 내용이었어요. 정보 좀 얻으려는 게 잘못인가요? 😳

--

죄송합니다. 작성하신 내용은 주장이 아니라 정말로 궁금해서 물어보신 거였네요.

화폐와 비트코인의 정의

사토시는 비트코인과 머레이 라스바드[Murray N. Rothbard]*의 화폐에 대한 관점을 다루는 스레드에 답했습니다. 라스바드는 19세기 후반 비엔나 출신의 경제학자들을 주축으로 하여 탄생했다고 알려진 오스트리아 경제학파의 일원이었습니다.

다른 경제학파와 구별되는 특징은 더 넓은 경제 활동이 모든 개인의 결정과 행동의 합이라는 믿음을 갖고 있다는 것입니다. 다른 대부분의 경제학파와 달리 오스트리아 학파는 중앙 계획 기구가 결과적인 총 매출액을 제대로 추정해 상품이나 서비스를 요구하는 것은 불가능하다고 믿었습니다.

중앙 계획 기구가 그들이 통제하는 어떤 경제적 변수를 변경한다면(일반적으로 중앙 은행의 이자율에 적용 가능), 소비자의 소비 습관에 따른 모든 결정뿐 아니라 사업자와 투자자의 투자 결정의 총합을 어떻게 적절히 추정할 수

---

* 옮긴이_ 현대 자유주의(Libertarianism)의 아버지라 불리며, 정부의 간섭이 없는 완전한 자유시장 경제를 주장했다.

있을까요? 아무리 많은 차트와 통계를 수집하더라도 기대와 결과 사이의 편차는 피할 수 없으며 결국 붕괴로 이어질 것입니다.

비트코인은 미제스의 회귀 정리*를 위반하지 않습니다

New Message	_ ⤢ ×
xc 작성	2010년 7월 27일 02:09:27

화폐의 회귀와 물물교환 경제로부터 화폐 출현

회귀 정리의 순수한 목적은 화폐의 명백한 모순을 설명하는 데 도움을 주기 위한 것이 었습니다. 돈이 교환 매체의 역할을 하기 때문에 가치를 갖는다면 그 교환 매체로서의 가치는 어떻게 갖는 걸까요? 멩거^{Menger}와 미제스^{Mises}는 이 역설을 설명하는 데 빠져 있는 필수 시간 요소를 도입함으로써 순환성 논리를 타파하는 데 도움을 주었습니다. 라스바드는 『인간 경제 국가』**에서 다음과 같이 설명했습니다.

> X일이 끝날 때의 화폐 가격은 그 시점의 화폐의 한계 효용과 재화의 한계 효용에 의해 결정되는데, 화폐의 한계 효용과 재화의 한계 효용은 X일이 시작될 때 존재했기 때문입니다. 그러나 앞에서 살펴봤듯이 화폐의 한계 효용은 이전에 존재했던 화폐 가격을 나열한 값에 기초합니다. 화폐는 이미 존재하는 화폐의 가격 때문에 수요가 발생하고 유용한 것으로 생각됩니다. 따라서 X일의 어떤 재화의 가격은 X일의 그 재화의 한계 효용과 X일의 화폐의 한계 효용에 의해 결정되고, X일의 화폐의 한계 효용은 가장 최근인 X-1일의 재화의 가격에 따라 달라집니다. 따라서 화폐 가격의 경제적 분석은 순환하는 형태가 아닙니다. 만약 오늘 가격이 오늘 화폐의 한계 효용에 따라 달라진다면, 오늘 화폐의 한계 효용은 어제 화폐의 가격에 따라 달라집니다.

- - - - - - - - - - - - - - - - -

* 옮긴이_ 현재 화폐의 수요는 과거의 화폐에 대한 구매력을 기반으로 결정되므로, 과거로 계속 거슬러 올라가다 보면 화폐가 화폐가 아닌 상품으로 거래되던 시점까지 도달하게 된다는 내용
** 옮긴이_ 번역서인 『인간 경제 국가』(자유기업원, 2019년) 제4장 가격들과 소비(267쪽)에서 해당 내용을 확인할 수 있다.

라스바드는 설명을 이어나가며 '물물교환' 경제에서 화폐가 출현하려면 이미 존재하는 상품 가치가 있어야 한다고 말했습니다. 이 상품 가치란 '직접 소비'하는 잠재적 화폐 (예를 들면 장신구)를 물물교환하려는 수요에서 생겨납니다. 이 가치는 교환 매체로서의 화폐 가치에 대한 미래 평가액의 '기반'이 됩니다. 이로써 자연적인 화폐 시장의 출현이 충분히 설명됩니다.

통화 경제

그러나 일단 경제가 수익을 창출하고 재화와 서비스에 대한 가격 비율이 얼마인지에 대해 사람들의 기억을 만들어내면, 화폐는 직접적 상품으로서의 가치는 잃을 수 있지만 계속 화폐로 사용될 수 있습니다(간접 교환 매체). 로스바드는 다음과 같이 설명했습니다.[*]

> 한편, 현존하는 화폐가 직접적인 사용 기능을 잃을 경우 더 이상 화폐로서 사용될 수 없다는 내용은 이 분석 결과로 알 수 없습니다. 따라서 금이 화폐 역할을 하게 된 후, 갑자기 장식물이나 공업 재료로서의 가치를 잃더라도 화폐로서의 특징까지 잃는다는 의미는 아닙니다. 일단 어떤 교환 매체가 화폐로서 성립되면 화폐 가격은 계속해서 결정됩니다. X일에 금이 직접 사용 기능을 잃어버린다고 해도 X-1일에 성립된 이전 화폐의 가치는 여전히 존재할 것입니다. 그리고 이 가격은 X일의 금의 한계 효용에 대한 기초를 이루게 됩니다. 마찬가지로 X일에 결정된 화폐 가격은 X+1일의 화폐의 한계 효용을 결정하는 기반이 됩니다. X일부터 금은 교환 가치로서의 수요만 발생하고 직접적인 사용에 대한 수요는 없어질 수 있습니다. 그러므로 화폐가 직접 사용하는 상품으로 시작되는 것은 절대적으로 필요한 과정이지만, 화폐가 성립된 후 계속해서 반드시 직접 사용해야 할 필요가 있는 것은 아닙니다.

이것은 명목화폐의 역사를 말해줍니다. 명목화폐는 원래 화폐 이전 시대의 물물교환 경제에서 발전한 상품 화폐(은)의 무게를 나타내는 간단한 이름에서 시작되었습니다. 이후에는 정부의 간섭으로 인해 직접적으로 상품 가치와 연결되는 기능을 잃었지만, 지폐는 '이전 화폐 가격의 기억' 때문에 화폐의 지위를 유지하게 되었습니다. 이러

----

[*] 옮긴이_ 「인간 경제 국가」제4장 가격들과 소비 (271쪽)에서 확인 가능하다.

한 요소는 너무 강력해서, 예를 들어 금과 USD 간의 관계는 어느 정도 역전되었습니다. 금은 더 이상 일반적인 교환 매체로 유통되지 않습니다. 가격은 금이 아닌 USD로 매겨집니다. 그래서 금으로 거래하고 싶어 하는 대부분의 개인은 USD/금 가격 비율에 대한 지식을 근거로 거래합니다(예를 들면 "저기요, 금으로 100달러짜리 소파를 살 수 있을까요?", "그럼요, USD/금 비율은 1,000달러/온스입니다. 금으로 1/10온스 주세요" 등과 같이). 법정 화폐법, 국가 세금, 전체 금융 규제 환경은 피아트 통화가 파괴적인 인플레이션 성격이 있음에도 불구하고 USD 가격에 대한 관성을 유지하게 하며, 금으로 돌아가는 것을 어렵게 만듭니다.

비트코인 경제 출현

비트코인 경제에서 초창기 사업은 거래소들이었습니다(뉴리버티 스탠다드 NewLibertyStandard, 비트코인 마켓BitcoinMarket, 비트코인익스체인지BitcoinExchange 등). 어쩌다 그렇게 된 것이 아니라 앞의 분석에 따른 당연한 결과입니다. 비트코인이 간접적인 교환 이외의 용도로 상품 가치를 갖지 않으면서 교환 매체 역할을 하려면 화폐 가격으로 전환하기 위한 지식이 필요합니다. 시장 거래소는 이 차이를 메워 비트코인 사용자가 화폐 기격으로의 전환 지식을 얻을 수 있게 합니다. 따라서 비트코인은 현재 페이팔 달러, 페큐닉스pecunix(금 본위 디지털 화폐), 유로화에 대한 화폐 중개자 역할을 할 수 있습니다. 하지만 어째서 USD보다 비트코인에 대한 수요가 더 큰 것일까요? 이것은 익명성, 탈중앙화 교환 시스템, 암호학적 신뢰, 미리 결정되고 정의된 성장률, 내재된 디플레이션, 분산성, 낮은 거래 수수료 등 비트코인 시스템 고유의 속성에서 나타난 주관적 가치 평가 때문입니다.

중요한 점은 일단 화폐(USD)와 비트코인 간에 거래가 일어나면 상품 공급자에게 비트코인을 잠재적 교환 매체로 볼 수 있는 방법이 생긴다는 겁니다. 화폐 회귀가 충족되는 이유는 '비트코인 → USD → 화폐화된 금과 은(통화 경제의 시작) → (물물교환 경제 종료) 상품화된 금과 은'처럼 전통적인 상품 화폐에 이르기까지 멀리 거슬러 올라갈 수 있기 때문입니다.

물론 중대한 붕괴 사고가 일어나서 가격 비율에 대한 모든 지식이 삭제된다면 (비트코인은 거래소 밖에서 제한된 가치를 지닌다고 가정할 때) 비트코인이 직접 화폐로 등장할 일은 없을 겁니다. 직접적인 물물교환 가치가 없는 피아트 통화도 마찬가지겠죠. 물물 교환에서 직접적인 가치가 널리 인정되는 금과 은 같은 상품들이 먼저 등장할 것 같습니다. 그렇게 되면 경제는 금과 은에 대한 가격 비율을 가진 화폐로 움직일 것입니다다. 그러면 비트코인은 교환이 가능한 고유의 속성으로 평가받아 거래에 널리 사용될지도 모릅니다. 가치 창출자는 초기에 실제 화폐(금 온스/BTC 비율)의 가격 가치 비율을 계속해서 만들겠지만, 머지않아 비트코인의 가격이 나타날 수 있습니다(vekja.net 참고). 우리는 지금 그 초기 단계에 있습니다.

따라서 BTC와 USD·유로화 등의 거래가 일어나는 한 기존의 가격 비율에 대한 지식을 비트코인 경제에 활용할 수 있습니다. 그리고 때가 되면 비트코인의 시장성이 증가하면서 이러한 피아트↔비트코인 가격 비율이 직접적인 비트코인 가격 비율을 만드는 근간이 될 것입니다. 이렇게 비트코인 경제가 등장하고 미제스의 회귀 이론은 충족됩니다.

수정: 비트코인이 물물교환 경제에서 화폐로 직접 등장할 가능성을 명확히 나타냈습니다.

RE:

사토시 작성   2010년 8월 27일 17:32:07

머릿속으로 실험을 하나 해보죠. 금만큼 희귀하지만 다음과 같은 성질을 가진 기본 금속이 있다고 상상해보세요.

- 따분한 회색
- 전기 전도성이 좋지 않음
- 특별히 단단하지도 않으며, 그렇다고 펴서 가공하기 쉽지도 않음
- 실용적이지도 않고 장신구 용도로도 쓸모가 없음

그러나 마법 같은 특별한 속성 하나를 갖고 있습니다.

- 통신 채널을 통해 전송 가능

이 금속이 어떤 이유에서든 가치를 갖게 된다면, 자신의 부를 먼 거리로 전송하고 싶어 하는 사람은 이 금속을 사서 전송하고 수취인이 그것을 팔도록 할 수 있을 겁니다.

교환에 대한 그 금속의 잠재적 유용성을 예상한 사람들에 의해, 당신이 제안한 것과 같이 순환적으로 초기 가격을 얻을 수 있을지도 모릅니다(저라면 분명히 갖고 싶어 하겠죠). 아마 수집가들 사이에서는 다양한 이유로 사재기 경쟁이 벌어질 수도 있습니다.

저는 전통적인 화폐의 자격이라는 것이, 세상에 희소한 경쟁 대상이 너무 많아 내재 가치를 자동적으로 얻는 대상이 내재 가치가 없는 것들을 반드시 이길 것이라는 가정하에 기록된 것이라고 생각합니다. 그러나 이 세상에 돈으로 사용될 수 있는 내재적 가치를 지닌 것이 없고, 희소하지만 내재적 가치가 없는 것만 존재한다고 해도 사람들은 여전히 화폐의 자리를 채울 뭔가를 만들어낼 것이라고 생각합니다.

(저는 여기서 희소하다라는 단어를 잠재적인 공급량이 제한되어 있다는 뜻으로만 사용했습니다.)

다음은 같은 주제에 대한 또 다른 글입니다.

RE:

epaulson 작성 2010년 8월 17일 18:45:18

비트코인이 무엇인지, 가령 화폐인지 상품인지에 대해 수많은 논의들이 있었습니다. 비트코인과 관련해 인플레이션인지 디플레이션인지, 사람들이 비트코인을 빌려줄지, 비율은 어떨지 등에 대한 논의 또한 많았습니다.

비트코인에 대한 가장 적절한 설명은 '비트코인이란, 모든 사람이 운영에 참여하는 비트코인 기업의 주식 지분이다.'라고 할 수 있습니다. 그것은 한 회사의 일부가 되어(현재는 아주 작은 회사) 주식으로 월급을 받는 것과 매우 비슷합니다. 회사의 주식 수가 고정되어 있듯이(신규 주식 발행 등은 제외) 비트코인의 수도 고정되어 있습니다.

현재의 비트코인이 제공하는 주된 가치는 비트코인이 언젠가 지금보다 훨씬 더 큰 가치를 가질 것이라는 희망입니다. 그런 일이 일어나려면 전체로서의 비트코인 기업은 집단적인 가치를 얻어야 합니다. 우리는 비트코인의 직원이자 경영자로서 가치를 만들어내야 합니다. 가장 확실한 방법은 다른 상품들이 비트코인과 물물 교환되는 비중을 높임으로써 인터넷 상거래를 촉진시키는 것입니다. 모두가 직원이자 경영자로서 참여하는 집단적인 연산 노력은 그 물물교환이 각 트랜잭션의 기록을 유지하는 방식으로 공정하게 이뤄진다는 점을 확인시켜 주는 데 도움이 됩니다. 일부 비트코인 참여자의 개별적인 노력은 비트코인의 물물교환을 더 쉽고 더 유용하게 만드는 데 기여합니다.

비트코인의 대여 및 차용에 관해서라면, 주식의 대여 및 차용과 유사하다고 봅니다. 비트코인을 빌리는 주된 이유는 비트코인이 과대평가되어 있어 빌린 비트코인을 돌려줘야 할 시기가 되면 가치가 떨어질 것이라고 생각하기 때문입니다. 비트코인을 빌리면 당장 팔 수 있습니다(즉시 물물 교환). 그리고 바라건대 시간이 지나 빌려준 사람에게 (아마도 수수료를 붙여서) 비트코인을 돌려주기 위해 비트코인을 되살 때는 비용이 딜 들게 될 것입니다.

본질적으로 비트코인은 비트코인 기업에서 주식을 '직접공모'하는 것과 같다고 할 수 있습니다.

RE: 비트코인은 보통주 주식과 가장 비슷합니다

사토시 작성   2010년 8월 27일 16:39:26

비트코인은 배당금이나 잠재적 미래 배당금이 없기 때문에 주식과 다릅니다. 소장품이나 상품과 더 비슷하죠.

트랜잭션 수수료의 요구사항

사토시의 조언은 일부 트랜잭션들이 트랜잭션 수수료가 없어도 처리될 수 있도록 하자는 것입니다. 현재 채굴자들은 여전히 비트코인을 보상으로 받지만 (22세기 중반 무렵) 2,100만 개의 비트코인이 전부 채굴되면 채굴이 멈추도록 계획되어 있습니다. 그때는 채굴자가 그들의 자원 사용 대가를 적절히 보상받을 수 있도록 채굴 수수료가 의무 사항이 될 수도 있습니다.

항상 트랜잭션 수수료를 내나요?

New Message

jgarzik 작성   2010년 9월 7일 03:17:34

트랜잭션 처리에는 네트워크 전체에 걸쳐 어느 정도 리소스 비용이 발생한다는 것을 정확히 반영하기 위해, X일(X는 몇 달 뒤의 미래) 경과 후의 모든 트랜잭션에 수수료를 요구할 것을 제안합니다.

RE:

사토시 작성   2010년 9월 7일 16:32:21

또 다른 방법은 트랜잭션 수수료가 필요하기 전에 블록당 허용되는 무료 트랜잭션의 수를 줄이는 것입니다. 노드들은 최소 0.01 트랜잭션 수수료 요구가 발생하기 전까지 블록당 너무 많은 용량을 무료 트랜잭션들로 채우고 있어요.

그 임계값은 아마도 현재 값보다 낮아져야 할 것 같습니다.

임계값이 0이어야 한다고는 생각하지 않아요. 최소한 약간의 무료 트랜잭션은 항상 허용해야 한다는 것이지요.

RE:

사토시 작성   2010년 9월 8일 17:30:14

현재 수수료 지불은 -paytxfee 스위치를 이용해 수동으로 제어하고 있습니다. 트랜잭션이 수수료를 내야 하는지 판단하기 위해, 최근 블록이 사이즈를 소프트웨어에서 자동으로 검사하게 하는 것은 아주 쉬울 겁니다. 임계값에 도달하려면 한참 멀었기 때문에 아직 그 기능이 필요한 것은 아닙니다. 어쨌든 수동 제어가 잘 동작하는지부터 확인해보는 것이 좋겠습니다.

임계값에 도달해도 별 문제가 안 됩니다. 무료 트랜잭션을 블록에 포함시키는 시간이 더 길어질 뿐이에요.

74,000에서 78,000 근처의 4,000개 블록을 대강 세어 봤습니다. 블록 보상 트랜잭션은 제외하고요. 블록당 평균 2개의 트랜잭션, 시간당 17개, 하루 동안 400 트랜잭션 정도가 있었습니다.

평균 트랜잭션 크기는 블록당 428바이트 또는 트랜잭션당 214바이트였어요.

현재의 임계값은 블록당 200KB 또는 블록당 약 1,000 트랜잭션입니다. 임계값을 블록당 50KB로 낮춰야 할 것 같습니다. 그래도 블록당 평균 트랜잭션보다는 아직 100배나 더 크겠군요.

임계값은 나중에 쉽게 변경할 수 있습니다. 때가 되면 그 값을 증가시킬지의 여부도 결정할 수 있습니다. 서킷브레이커 역할을 하도록 값을 낮춰놓고 필요할 때 늘리려는 것은 좋은 생각입니다. 현재 임계값에 도달한다는 것은 거의 틀림없이 플러드(트랜잭션 홍수)가 발생한 것이며, 실제 사용으로 인해 발생한 일은 아니라고 할 수 있습니다. 임계값을 낮게 유지하면 그런 일이 일어났을 때 디스크의 공간 낭비를 제한하는 데 도움이 될 겁니다.

RE:

사토시 작성   2010년 9월 23일 16:08:35

> 인용 출처: 사토시 2010년 9월 8일 17:30:14
> 현재의 임계값은 블록당 200KB 또는 블록당 약 1,000 트랜잭션입니다. 임계값을 블록당 50KB로 낮춰야 할 것 같습니다. 그래도 블록당 평균 트랜잭션보다 아직 100배나 더 크겠군요.

\--

이러한 변경사항은 SVN의 rev 157*에서 구현했습니다.

이전에 임계값을 높게 설정한 이유는 트랜잭션 수수료 부과 지점까지 가지 않고도 매우 큰 트랜잭션을 허용하기 위해서였습니다. 임계값은 채굴된 50개의 비트코인으로 만든 트랜잭션에 대해 대략 26,000 비트코인 정도였습니다. 당시에는 비트코인을 만드는 일이 100배 더 쉽기는 했지만 몇 안 되는 사람들만 그 정도 수준의 수수료를 지불해야 했습니다. 새로운 임계값으로는 채굴된 코인을 전송하는 데 11,000 비트코인 정도의 수수료가 부과됩니다. 이 정도의 수수료는 거의 채굴된 비트코인 정도 되어야 도달할 수 있을 겁니다. 여러분이 비트코인을 구입할 때 수백 개의 트랜잭션으로 나눠 구입하지 않는 한, 구입 액수가 더 큰 트랜잭션에 섞여 들어가며 수수료 임계값 근처에는 가지도 못할 것입니다. 수수료를 내야 하는 수준에 도달했다 하더라도 여러분의 작은 트랜잭션들을 묶는 용도로 한 번만 내면 됩니다.

....

* 옮긴이_ 소프트웨어 버전관리 시스템(SVN)에서 157번째 수정 버전

캡차와 페이팔이 필요한 사이트

누군가가 비트코인을 유용하게 사용할 수 있는 몇 가지 다른 방법을 제안했고, 사토시는 캡차와 페이팔 서비스 모두를 갖춰야 하는 웹사이트를 예로 들어 답변했습니다.

틈새 시장 리스트

New Message

kiba 작성   2010년 9월 23일 16:00:16

저희 회사는 오퍼레이션 이코노믹 그로스^{Operation Economic Growth}입니다. 저희의 사명은 모든 이들이 재화와 서비스를 좁은 범위로 특화하여 제공할 수 있도록 함으로써 비트코인 경제가 성장하도록 만드는 것입니다.

간단히 말씀드리죠. 소비하고 싶은 것을 공표하세요. 그러면 제가 그것을 목록에 추가하겠습니다. 그러면 누군가가 그 틈새 시장에 진출하겠다고 선언할 것입니다. 틈새 시장 내에서도 경쟁은 있을 수 있겠지만 들어갈 틈새 시장은 많습니다.

저희는 묵묵히 일하고 격려하며 스레드를 만들어 의견을 나누고, 서비스가 온라인에 연결되지 않으면 실망하는 등과 같은 행동을 함으로써 그 틈새 시장을 '대표하는' 사람들을 붙잡으려고 합니다.

희망 틈새 시장

1) 현지인을 위한 맞춤형 광고 같은 크레이그리스트*
2) 사람들이 할 만한 간단한 일들을 나열한 '미케니컬 터크**' 같은 사이트. 경제 분야 포럼 내 '고정 환율?' 주제에서 noagendamarket 씨가 제안함
3) 맥주 공급 스토어. 맥아, 효모, 홉 등
4) 다양한 허브와 상품들을 팔기 위한 식물 스토어
5) 해커 아카데미, 무료 교육용 비디오, 정액제 강의, 선불 요금제 개인 강사
6) 비트코인 결제가 가능한 데이트 사이트
7) 손쉬운 암호화 및 백업 서비스

....

* 옮긴이_ 구인, 구직, 중고거래, 주택매매 등의 생활 정보를 제공하는 웹사이트
** 옮긴이_ 업무와 희망자를 매칭해주는 아마존의 크라우드소싱 서비스

이미 활성화되었거나 활성화가 진행 중인 틈새 시장들

1) http://projectwonderful.com와 같은 광고 센터. mskwik 씨가 제안했습니다 (저도 푼돈을 벌려고 projectwonderful을 사용했었는데, 비트코인 광고 센터 에서 더 많은 돈을 벌 수 있는지 궁금합니다). noagenda 씨가 거액의 현상금을 걸고 Biomike 씨를 도와 작업 중입니다.

2) rapidshare나 호스팅 서버가 변변하지 않은 다운로드 사이트. 불편한 캡차와 페이팔을 사용해야 하는 곳. 아마도 비트코인이 두 가지 역할을 담당해 전체 프로세스를 능률적으로 만들 수 있을 것 같습니다. Kiba 씨가 제안했고 Hippich 씨가 작업을 맡았습니다. 결국 3명의 경쟁자가 생겼습니다.

3) 프리랜서 사이트. Whitespace 씨가 작업을 맡았습니다.

4) 피자 주문 시스템. 웹사이트나 커맨드라인, 스마트폰, sms로도 주문 가능. mizerydearia 씨가 작업을 맡았습니다.

RE:

사토시 작성   2010년 10월 6일 23:10:31

인용 출처: kiba 2010년 9월 23일 16:00:16

1) rapidshare나 호스팅 서버가 변변하지 않은 다운로드 사이트. 불편한 캡차와 페이팔을 사용해야 하는 곳. 아마도 비트코인이 두 가지 역할을 담당해 전체 프로세스를 능률적으로 만들 수 있을 것 같습니다.

--

했던 얘기를 또 하게 됐습니다만, 그런 목적의 오픈 소스 소프트웨어는 이미 존재합니다. 비트코인 지불 메커니즘을 채택하느냐의 문제일 뿐입니다. 제가 발견한 훌륭한 사례는 미할리즘 멀티 호스트Mihalism Multi Host 서비스입니다. 무료 서비스로 설계되어 있어 유료 사용자에 맞게 제한사항들을 풀어주는 몇 가지 수정만 하면 될 것 같습니다.

블록체인 내의 단문 메시지

블록체인은 모든 비트코인 트랜잭션에 대한 공개 장부이고 P2P 네트워크 내에서 공유됩니다. 현재는 트랜잭션 자체만 포함하고 있습니다. 이번 스레드에서는 누군가가 블록체인에 들어 있는 각 트랜잭션 내에 은행 수표의 '메모' 항목에 해당하는 작은 정보 조각을 추가할 것을 제안했습니다. 그러나 은행 수표와 달리 트랜잭션의 노트는 누구나 볼 수 있도록 공개됩니다. 사토시는 개인적인 용도로 사용하려던 고객 계좌번호 같은 정보를 노트에 적는 사람들이 있을 것 같다며 우려를 나타냈습니다.

그럼에도 불구하고 해당 기능을 이후의 비트코인 버전에 포함시키는 것을 고려 중이지만 이 글을 쓰는 시점에는 아직 사용할 수 없습니다. 현재 blockchain.info* 같은 서드파티 서비스만이 사용자가 텍스트 정보를 추가할 수 있도록 허용하고 있으나 블록체인이 자체적으로 갖고 있는 기능은

---

* 옮긴이_ 주소가 blockchain.com으로 바뀌었으며 비트코인, 비트코인캐시, 이더리움에 대해 블록 조회, 코인 거래, 지갑 서비스를 제공하고 있다.

아닙니다.

채굴자는 블록에 약간의 텍스트를 추가할 수 있습니다. 사실 사토시 나카모토가 만든 가장 첫 번째 블록인 0번 블록은 다음과 같은 메시지를 포함하고 있습니다.

2009년 1월 3일자 타임스 신문 발췌
은행들의 두 번째 긴급 구제금융을 앞둔 영국 재무장관

이 메시지는 아스키 코드로 인코딩되어 있지만 방법을 아는 사람은 쉽게 추출할 수 있습니다.

제안: 비트코인에 단문 메시지를 함께 보내는 것을 허용할까요?

ShadowOfHarbringer 작성　　　　　　　　　　2010년 10월 23일 15:11:17

비트코인은 훌륭하지만 일반적인 은행 송금에 있는 한 가지, 즉 지불 제목이 빠져 있습니다.

아마도 짧은(512바이트 이하) 메시지를 각 트랜잭션에 포함시킬 수 있을 것 같은데요. 메시지를 공개키/개인키로 암호화시켜 수신자만 내용을 보도록 만들 수 있을 겁니다.

어떻게 생각하시나요?

추신: 제가 잘못 이해했을 수도 있지만, 메시지가 해싱 과정에서 무작위성을 증가시키는 데 사용될 수도 있지 않을까요? 아니라면 제 말은 무시해주세요.

RE:

사토시 작성　　　　　　　　　　2010년 10월 23일 19:02:57

ECDSA는 메시지를 암호화할 수 없습니다. 서명만 가능합니다.

모두가 볼 수 있도록 평문 메시지를 영구적으로 기록하는 것은 현명한 방법이 아닌 것 같습니다. 사고가 일어날 거예요.

메시지 시스템이 있어야 한다면, 비트코인 네트워크와 나란히 동작하는 분리된 시스템이어야 합니다. 메시지가 블록체인에 기록되어서는 안 됩니다. 비트코인이 누구에게서 왔는지 증명하기 위해 메시지를 비트코인 주소 키쌍으로 서명할 수는 있을 겁니다.

트랜잭션/스팸 플러드 공격 대처

사토시는 이번 의견 교환에서 네트워크를 다수의 트랜잭션으로 '스팸공격' 하는 사람이 경제적으로 이익을 얻기 힘들게 하는 소프트웨어상의 변경점 도입에 관해 이야기했습니다.

트랜잭션/스팸 플러드 공격이 현재 진행 중입니다

New Message	
jgarzik 작성	2010년 11월 19일 19:02:38

누군가가 임의의 두 공개키 A, B를 가지고 A→A, B→B로 0.01 비트코인을 전송하는 플러드를 일으켜 메인 비트코인 네트워크를 '테스트'하고 있는 것이 분명합니다. 사이트(http://theymos.ath.cx:64150/bbe*)에서 볼 수 있습니다.

. . . .

* 옮긴이_ 비트코인 블록 탐색기(Bitcoin Block Explorer)의 이전 주소다. 현재는 https://explorer. bitcoin.com/btc, https://live.blockcypher.com/btc, https://blockchair.com/bitcoin 등에서 같은 서비스를 제공하고 있다.

현재 블록당 무료 트랜잭션 제한에 도달했으며, 많은 블록에서 블록당 219개 정도의 무료 트랜잭션이 있는 것으로 나타납니다. '실제' 트랜잭션이 DoS 공격을 받는 것 같지는 않은데, 아마도 부분적으로는 트랜잭션의 금액에 기반하여 우선순위를 정하는 로직 때문인 것 같습니다.

> 무료 트랜잭션은 일정 수준의 스팸을 계속 발생시키는데, 0.001 비트코인 정도만이라도 각 트랜잭션마다 비용을 부과할 필요가 있습니다.

RE:

사토시 작성   2010년 11월 19일 23:50:24

인용 출처: creighto 2010년 11월 19일 20:29:12
어쩌면 최근 구현된 경과 시간 우선 규칙에 더해서 트랜잭션 수수료가 붙지 않는 최소 경과 시간 규칙이 있어야 할지도 모르겠습니다. 다르게 표현하면, 무료 트랜잭션을 또다시 수수료 없이 전송할 수 있으려면 3블록 생성 시간만큼 지나야 한다는 규칙 정도 되겠습니다. 이렇게 하면 실제 사용자는 필요한 경우 신규 자금을 곧바로 사용할 수 있지만, 간접 비용을 들이지 않으면서 요구사항에 맞게 자금을 재편성하는 것 역시 허용될 것입니다. 이러한 방식이 현재 진행 중인 스팸 공격 유형을 크게 억제할 것이라 생각합니다.

--

제가 지금 그런 작업을 진행 중입니다. 우선순위는 말씀하신 개념을 조금 더 형식화한 버전입니다.

--

인용 출처: FreeMoney 2010년 11월 19일 17:39:44
3.15 버전은 현 상태에서 무료 트랜잭션 공간이 많고 그 공간은 가장 높은 [경과 시간]*[가격]/[크기] 값을 가진 트랜잭션에 먼저 할당되는 것이 맞나요? 그 여유 공간 중 임의의 비율에 대해 [경과 시간]*[가격]/[크기] > C라는 조건을 두는 게 합리적일까요?
C값을 표준 1비트코인 트랜잭션이 다음 블록의 주요 무료 영역에 포함될 수 있도록 설정하면, 0.1 비트코인은 10블록 정도 기다린 이후 포함될 수 있고 무료 영역은

[경과 시간]*[가격]/[크기] < C에 해당하는 12개 정도의 트랜잭션을 허용하게 됩니다.

--

네. 마음에 드네요. 그리고 우선순위가 없는 영역은 3킬로바이트이고, 블록당 트랜잭션 12개 정도의 크기입니다.

--

무료 트랜잭션이 최소한의 우선순위 요구사항을 갖도록 SVN rev 185에 방금 업로드했습니다. 플러드는 계속해서 재사용되는 코인들로 이뤄지고 자신의 0 승인(승인받지 않은) 트랜잭션에 계속해서 의존성을 갖게 됩니다. 0 승인 트랜잭션은 우선순위가 0이므로, 그런 무료 트랜잭션들은 한 번에 한 블록에 들어가기 위해 한 트랜잭션만큼 기다려야 합니다.

버전 0.3.15는 다른 트랜잭션이 남아 있지 않는 한 0 승인 의존성을 이용하여 트랜잭션을 작성하지 않습니다. 그래서 일반 사용자가 여기서 문제를 겪을 일은 없습니다.

저는 이것이 기본 수수료를 0.01 비트코인으로 정하는 것에 대한 좋은 타협안이라고 생각합니다. 무료 트랜잭션이 동전을 자주 순환시키는 데만 이용되도록 하는 것은 지나친 조치가 아닙니다. 여러분이 무료 트랜잭션을 사용하고 있다면 자선활동을 하는 것이고, 동일한 코인으로 얼마나 그런 활동을 자주 할 수 있는가에 대해 약간의 제약은 있어야 합니다. 무료 트랜잭션을 더 느리게 처리할 수도 있지 않느냐는 이야기는 늘 듣고 있습니다. 그래서 -paytxfee=0.01 옵션을 추가하면 여러분의 트랜잭션이 확실히 더 빨리 처리되도록 할 수 있습니다.

풀 채굴 기법

이번 스레드에서는 비트코인의 풀 채굴[pool mining] 동작에 대한 개념과, 풀에 참여하면서 수익 배분을 하지 않는 사기꾼들을 어떻게 막을 수 있는지에 대한 논의가 이루어졌습니다. 현재 채굴 풀은 채굴에 가장 크게 기여하고 있습니다. 사실 채굴 풀은 처음에 사토시 나카모토가 설명한 개념이 아니었으며, 나중에 비트코인에 대한 관심이 증가하면서 채굴 난이도가 증가하기 시작했을 때 포럼의 누군가가 제안하며 나타난 것입니다. 비트코인 채굴 풀에 대한 최고의 비유는 '로또 티켓을 공유하는 공동 작업자들'이라고 할 수 있습니다.

협력 채굴

slush 작성   2010년 11월 27일 13:45:41

모두들 안녕하세요.

몇 달 전 비트코인토크[bitcointalk]가 해킹당해서 잠시 동안 이 포럼에 대한 접근 권한을 잃었습니다. 지금은 권한이 복구되었는데, 몇 가지 이유로 이 스레드에서 더 이상 풀 지원을 계속하지 않을 생각입니다. 대부분의 초보자는 여기에 글을 올릴 수 없기 때문에 고객 지원 역할을 제대로 할 수 없습니다. 이에 대한 불만도 많이 접수되었습니다. 그리고 이 곳은 스파게티처럼 뒤죽박죽한 상태의 포럼이라 논의를 따라가기가 너무 힘듭니다.

며칠 전 사이트(http://support.bitcoin.cz)에서 공식 풀 지원 티켓 시스템을 시작했습니다. 이 지원 시스템은 support@bitcoin.cz와도 통합되어 있어 풀 관리자로부터 빠른 시일 내에 승인된 답변을 받아야 할 경우 support@bitcoin.cz로 이메일을 보내는 것이 적절합니다. 지금 당장은 많이 밀려 있는 이메일을 처리하는 중이지만, 목표는 24시간 내에 모든 티켓에 답하는 것입니다. http://support.bitcoin.cz는 저희가 매일같이 점점 더 많은 Q&A를 채워나가는 지식의 기반이기도 합니다.

여러분을 IRC 채널 #mining.bitcoin.cz에도 초대하고 싶습니다. IRC 채널에는 상당히 많은 사람들이 접속해 있고 채팅도 가능하며 모든 것을 기본적으로 지원해 드립니다.

이 스레드는 비공식적인 토론을 위해 열어두겠습니다. 그렇지만 이곳에서의 논의를 따라가는 것은 시간상 불가능합니다.

http://mining.bitcoin.cz에 가입하세요!
2010년 12월 27일 수정: 풀 채굴에 관한 위키 페이지
2011년 03월 17일 수정: DaCoinMinster가 풀 웹사이트를 최적화하는 GreaseMonkey 스크립트를 공개했습니다. 서드파티 도구이므로 문제 발생 시 책임지지 않습니다.

풀 마이닝이 뭔가요?

풀 마이닝이란 다수의 사용자가 함께 비트코인 채굴 작업을 수행하고 이익은 공평하게 나누는 방법입니다.

그게 왜 필요한가요?

비트코인은 일반적으로 한 번에 50개 묶음으로만 채굴되는데, 한 채굴자에게 50개가 모두 지급됩니다. 또한 한 블록에서 50 비트코인 상금을 받기 위한 경쟁은 매우 치열합니다.

여러분이 자체적으로 채굴을 진행하면 보상을 받기까지 오랜 시간이 걸릴 수 있습니다. 그 대신 풀 채굴은 여러분이 적은 금액을 더 자주, 더 꾸준히 받을 수 있도록 해줍니다. 여러분이 느린 컴퓨터를 갖고 있거나 CPU 채굴자라면 풀 채굴은 비트코인을 채굴해볼 기회라도 얻을 수 있는 유일한 방법일 것입니다.

어떻게 시작하나요?

풀에서 채굴을 시작하는 데는 10분도 안 걸립니다. 사이트(`http://mining.bitcoin.cz`)에 방문해서 안내를 따르세요.

원본 글

--

일단 사람들이 채굴에 GPU 지원 컴퓨터를 사용하기 시작하면, 다른 사람들은 채굴이 아주 어려워집니다. 저는 몇 주째 비트코인을 채굴 중인데 아직 블록을 발견하지 못했습니다(CPU 3개로 채굴 중입니다). 많은 사람들이 느린 CPU를 갖고 있으면서 각각 채굴할 경우, 자신들끼리 경쟁하면서 성능 좋은 GPU 녀석들도 상대해야 하죠. 😑 모두가 같은 범위의 sha256 해시를 계산하니까요. 1,000khash/s 성능을 가진 두 개의 개별 CPU는 단일 2,000khash/s 성능의 머신과 동일하다고 할 수 없습니다. 그러나 공식 비트코인 클라이언트의 'getwork'라 불리는 새로운 기능은 많은 컴퓨터들을 함께 일할 수 있게 하므로 컴퓨터들은 경쟁하지 않게 됩니다. 이제 독립형 CPU 채굴자가 있고(jgarzik 덕분입니다!) 'getwork' 패치도 공식 클라이언트에 포함되어 있으므로 아이디어를 하나 내보겠습니다.

저성능 CPU 채굴자들을 한 그룹으로 모아서 블록을 발견할 가능성을 높여주세요! 어떻게 해야할까요? 웹페이지가 하나 있을 텐데 거기 가입한 후 여러분의 지갑주소를 입력하면 CPU/GPU 채굴 프로그램을 위한 URL 및 개인 ID와 패스워드인 rpcuser/rpcpassword를 얻을 수 있습니다. 이러한 자격증명을 사용해서 여러분의 채굴 프로그램을 실행하면 서버는 아직 그룹 내의 다른 멤버들이 계산하지 않은 작업을 보내줄 것입니다.

그러나 클라이언트가 정답 해시를 발견해도 여러분은 전체 블록 보상(현재 50 비트코인)을 받는 것이 아니라 계산에 참여한 비율만큼 받게 됩니다. 하루 동안 1,000khash/s의 계산 능력을 제공해서 전체 클러스터의 성능이 20,000khash/s가 되었고 블록을 발견하는 데 이틀이 걸렸다면, 보상은 (50/20)/2=1.25 비트코인이 될 것입니다.

장점이요? 저사양 독립 컴퓨터를 갖고 있다면 50BTC 보상 전체를 얻는 데 몇 주 또는 몇 개월을 기다려야 합니다. 그러나 이와 같은 클러스터에 가입하면 매일 혹은 매주(전체 클러스터의 성능에 따라 다름) 소량의 비트코인을 지속적으로 얻을 수 있습니다.

단점이요? 중앙 관리자(접니다)가 블록을 훔치지 않는다는 것을 믿어야 합니다. 하지만 저는 몇 주 동안 비트코인으로 여러 가지 시도를 해보면서 비트코인의 아이디어에 심취하게 됐습니다. 그래서 당장 도둑질을 할 계획은 없습니다. 😊

또 다른 문제는 누군가가 매우 빈번하게 새로운 작업을 요청하지만 실제 해시는 계산하지 않는 경우입니다. 이 경우 그 사람은 성능이 아주 좋은 CPU를 가진 것처럼 보일 테고 클러스터가 블록을 발견하면 보상의 큰 부분을 가져갈 것이 분명합니다. 이러한 사기꾼들을 막는 간단한 방법이 있는데요. 중앙 서버에서 가끔씩 정답 해시가 나오는 작업을 보내는 것입니다. 자신의 해시를 매칭 결과로 반환하지 않는 작업자는 영구히 추방당할 것입니다(로그인/패스워드 및 IP 주소). 이것은 채굴자가 작업증명을 계산하게 함으로써 훌륭하게 해결되었습니다. 이제 더 이상 클러스터에 참여하면서 해시를 계산하지 않을 수는 없습니다.

여러분도 관심이 있으신가요?

RE:

ribuck 작성   2010년 11월 27일 22:21:02

> 인용 출처: grondilu 2010년 11월 27일 22:21:27
> 제가 보기에 협력 채굴은 어려운 작업 같습니다. 참가자의 정직성을 검증해야 하기 때문이죠. 누
> 군가가 변조된 버전의 클라이언트를 실행해서 다른 사람에게 비트코인을 받고 생성된 비트코인
> 은 자기가 갖는 것을 어떻게 막을 수 있죠?

--

휴….

제게 속이는 것이 불가능하다는 사실을 설명하는 재주가 없거나, 아니면 제 생각이
틀렸나보네요. 하지만 제가 틀렸다면 누군가 반박 글을 올렸겠죠. 그러니 다시 설
명해보겠습니다. 정직하지 못한 클라이언트가 속일 수 없다는 것을 나타내기 위해
구체적인 설계를 보여드릴게요.

제가 풀 채굴 서버를 운영한다고 가정해보죠. 그리고 저는 풀에서 채굴하고 싶어
하는 몇몇 클라이언트들을 모집합니다.

제 서버는 각 클라이언트에게 해시 연산 작업을 일부 맡아줄 것을 요청합니다. 서
버는 각 클라이언트에게 특정 난이도의 임계값을 넘는 해시를 발견하면 제출해줄
것을 요청합니다. 서버는 현재 '공식' 난이도의 1/40인 난이도를 선택합니다.

제 서버는 원격 채굴 클라이언트가 보내온 후보 해시들을 지속적으로 조금씩 받습
니다. 이따금 그 해시들 중 하나가 공식적인 난이도 수준을 만족시키면 서버는 블
록을 생성해 50 비트코인을 얻습니다.

이제 저는 원격 채굴 클라이언트들에게 비트코인을 분배하는데, 현재 블록에 제출된
공식 난이도의 1/40 이상이었던 각 해시에 대해 1 비트코인의 비율로 나눠줍니다.

장기적으로 볼 때 블록마다 약간의 수량 변동은 있겠지만 제 서버가 50개의 코인
을 채굴할 때마다 40개의 코인을 분배할 것으로 기대됩니다. 여기서는 클라이언트
에게 정직함을 요구하지 않습니다. 정직하지 않은 클라이언트가 속임수를 쓸 방법
이 없으니까요!

클라이언트가 제 서버를 위해 50 비트코인을 채굴하기 위한 해시를 계산하고 있
습니다. 값이 동일한 해시들은 정직하지 않은 클라이언트에게 쓸모가 없습니다. 그
해시를 사용하려면 다른 누군가에게 채굴된 비트코인을 지불하는 내용을 써넣어야
하므로, 부정직한 클라이언트가 50 비트코인을 채굴할 목적으로는 사용할 수 없습
니다. 그리고 정직하지 않은 클라이언트가 채굴된 비트코인을 자기에게 전송할 목

적으로 중복된 해시를 만들어 속이려고 한다면, 그렇게 제출한 해시는 제 서버에서 유효하다는 확인을 받지 못할 것이고 저는 정직하지 않은 클라이언트에게 배당금을 절대 나눠주지 않을 겁니다.

그래서 이 방식은 클라이언트를 믿어야 할 필요가 전혀 없습니다.

이 방식에서는 채굴 클라이언트가 서버에 대해 정직하다는 믿음을 가질 필요도 없습니다. 서버가 공식 난이도의 최소 1/40인 각 해시에 대해 1비트코인을 지불한다는 것을 공지하면, 생성된 블록에 대해 '쉬운' 해시를 제출한 모든 클라이언트는 그들이 그 비트코인을 받았다는 것을 확인할 수 있습니다. 따라서 어떤 사기든 즉각 발견됩니다.

RE:

사토시 작성   2010년 11월 28일 16:03:30

ribuck 씨의 설명이 정확히 맞습니다.

풀 운영자는 파라미터 하나를 추가로 받을 수 있도록 getwork를 수정할 수 있습니다. 여러분의 지분을 전송할 주소죠.

풀 운영자가 쉽게 선택할 수 있는 방법은 다음 블록이 발견될 때까지 기다렸다가 다음과 같이 비율에 따라 분배하는 것입니다.

사용자의 근사치 정답 / 모두에게 모은 총 근사치 정답

그렇게 시작하는 것이 더 쉽고 안전할 거예요. 그리고 동일한 사용자가 만든 복수 개의 정답을 한 트랜잭션에 결합해서 넣을 수 있다는 장점도 있습니다. 여러분의 많은 정답들은 대부분 같은 사람에서 나올 겁니다.

즉각적인 보상 방법은 각 근사치 정답마다 즉시 고정 금액을 지불하는 것입니다. 그리고 운영자는 블록이 발견되기 전에 정도의 차이가 있는 근사치 정답들을 무작위적으로 얻게 되는 위험 부담을 지는거죠.

어떤 방법이든 블록 문제를 푸는 답을 제출한 사용자는 맨 꼭대기의 추가 금액, 예를 들면 10 비트코인 정도를 가져가야 합니다.

새로운 사용자는 비트코인 소프트웨어조차 필요 없을 것입니다. 그냥 채굴기를 다운로드 받아 mtgox나 mybitcoin에 계정을 하나 만들고, 채굴기에 예금 주소를 넣은 후 채굴기가 누군가의 풀 주소를 가리키게 하면 됩니다. 얼마 후 채굴기가 뭔가 발견했다고

알려주면 사용자의 계정에 코인 몇 개가 나타납니다.

채굴기 프로그래머들은 거짓양성^{false-positive} *의 근사치 정답이 절대 나오지 않도록 확실히 해두는 것이 좋습니다. 사용자는 그 결과로 풀 운영자가 자신을 속이지 않는지 확인할 겁니다. 채굴기가 뭔가 발견했다고 잘못 알리면, 사용자는 자신의 계정을 들여다볼 것이고, 아무것도 없다는 걸 발견하고는 풀 운영자에게 화를 낼 겁니다.

---

* 옮긴이_ 거짓을 옳은 것으로 잘못 판단하는 경우

비트코인을 사용하는 위키리크스

2010년 후반, 각국 정부에서는 주로 신용카드나 페이팔을 통한 온라인 기부로 조성된 자금 출처를 막는 방법으로 위키리크스에 압력을 행사하려 했습니다.

페이팔이 위키리크스 관련 서비스를 차단한다고 발표하자 사토시는 개인적인 의견이지만 비트코인은 아직 대체 수단의 역할을 할 준비가 되지 않았다고 말했습니다(http://www.wired.com/threatlevel/2010/12/paypal-wikileaks/).

위키리크스 연락처는요?

genjix 작성　　　　　　　　　　　　　　　　2010년 11월 10일 12:49:16

위키리크스에 비트코인과 관련된 메일을 보내고 싶은데요. 불행하게도 과거에 위키리크스 측이 운영 자금을 정부에 몰수당하는 사건을 여러 번 겪었거든요 (http://wikileaks.org/media/support.html).

어디로 메시지를 보내야 하는지 아시는 분?

RE:

wumpus 작성　　　　　　　　　　　　　　　2010년 12월 4일 08:47:59

페이팔이 위키리크스를 차단했습니다. 그리고 다른 미국 은행들도 같은 조치를 하도록 만들고 있어요 비트코인 기부처를 개설하기에 가장 좋은 시점인 것 같군요.

RE:

RHorning 작성　　　　　　　　　　　　　　2010년 12월 4일 22:17:44

> 인용 출처: 할* 2010년 12월 4일 20:43:07
> 좋게 생각하면 비트코인이 위키리크스 통화로 알려질 경우 전 세계 정부로부터 공격을 받을 것이고, 적어도 우리는 위키피디아 페이지를 되찾게 되겠군요!
>
> --

정말 그렇겠군요. 그 시점이 되면 비트코인에 대해 '믿을 만한 출처'가 부족할 일은 확실히 없을 거예요. 대부분의 신문 일면을 장식할 것이고 라디오 토크쇼와 다른 방송에서도 널리 이야기될 것 같습니다.

개인적인 생각이지만 위키리크스가 '덤벼봐' 라고 말할 수 있는 시기가 가까워진

----

* 옮긴이_ 이 책의 후반부인 71장 '비트코인과 나'에서 소개된 할 피니(Hal Finney)다. 본문에도 적혀 있듯이 포럼에서 실명을 사용하고 있다.

것 같습니다. 제가 가명이 아닌 실명을 쓰고 있다는 점에 주목해주세요. 그리고 저는 한 프로젝트로서 비트코인에 관계되는 일이라면 '덤벼봐'라고 기꺼이 말하겠습니다.

저는 이미 경찰이 제 허락 없이 집에 들어와서 온갖 바보 같은 짓을 하도록 만든 적이 있습니다. 저에게 선을 넘는다는 것은 이미 벌어진 일입니다. 저는 정치적 쪽으로도 엮인 사람들이 꽤 있어서, 제게 무슨 일이라도 생긴다면 그 일은 사람들의 이목을 끌게 될 테고 선을 넘는 일은 또 다시 벌어질 것입니다.

위키리크스를 지원하는 것은 도덕적으로 옳다고 생각합니다. 그들이 제 비트코인을 받겠다고 하면 저는 기꺼이 기부할 것이고, 온 세상 사람들에게 비트코인으로도 위키리크스에 기부할 수 있다는 것을 알리고 싶습니다.

이 비트코인 커뮤니티에서 모든 사람에게 공개할 수는 없지만, 저는 이 문제에 대해 스스로에게 다짐하고 있으며 제가 위키리크스를 재정적으로 후원하는 일에 연루됐을 경우 미국 정부가 제게 취할 어떤 조치도 두렵지 않습니다. 만약 조치가 취해진다면, 그것은 오히려 제가 더 이상 합헌적인 정부에서 살고 있지 않다는 것을 보여줄 것입니다. 미국 정부가 스스로를 드러내기 위해 그런 방식으로 손을 뻗는다면 해보라고 하죠. 미국 정부가 저를 죽이거나 감옥에 가둔다면 이 커뮤니티에서 그것을 알아낼 방법이 분명히 있을 겁니다. 정말 그렇게 될 것이라고 생각하지는 않지만, 그렇게 돼도 상관없습니다.

제가 이 문제에 '투표'해야 한다면 저는 비트코인 커뮤니티가 EFF[Electronic Frontier Foundation](전자 프런티어 재단)*와 그랬듯이 행동에 나서도록 독려할 것이고, 위키리크스가 웹사이트에 기부용 비트코인 주소를 올려놓도록 권할 것입니다. 그것은 어떤 식으로든 비트코인 커뮤니티에 새로운 피를 수혈할 것이고 위키리크스에도 마찬가지로 도움이 될 것입니다. 위키리크스가 비트코인을 사용하고 싶어 하는가의 여부는 그들이 검토하도록 내버려두겠습니다. 우리는 정부가 비트코인에 대해 검토할 날이 머지 않았음을 알고 있습니다. 그렇다면 왜 불가피한 결과를 위해 싸우고 있는거죠? 절제된 조사는 더 많은 사람들이 비트코인에 관심을 갖게 만들 뿐입니다. 그리고 그것은 프로젝트에 더 도움이 될 테고요. 프로젝트는 없앨 수 없습니다. 지금 시점에서 성장이 약간 느려질 뿐이고, 앞으로 어떤 방식으로 세상의 관심

----

* 옮긴이_ 표현의 자유, 개인정보보호 등에 관한 활동을 하는 국제 비영리 단체이다. 한때 비트코인으로도 기부를 받았으나 복잡한 법률적 문제 때문에 비트코인 기부는 중단되었다. 사이트(https://www.eff.org/deeplinks/2011/06/eff-and-bitcoin)에서 관련 내용을 확인할 수 있다.

을 끌든 비트코인의 채택은 가속될 것입니다.

유일한 걱정거리가 있다면 현재의 비트코인 프로토콜 자체가 얼마나 건전한가 하는 점입니다. 어쨌든 비트코인으로 유입되는 신규 사용자의 큰 흐름도 건전성 유지에 도움이 될 것입니다. 여기서 최악의 상황은 비트코인 자체가 어떤 방식으로든 손상됨에 따라 그 문제를 수정하기 위해 새로운 암호화폐를 만들어야 하는 경우입니다. 그러면 암호화폐라는 아이디어는 지속될 것이고 아이디어를 검열하는 것은 매우 어려워질 것입니다.

일단 덤벼보라고 하죠. 위키리크스가 비트코인을 사용하도록 권장합시다. 그러면 저는 그 행동으로 인해 발생하는 어떤 위험이나 피해에도 기꺼이 맞설 것입니다.

로버트 S. 호닝
유타주 로건에서

RE:

사토시 작성   2010년 12월 5일 09:08:08

인용 출처: RHorning 2010년 12월 4일 22:17:44
일단 덤벼보라고 하죠. 위키리크스가 비트코인을 사용하도록 권장합시다. 그러면 저는 그 행동에서 발생하는 어떤 위험이나 피해에도 기꺼이 맞설 것입니다.

--

안 됩니다. '덤벼봐'라고 하지 마세요.

프로젝트는 점차적으로 성장해야 하고 그래야 그 과정에서 소프트웨어가 튼실해질 수 있습니다.

저는 위키리크스에 비트코인을 사용하지 말라는 의견을 전하기 위해 이 호소문을 작성 중입니다. 비트코인은 아직 유아기 상태의 작은 베타 커뮤니티입니다. 당신은 주머니 속 잔돈보다 더 큰 금액을 만들지 못할 것이고, 지금 단계에서는 당신이 불러올 열기가 비트코인 커뮤니티를 파괴할 것 같습니다.

분산형 도메인 네임 서버

누군가가 분산형 P2P 도메인 네임 서버DNS를 허용하는 비트코인 클론(알트코인) 제작을 제안했습니다. 통화를 담는 기능에 더해, 블록체인에 저장된 트랜잭션은 DNS 정보도 포함하며 새로운 트랜잭션으로 업데이트될 수도 있습니다.

그와 같은 대체 통화는 현존하며 네임코인이라 불리는데, 사람들이 '.bit'로 끝나는 도메인 네임을 등록하고 그것을 IP 주소 하나와 연결지을 수 있도록 허용합니다(http://www.namecoin.org/ 참고). 사토시는 이 글에서 이런 유형의 시스템에 관한 자신의 생각을 공유했습니다. 탈중앙화 도메인 네임 서버의 주요 이점 중 하나는 2011년에 이집트에서 발생한 사건에서 알 수 있는 것처럼, 정부가 시민의 인터넷 통신을 중단시키는 시도를 우회할 수 있다는 점입니다.

RE: BitDNS와 비트코인의 일반화

New Message

사토시 작성   2010년 12월 9일 21:02:42

BitDNS는 비트코인과 CPU 파워를 공유하면서도 완전히 분리된 네트워크와 별도의 블록체인을 갖도록 만들 수 있을 것 같습니다. 유일하게 겹치는 부분은 채굴자가 양쪽 네트워크에서 동시에 작업증명을 발견할 수 있다는 점이죠.

네트워크는 조정할 필요가 없을 겁니다. 채굴자는 양쪽 네트워크에 동시에 가입한 후, 정답을 발견하면 잠재적으로 한 번에 양쪽 문제를 모두 풀도록 SHA를 스캔합니다. 한쪽 네트워크의 난이도가 더 낮을 경우 문제의 답이 하나의 네트워크에만 적용됩니다.

외부 채굴자는 양쪽 프로그램에서 getwork를 호출하여 작업을 합칠 수 있을 것 같습니다. 아마도 비트코인을 호출하고 일을 할당받아 그것을 BitDNS의 getwork에 넘긴 후 하나로 합쳐 작업을 만드는 식이 될 겁니다.

네트워크는 파편화되는 대신 서로의 총 CPU 파워를 공유하고 강화합니다. 여러 개의 네트워크가 있을 때 유효한 CPU 파워를 가진 무리들이 하나로 합쳐지면 상대 네트워크에 위협이 된다는 문제가 해결되는 거죠. 그 대신 세상의 모든 네트워크는 합쳐진 CPU 파워를 공유해서 전체 강도를 향상시킬 것입니다.

그러면 적은 규모의 네트워크들은 준비된 채굴자들을 활용하여 쉽게 채굴을 시작할 수 있을 겁니다.

RE:

nanotube 작성   2010년 12월 9일 21:20:40

> 인용 출처: 사토시 2010년 12월 9일 21:02:42
> BitDNS는 비트코인과 CPU 파워를 공유하면서도 완전히 분리된 네트워크와 별도의 블록체인을
> 갖도록 만들 수 있을 것 같습니다. 유일하게 겹치는 부분은 채굴자가 양쪽 네트워크에서 동시에
> 작업증명을 발견할 수 있다는 점이죠.
>
> --
>
> 이론상으로는 훌륭해보이는군요.
>
> --

인용 출처: 사토시 2010년 12월 9일 21:02:42

네트워크는 조정할 필요가 없을 겁니다. 채굴자는 양쪽 네트워크에 동시에 가입한 후, 정답을 발견하면 잠재적으로 한 번에 양쪽 문제를 모두 풀도록 SHA를 스캔합니다. 한쪽 네트워크의 난이도가 더 낮을 경우 문제의 답이 하나의 네트워크에만 적용됩니다.

외부 채굴자는 양쪽 프로그램에서 getwork를 호출하여 작업을 합칠 수 있을 것 같습니다. 아마도 비트코인을 호출하고 일을 할당받아 그것을 BitDNS의 getwork에 넘긴 후 하나로 합쳐 작업을 만드는 식이 될 겁니다.

--

채굴자들이 기본적으로 '추가 작업'을 해야 한다는 것처럼 들리네요. 추가 작업으로 BitDNS 채굴에서 보상을 받지 못한다면(물론 메인 비트코인 작업이 느려집니다), BitDNS(그리고 다른 어떤 사이드 체인이라도)를 추가해서 채굴자가 얻을 수 있는 이익이 뭘까요?

이에 대한 사토시 씨의 생각을 조금 더 듣고 싶습니다. 😊

RE:

사토시 작성   2010년 12월 9일 22:46:50

인용 출처: nanotube 2010년 12월 9일 21:20:40

채굴자들이 기본적으로 '추가 작업'을 해야 한다는 것처럼 들리네요. 추가 작업으로 BitDNS 채굴에서 보상을 받지 못한다면(물론 메인 비트코인 작업이 느려집니다), BitDNS(그리고 다른 어떤 사이드 체인이라도)를 추가해서 채굴자가 얻을 수 있는 이익이 뭘까요?

--

채굴자가 얻는 이점은 동일한 작업으로 추가된 사이드 체인에서도 보상을 받는다는 것입니다.

비트코인 채굴 작업을 하면서 '같은 작업'으로 무료 도메인 네임도 얻을 수 있잖아요? 여러분이 주당 50 비트코인을 채굴한다면, 50 비트코인에 더해 도메인 네임도 몇 개 얻을 수 있습니다.

여러분은 전체 작업 중 한 조각을 갖고 있습니다. 그 작업 조각에서 답을 발견하면 비트코인과 BitDNS 양쪽의 블록 문제를 풀게 됩니다. 개념상 두 네트워크는 하나의 머클트리로 묶여 있어서, 비트코인에 정답을 넘기면 BitDNS의 가지가 사라지고, BitDNS에 넘기면 비트코인의 가지가 사라집니다.

실제로 해당 기능을 비트코인에 새로 추가하면 BitDNS 쪽은 아마도 200바이트 정도 크기가 늘어나겠지만 큰 부담은 아닙니다. 여러분은 블록당 대략 50개의 도메인을 이야기했는데, 이는 하위 호환성을 위해 블록당 200바이트 정도 크기를 줄어들게 할 것입니다. 블록 크기를 조금 더 줄이는 데 충분한 노력만 기울인다면, 비트코인의 구조를 머클트리가 맨 위에 오도록 변경하여 업그레이드하는 일정을, 멀더라도 특정 블록이 생성되는 시점으로 미리 정해둘 수 있을 것입니다.

체인들은 이 새로운 머클트리 아래에 위치한다는 점에 유의하세요. 그것은 비트코인과 BitDNS 각각의 블록 내에 자체적인 체인 링크를 갖고 있다는 뜻입니다. 이는 체인이 위에 있고 머클트리가 그 아래에 위치하는 일반적인 타임스탬프 서버 구조와 반대되는 형태인데요. 새로운 머클트리가 하나의 공통 마스터 체인을 만들기 때문입니다. 이것은 두 타임스탬프 서버가 하나의 체인을 공유하지 않는 구조입니다.

RE:

사토시 작성   2010년 12월 10일 17:29:28

세상의 모든 작업증명 정족수 시스템을 하나의 데이터셋으로 쌓아올린다고 높이가 높아지지는 않습니다.

비트코인과 BitDNS는 분리해서 사용할 수 있습니다. 사용자는 어느 한쪽을 사용하기 위해 양쪽 모두를 다운로드할 필요가 없습니다. BitDNS 사용자는 그 다음 무관한 네트워크들이 어느 한쪽에 쌓기로 결정한 것을 모두 다운로드하고 싶지는 않을 것입니다.

네트워크들은 서로 영향을 받지 않고 각자의 목표를 향해 나아가야 합니다. BitDNS 사용자는 상대적으로 도메인 등록 서버가 거의 필요 없기 때문에 대규모 데이터를 추가하는 기능에 대해 완전히 자유로울 수 있지만, 그에 반해 비트코인 사용자는 많은 사용자들과 소형 기기에서 사용하기 쉽도록 체인 크기를 제한하는 것에 대해 점점 완고한 입장을 취하게 될 수도 있습니다.

비트코인으로 도메인을 안전하게 구입하는 것이 꺼려진다는 점은 본질과는 거리가 먼 이야기입니다. 비트코인으로 다른 부인방지가 가능한non-repudiable* 상품들을 거래하는 것은 쉽거든요.

----

* 옮긴이_ 거래 사실을 사후에 증명 가능하게 함으로써 거래 당사자들 사이에 거래 내용을 부인하지 못하게 하는 기술

아직도 걱정된다면, 비트코인으로는 암호학적으로 위험부담 없는 거래를 만들 수 있다고 말씀드리고 싶습니다. 양쪽 당사자가 각자 트랜잭션을 만든 후 모두 트랜잭션에 서명하면 두 번째 서명자의 서명은 양쪽 트랜잭션을 모두 해제시킵니다. 두 번째 서명자의 경우 다른 한쪽을 해제하지 않고는 어느 한쪽을 해제할 수 없습니다.

RE:

할 작성   2010년 12월 10일 19:14:04

사토시 씨는 추가되는 블록체인이 각자의 취향에 맞게 코인을 만들고 거래소를 통해 비트코인과 거래할 것이라는 생각을 지지하시나요? 각각의 체인 특화 코인은 해당 체인의 채굴자에 대한 보상으로, 그리고 해당 체인의 도메인 내 권한이나 특권 같은 것을 구입하는 데 사용되겠죠?

RE:

사토시 작성   2010년 12월 10일 19:55:12

인용 출처: 할 2010년 12월 10일 19:14:04
추가되는 블록체인이 각자의 취향에 맞게 코인을 만들고 거래소를 통해 비트코인과 거래할 것이라는 생각을 지지하시나요? 각각의 체인 특화 코인은 해당 체인의 채굴자에 대한 보상으로, 그리고 해당 체인의 도메인 내 권한이나 특권 같은 것을 구입하는 데 사용되겠죠?
--

그렇습니다. 도메인과 비트코인 사이의 교환 비율은 유동적일 겁니다.
BitDNS에는 10분보다 더 긴 시간 간격이 적절할 것 같습니다.
이번 논의에서는 지금까지 나온 것만 해도 벌써 꽤 많은 관리용 데이터가 필요합니다.
비트코인 체인에서 값비싼 저장 공간 수수료를 낼 걱정 없이 모든 공간을 자유롭게 사용할 수 있다면 일이 훨씬 쉬워질 겁니다. 일부 트랜잭션은 다음과 같은 일을 합니다.

IP 기록을 바꿉니다.

이름을 변경합니다. 한 도메인 객체는 여러분에게 한 도메인에 대한 자격을 부여할 수 있고, 여러분은 그것을 점유되지 않은 어떠한 이름으로든 마음대로 바꿀 수 있습니다. 이것은 사용자가 더 이상 원치 않는 이름을 비워놓도록 독려합니다. 생성된 도메인들은 빈칸으로 시작되고 채굴자는 그것을 원하는 이름으로 바꾸고 싶어 하는 사람에게 판매합니다.

무료로 갱신할 수 있습니다. 아니면 갱신을 위해 다른 도메인 객체를 소모하도록 요구할 수도 있겠죠. 그 경우 도메인 객체들(도메인코인?)은 1년 동안 도메인 하나를 소유할 권리를 나타낼 수 있게 됩니다. 소비된 수수료는 다음 블록 수수료에 포함되어 채굴자들에게 전달됩니다.

RE:

할 작성   2010년 12월 10일 20:12:02

맞아요. 그래서 bitdnscoin이라는 것이 생긴다면(도메인체인^{DomainChain} 코인, 속칭 DCC) 어떤 용노로는 쓰임새가 있어야 합니다. 그렇지 않으면 모든 BitDNS 채굴자들은 쓸모없는 통화로 트랜잭션 수수료를 받고 블록을 다른 누군가의 등록정보로 교체해주느니, 모든 블록을 자기 자신의 도메인 네임 등록정보로 채울 것입니다.

여러분이 자신의 이름을 등록하고 다른 BitDNS 트랜잭션을 처리하기 위해 일정량의 bitdnscoin/DCC를 소비해야 한다는 것을 규칙으로 정해야 합니다. 그것이 대체 통화를 바람직하고 가치 있게 만드는 유일한 길입니다.

(뭐, 비트코인처럼 2,200만 개의 DCC만 만든다고 말할 수도 있겠죠. 그러면 코인은 비트코인과 마찬가지로 희소성에서 가치를 얻을 것입니다. 하지만 그걸로는 조금 약한 것 같네요.)

RE:

사토시 작성   2010년 12월 10일 20:19:39

동의합니다. 모든 트랜잭션과 IP 변경, 갱신 등에는 채굴자에게 가는 수수료가 조금씩 포함되어야 합니다.

고정된 총 통화량 대신, 도메인을 생성하기 위한 일정량의 작업을 고려하는 것일지도 모르겠습니다. 도메인당 작업량은 무어의 법칙에 맞춰 증가하도록 일정을 맞출 수 있을 겁니다. 그런 방법으로 도메인의 수는 수요에 맞춰 도메인 사용자의 수에 따라 증가할 것입니다.

RE:

dtvan 작성

2010년 12월 11일 07:43:08

스레드 전체를 읽어보니 도움이 될 것 같은 몇 가지 의견이 떠올랐습니다.

1) 스레드에 참여하는 모든 분들은 전체 DNS 인프라를 한 번에 교체하려는 것 같은데, 제 생각에는 잘못된 접근 방법 같습니다. 현존하는 DNS 시스템의 진짜 문제는 누군가가 루트를 소유해야 한다는 점입니다. 결국 여러분은 ICANN(국제인터넷주소관리기구)을 신뢰해야 합니다. DomainChain/BitDNS 시스템이 확실하게 집중해야 하는 부분은 도메인 네임의 소유권을 설정하는 일입니다. 그러려면 키 A를 가진 사람이 도메인 foo.bar를 소유한다는 것만 추적하면 됩니다. 이런 공유 신뢰 관계를 구축하면, 이 프로젝트에서 분리되어 독립적으로 구현 가능한 다른 많은 DNS 인프라들을 지원할 수 있습니다. 어떤 새 시스템이 만들어지든 DomainChain/BitDNS를 사용하여 어떤 키가 도메인을 사용하는지 설정하고 해당 키의 소유자만 그 도메인에 기록을 써넣게 할 수 있습니다. 시스템의 모든 참가자는 자신이 조회한 기록이 유효한지 검증할 수 있기 때문에 이 방법은 효과적입니다. 우리가 해야 하는 일이 DNSSEC의 루트와 몇 가지 새로운 P2P DNS 등을 만들어내는 신뢰받는 분산 권한을 구축하는 것이 전부라면, 지금 당장은 DNS 기록을 관리하는 데 필요한 모든 세부 작업 때문에 교착상태에 빠지기 쉽습니다. 저는 이것이 HTTPS에서 CA(인증기관) 문제를 해결하는 데 사용될 수 있다고도 생각하는데요. 인증서를 같은 키로 서명하면 올바른 서버에 도달했음을 입증할 수 있기 때문입니다. 하지만 논지에서는 조금 벗어난 것 같군요.

2) 최상위 도메인TLD 제한은 필수 사항이 되어야 합니다. 이 시스템이 이름 충돌을 방지하여 기존의 DNS 인프라와 상호 운영되지 않는다면 사토시 씨가 구축하려 애쓰는 신뢰 관계를 약화시킬 겁니다. 만일 어떤 신규 사용자가 www.mylocalbank.com을 차지해서 말썽을 일으킬 수 있다면 저조차도 제가 분산형

DNS 시스템에 가입할 준비가 되었다고는 말하지 못할 겁니다. 저는 .web을 최상위 도메인으로 사용할 것을 조심스레 제안해봅니다. 하지만 길이가 짧고 현재 사용되고 있지 않은 도메인이라면 다른 것도 괜찮을 거예요.

지금은 기존 시스템과 충돌하지 않는 방식으로 이 기능을 구성하고 실행하는 데 초점을 맞춰야 합니다. 이 시스템이 어느 시점에 대세가 되어 처리해야 할 최상위 도메인이 늘어난다면, 그것은 그때 가서 대응할 수 있는 '문제'입니다.

3) 개인적으로 도메인 네임을 만료시키는 것이 최고라고 생각합니다. 오늘날 갱신 비용이 상대적으로 비싼데도 여전히 수많은 쓰레기 도메인들이 존재합니다. 여러분이 하나의 도메인을 영원히 소유한다면 상황이 얼마나 나빠질지 상상도 가지 않습니다. 도메인을 유지하기 위해 주기적으로 갱신해달라는 것은 대단한 부탁이 아닙니다. 특히나 이 시스템이 오늘날의 기존 시스템만 못한 아류작이 되어서는 안 되기 때문입니다.

이 작업은 정말 흥미진진한 일이라고 말하면서 글을 마무리할까 합니다. DNS 문제를 해결하는 방법에 대한 수많은 아이디어들을 읽어봤는데, 이것은 제가 본 것 중 문제를 실제로 해결할 수 있는 (그리고 ICANN을 당신이 뽑은 자비로운 새 녹재자로 대체하지 않는) 최초의 아이디어입니다

RE:

사토시 작성 2010년 12월 10일 20:19:39

@dtvan 씨, 3가지 훌륭한 의견 모두에 대해 답변드립니다.

1) IP 기록은 체인에 들어갈 필요가 없고, DNS가 아닌 등록자 기능만 하면 됩니다. 그러면 CA 문제는 해결됩니다. 깔끔하죠.

2) 최상위 도메인 하나를 선택하고 .web + 1을 해줍니다.

3) 만료와 상당량의 갱신 비용이요. 꽤 중요합니다.

--

> 인용 출처: joe 2010년 12월 11일 10:53:58
> 하지만 조금 더 생각해보니 메인 네트워크에 추가적으로 코인베이스와 추적시스템을 포함시키는 쪽이 더 나은 것 같습니다. 그 이유는 CPU 파워가 다수의 네트워크로 나뉘어 희석되지 않게 하기 위해서입니다. 우리에게는 하나의 강한 네트워크가

필요하므로 네트워크가 다목적이어야 합니다.

--

CPU 파워의 파편화를 막는다는 것은 더 이상 이유가 되지 않습니다. 독립 네트워크 및 체인들은 다른 많은 것을 나누지 않고도 CPU 파워를 공유할 수 있습니다. 다음을 참고하세요(http://bitcointalk.org/index.php?topic=1790.msg28696#msg28696 및 http://bitcointalk.org/index.php?topic=1790.msg28715#msg28715).

(참고로, 사토시 씨가 초창기에 쓴 글 두 개가 이 스레드에 포함되어 있습니다.)

다음 스레드에서도 동일한 주제를 다뤘습니다.

RE: 혼란스러운 BitDNS 수수료

New Message ⌄ ✕

galeru 작성   2010년 12월 9일 19:45:38

현재 BitDNS나 BitX의 포함에 관한 논쟁들에서는 채굴자가 다소 세분화된 조건에 기반하여 트랜잭션 포함 여부를 정할 것이라고 가정합니다. 하지만 프로그래머가 아닌 사람들이 그와 같은 결정을 할 수 있도록 해주는 기능은 표준 코드 어디에도 포함되어 있지 않습니다. 사용자인 제가 어떤 종류의 수수료를 트랜잭션에 넣어야 하는지 어떻게 알까요?

RE:

jgarzik 작성   2010년 12월 9일 23:07:04

인용 출처: davout 2010년 12월 9일 21:08:55

--

다음 예에서 궁금한 점이 있습니다.

제가 X개의 코인을 어떤 주소로 보내기 위해 트랜잭션을 전파합니다.

저는 트랜잭션에 수수료를 넣지 않았기 때문에 트랜잭션은 한동안 블록에 포함되지 않을 겁니다. 제가 그 트랜잭션을 취소하고 약간의 수수료를 넣어 다시 전파시킬 방법이 있을까요?

--

트랜잭션 교체에 대해서는 락타임^{locktime}(잠금시간)에 대한 논의를 참고하세요 (https://bitcointalk.org/index.php?topic=1786.msg22119#msg22119).

RE:

사토시 작성   2010년 12월 9일 23:58:54

락타임은 안 됩니다.

먼 훗날 구현 가능한 설계안이 있어요.

당신은 의도적으로 이중지불을 작성합니다. 거기에는 동일한 입력값과 출력값을 기록하지만 이번에는 수수료가 있습니다. 이중지불이 블록에 포함되면 첫 번째 소비는 무효기 됩니다. 그때 새 트랜잭션이 유효해지고 오래된 트랜잭션은 무효가 되어 새 트랜잭션이 그 자리를 차지하므로 수취인은 알아차리지 못합니다.

말은 쉽지만 구현하기는 어렵습니다. 클라이언트가 이중지불을 올바르게 작성하고 지갑 내 두 버전 중 하나가 선택될 때까지 관리하며, 모든 예외 상황들을 처리하도록 만들려면 상당한 양의 작업이 필요합니다. 기존 코드는 당신이 이중지불을 작성하려고 하지 않을 것이라는 가정하에서 작성되었습니다.

비트코인 채굴기 쪽 역시 트랜잭션 풀에 이중지불을 추가할 수 있게 하려면 약간의 변경이 필요합니다. 그러나 입력값과 출력값이 일치하고 트랜잭션 수수료가 더 높은 경우에만 엄격히 적용되어야 합니다. 현재는 이중지불이 트랜잭션 풀에 들어가도록 허용되지 않으므로, 모든 노드는 블록에 트랜잭션을 넣는 작업을 통해 어느 쪽 트랜잭션을 먼저 발견했는지 확인할 수 있습니다.

비트코인과 말벌통을 걷어찬 위키리크스

위키리크스가 화두로 등장하고 비트코인이 위키리크스의 자금 조달을 도울 수 있을 것이라던 이야기들을 감안해, 「PC World」*에서는 비트코인에 관한 기사를 하나 기고했습니다. 분명 비트코인은 언론의 관심을 끌고 있었습니다. 흥미로운 것은 위키리크스가 "말벌통을 걷어찼다"라고 언급한 사토시의 의견이었습니다. 이번 장에는 「PC World」의 기사 링크에 이어 사토시의 의견을 추가했습니다.

위키리크스 스캔들이 새로운 가상화폐로 이어질 수 있을까?

- http://www.pcworld.com/article/213230/could_wikileaks_scandal_lead_to_new_virtual_currency.html

....

* 옮긴이_ IDG 그룹에서 발행하는 컴퓨터 잡지로, PC와 인터넷 관련 기술 등에 관한 내용들을 다룬다. 1983년 종이 잡지 형태로 처음 발행되었고 2013년부터는 온라인 버전만 발행하고 있다.

RE: 비트코인에 관한 PC WORLD의 기사

사토시 작성   2010년 12월 11일 23:39:16

다른 상황에서 이런 관심을 받았더라면 좋았을 텐데요. 위키리크스가 말벌통을 걷어찼고, 이제 그 벌떼가 우리를 향해 다가오고 있습니다.

사토시의 포럼에 남긴 마지막 글: 비트코인 0.3.19 배포

'말벌통' 관련 글을 작성한지 19시간 후, 사토시는 포럼에 '공적인 삶'에서 물러나기 전의 마지막 글을 남겼습니다. 해당 글은 bitcointalk.org에 올라왔는데 2014년 3월 p2pfoundation 포럼에 글을 남기기 전까지는 그것이 사토시가 포럼에 남긴 마지막 글이 되었습니다.

DoS 공격 제한 기능 일부 추가, 안전 모드 제거(0.3.19)

New Message	
사토시 작성	2010년 12월 12일 18:22:33

DoS에 대해서는 아직 해야 할 작업이 남아 있습니다. 하지만 복잡한 아이디어들을 시험하기 전에, 필요할 경우를 대비해 지금까지 진행한 부분들을 퀵빌드*하는 중입니다. 이번 빌드의 버전은 0.3.19입니다.

- - - - - - - - - - - - - - - - -

* 옮긴이_ 소프트웨어 분야에서 빌드(build)란 프로그램 코드로부터 독립적으로 실행 가능한 결과물을 만들어내는 과정과 그 결과물 모두를 의미한다. 본문의 퀵빌드는 빌드에 필요한 여러 가지 과정을 최적화한 작업을 의미한다.

DoS 제어 기능 일부 추가

개빈과 제가 전에 분명히 말씀드렸듯이, 비트코인 소프트웨어는 DoS 공격에 전혀 대비되어 있지 않습니다. 이번 버전은 하나의 개선책입니다. 그러나 아직 제가 생각할 수 있는 것보다 더 많은 공격 방법들이 존재합니다.

필요할 경우 사용하시라고 -limitfreerelay 부분은 일단 스위치로 남겨두겠습니다.

'안전 모드' 경고 제거

'안전 모드' 경고는 0.3.9의 오버플로 버그 이후 한시적 조치였습니다. 저희는 사용자가 '-disablesafemode' 옵션으로 프로그램을 실행할 수 있기를 바라는 입장이지만 깔끔한 모양새가 아니라 없애는 것이 나을 것 같습니다. 장기간 사용할 의도로 만든 것은 절대 아니었습니다. 안전 모드는 더 긴(작업증명 총량이 더 큰), 유효하지 않은 블록체인을 발견하면 여전히 트리거될 수 있습니다.

빌드:

http://sourceforge.net/projects/bitcoin/files/Bitcoin/bitcoin-0.3.19/*

2014년 3월 14일 현재, 2014년 3월 7일에 사토시가 p2pfoundation에 남긴 다음 글이 마지막입니다.

저는 도리안 나카모토가 아닙니다

이것은 비트코인을 창시한 사토시 나카모토가 캘리포니아에 사는 도리안 사토시 나카모토라는 이름을 가진 한 남자로 밝혀졌다고 주장한 잡지 기사에 대한 반응이었습니다.

---

* 옮긴이_ 현재는 다운로드가 불가능하며, 버전 0.11.0 이후의 실행파일과 소스코드는 bitcoincore.org/en/releases와 github.com/bitcoin에서 얻을 수 있다.

더스틴 트람멜에게 보낸 이메일

다음은 사토시 나카모토와 더스틴 트람멜^{Dustin Trammell} 사이에 직접 주고받은 이메일들이며, 관대한 더스틴 트람멜 덕분에 출판할 수 있었습니다.

이메일 1: 타임스탬프와 비트코인의 성숙

첫 메일 교환에서는 타임스탬프 문서 서비스와 비트코인 채굴 성숙에 대한 논의가 있었습니다. 이 주제들은 나중에 공개 포럼에서 논의됐으나 사토시 는 더스틴 트람멜과의 개인 대화에서 먼저 이야기를 시작했습니다.

New Message   _ ⟋ ×

사토시 나카모토   2009년 1월 13일 02:33:28 +0800

수신: dtrammell@dustintrammell.com

--

지금 사토시씨의 논문을 읽어보고 있습니다. 타임스탬프 서버 항목에서 신문과 유 즈넷을 언급하셔서, 아직 못 보셨다면 다음 내용에 관심이 있으실 거라고 생각했습니다.

http://www.publictimestamp.org/

--

감사합니다. 처음 보는 내용이네요. 설명이 잘 되어 있는 것 같습니다.

더 오랜 기간 운영해오면서 유즈넷에 해시를 게시하던 곳이 있었습니다. 요즘에는 자동화된 방법으로 인해 유즈넷에 글을 올릴 권한을 얻기가 조금 어려워졌지만, 여기는 유즈넷을 사용하지 않는다는 점에서 조금 놀라웠습니다. 타임서버 운영자들이 잡지나 신문에 해시를 게재할 수 있다면 법정에서 의도한 바를 더 쉽게 이룰 수 있을 겁니다.* 비트코인과 모든 타임스탬프 서버들은 주기적으로 항목을 수집해서 블록에 넣고 그것을 해싱하여 체인을 만드는 기본 기능을 공유합니다.

--

그런데, 저는 제 워크스테이션 중 하나에서 비트코인 알파 코드를 실행하고 있기도 합니다. 지금까지는 두 개의 'Generated' 메시지를 받았지만 'Credit'(입금) 필드는 0.00이고 잔고에도 변화가 없습니다. 이것은 코인이 유효한 상태가 되는 데 필요한 경과 시간과 성숙 조건 때문인가요?

--

그렇습니다. Credit 항목은 성숙되기 전까지는 0.00으로 유지되다가 성숙된 후에는 50.00이 될 겁니다. 성숙되기 전까지 Credit 항목을 빈칸으로 놔둬야 혼동이 덜할까요? 트랜잭션 세부항목에 (항목을 더블클릭하면) 어떻게 동작하는지 간단한 설명문구를 넣어둬야겠습니다(한 라인을 더블클릭하면 세부사항을 확인할 수 있다는 점이 화면상에서 잘 나타나 있었나요?).

아직 업그레이드를 안 하셨다면 0.1.3 버전으로 업그레이드했는지 확인해보세요. 이번 버전은 꽤 안정적으로 동작합니다.

사토시

이메일 2: 후속 논의

사토시 나카모토   2009년 1월 13일 15:55:13 +0800

수신: dtrammell@dustintrammell.com

--

제 코드는 실제로 해시 블록을 'proof-hashes'라는 이름의 구글 그룹에 게시합니다. 그래서 유즈넷에 게시하던 것과 비슷한 결과를 냅니다.

http://groups.google.com/groupproof-hashes

제가 저 그룹을 운영한 이래, 그룹의 유일한 목적은 작업증명 해시를 보관하는 것이었습니다. 원하시면 계정에 가입하시고 사토시 씨의 시스템이 해당 그룹에 게시하도록 만들어보세요.

--

끌리네요. 한때 저는 유즈넷에서 필요할 때 사용할 만한 그룹을 찾았지만 꼭 맞는 것은 없었습니다. 확실히 구글 그룹이 글을 올리기에는 훨씬 쉽습니다.

유즈넷이나 구글 그룹을 보조 방어수단으로 사용할 수 있는 몇 가지 시나리오가 있습니다. 비트코인은 전체 네트워크의 CPU 파워가 작았던 초창기에 가장 취약한 상태였습니다. 크기가 작으면 네트워크를 공격해서 얻는 인센티브 또한 낮다는 점 때문에 취약점이 상쇄됩니다. 그저 네트워크가 확대되어 취약한 단계를 벗어나는 쉬운 해결책이 효과가 있길 바라는 거죠. 그렇지 않고 실제로 공격을 받는 상황까지 간다면 구글 그룹의 도움을 받을 수 있는 방법이 있습니다.

--

저는 전자 통화와 암호학에 많은 관심을 갖고 있습니다. 그래서 비트코인 프로젝트가 크립토그래피 이메일 리스트에 게시된 것을 발견하자마자 바로 이 프로젝트에 이끌렸음을 짐작하실 겁니다. 피드백 주실 일이 있거나 새로운 기능들을 테스트해보려면 언제든 연락 주세요. 기꺼이 도와드리겠습니다.

--

우리는 정말 비슷한 관심사를 갖고 있군요!

아시다시피 1990년대에는 관심을 가진 사람이 훨씬 더 많았지만 신뢰하는 제3자 기반 시스템(Digicash 등)이 10년 넘게 실패를 거듭한 이후로는 그것을 가망없다고 생각하게 되었습니다. 우리가 시도하는 비신뢰 기반 시스템이 제가 아는 한 최초라는 차별점을 사람들도 알아봐주길 바랍니다.

--

코인이 성숙해지면 새로운 'Credit' 트랜잭션이 생성되나요? 아니면 기존의 생성 트랜잭션 라인의 Credit 필드가 업데이트되나요?

--

기존의 트랜잭션 라인이 변경됩니다.

--

0.1.3 버전을 열어보니 제 트랜잭션의 4개 항목 모두는 아직 '확인되지 않음 unconfirmed'으로 나타나는데, 현재 설명 항목은 '생성됨[Generated](승인되지 않음[not accepted])'으로 표시됩니다.

이것은 다른 노드가 먼저 체인을 확장시켰고 제 코인은 죽은 가지에서 생성되었다는 뜻인가요? 그렇다면 왜 이전 소프트웨어는 그걸 바로 감지한 후 승리하는 가지에서 코인 생성을 시작하지 않은 것인가요? 0.1.0의 버그인가요?

--

맞습니다. 그 부분은 죄송합니다. 해당 버그는 0.1.3에서 수정되었습니다.

통신 스레드는 차단될 겁니다. 그래서 연결에는 성공해도 잠시 후 아무 반응이 없을 거예요. 블록을 하나 발견했을 때 그걸 네트워크에 전파할 수 없으니 체인에도 포함될 수 없겠죠. 네트워크를 재시작하기 전까지는 네트워크가 당신 없이 계속 작동했는지 알 수 있는 어떤 정보도 수신하지 못했던 겁니다.

해당 버그는 bitcoin.exe가 종료에 실패한 원인이기도 합니다. 통신 스레드가 차단되고 종료도 실패했습니다. 비트코인은 중요한 트랜잭션 작업이 진행 중일지도 모르는 상황에 대비해 신중하게 종료 작업을 진행합니다. 그러나 실제로는 강제 종료시켜도 전혀 문제가 없습니다.

이 점은 0.1.3에서 모두 수정되었습니다. 제게 IP를 알려주시면 코인을 조금 보내드릴 게요.

--

다른 질문이 하나 더 있는데요. 가장 많은 CPU 파워를 가진 싱글노드가 비트코인의 대부분을 생성하고 보유하는 것을 어떻게 막나요?

모든 노드가 다른 노드들과 독립적으로 작업을 진행하고 한 노드가 다른 노드보다 특별히 더 강력하다면, 이 노드가 다른 노드보다 적절한 답에 도달할 가능성이 더 높은 것 아닌가요? 연산능력이 부족한 노드는 어쩌다 한 번 운이 좋을 수는 있겠지만, 뛰어난 연산능력을 보유한 노드라면 제 생각에 대부분의 비트코인이 가장 강력한 노드에 의해 생성될 것 같습니다.

--

자동차 한 대가 다른 차보다 두 배 빠르다고 해서 항상 승리하는 식의 경주는 아닙니다. SHA256의 계산은 1마이크로초도 걸리지 않고 매 추측마다 성공 확률은 독립적입니다. 각 컴퓨터가 해시 충돌을 발견할 확률은 그 CPU 파워에 선형적으로 비례합니다. 속도가 절반인 컴퓨터는 코인의 절반을 얻게 되겠죠.

--

이 인스턴스가 잘 동작할지 지켜보겠습니다.

--

어떻게 되는지 알려주세요. 문제가 발생하면 debug.log 파일을 저에게 보내주세요. 그 파일만으로도 어디가 잘못되었는지 알 수 있는 경우가 있거든요.

사토시

이메일 3: 비트코인의 잠재력에 대해

다음 메일 내용으로 보아 사토시는 비트코인이 그렇게 빨리 수용되리라 예상하지 못하고 있었던 것 같습니다.

New Message	_ ↗ ×
사토시 나카모토	2009년 1월 16일 03:15:14 +0800

수신: dtrammell@dustintrammell.com

--

한동안 그 주소를 유지하고 있었습니다. dhcp 클라이언트가 잘 갱신해서 제 주소를 잃어버리지 않았으면 좋겠네요. 주소가 가끔씩 바뀌는 일은 있지만 그 주소는 한동안 괜찮을 겁니다.

--

같은 B클래스 내에서 인바운드 IP가 계속 바뀌는 노드는 최소한 하나 이상 존재합니다. 아마 프로그램이 실행될 때마다요. 그런 상황은 예상 못했습니다.

--

이후 메일들에 비트코인 리스트[bitcoin-list]나 암호화 기법을 참조로 추가해도 될까요? 말이 나온 김에, 비트코인 리스트는 다음과 같습니다.

● 비트코인 리스트

bitcoin-list@lists.sourceforge.net

● 구독/해지 페이지:

http://lists.sourceforge.net/mailman/listinfo/bitcoin-list

● 아카이브:

http://sourceforge.net/mailarchive/forum.php?forum_name=bitcoin-list

--

더스틴 D. 트람멜 작성

--

시토시 니가모도 직싱
아시다시피 1990년대에는 관심을 가진 사람이 훨씬 더 많았지만 신뢰하는 제3자 기반 시스템 (Digicash 등)이 10년 넘게 실패를 거듭한 이후로는 그것을 가망없다고 생각하게 되었습니다. 우리가 시도하는 비신뢰 기반 시스템이 제가 아는 한 최초라는 차별점을 사람들도 알아봐주길 바랍니다.

--

네, 그것이 제 관심을 사로잡은 주요 기능이었습니다. 중요한 점은 사람들이 비트코인의 진정한 가치를 이해해서 비트코인이 화폐가 되도록 하는 일일 것입니다.

--

Hal 씨가 가망 없는 투자로 생각될 가능성이 있다고 언급했습니다만, 지금부터 10년 후 우리가 어떤 식으로든 전자화폐를 사용하지 않는다면 그것이야말로 놀라운 일일 겁니다. 이제 우리는 신뢰할 만한 제3자가 제 기능을 못 하면 거래를 망칠 수밖에 없는 일을 겪지 않아도 되는 방법을 알고 있습니다.

곧바로 실현되지는 않더라도 언젠가 토큰이나 전자화폐가 필요한 누군가의 계획에 사용될 것입니다. 아마 보상 포인트, 기부용 토큰, 게임 머니나 성인사이트에서의 소액 결제 같은 폐쇄 시스템에서 시작할 수 있을 겁니다. 일단 자립 단계에 도달해서 자판기에 동전을 넣듯 웹사이트에 몇 센트를 쉽게 지불할 수 있게 된다면 응용할 수 있는 사례가 엄청나게 많아질 것입니다. 지금이라도 건별 과금형 이메일에 사용할 수 있는데요. 발신 내용 입력 창은 크기를 조절할 수 있어서 원하는 만큼 긴 메시지를 입력할 수 있습니다. 연결이 이뤄지면 바로 전송되고요..수신자는 트랜잭션을 더블 클릭해서 전체 메시지를 볼 수 있습니다. 어떤 유명인이 읽을 수 있는 양보다 더 많은 이메일을 받고 있고 팬들은 연락할 수단을 갖고 싶다면, 비트코인을 설치하여 자신의 웹사이트를 통해 IP 주소를 제공하는 방법을 활용할 수 있습니다. "이 IP에 개설된 우선순위 핫라인으로 비트코인 X개를 보내시면 제가 메시지를 개인적으로 읽어보겠습니다."

유료 사용자와의 차별점을 두기 위해 무료 체험판 사용에 추가로 작업증명을 요구하는 구독 사이트라면 체험판 사용 비용을 비트코인으로 받을 수도 있을 겁니다.

사토시

이메일 4: 공격과 비트코인 전송에 관여한 IP 주소에 대해

New Message	⎯ ⌃ ×
사토시 나카모토	2009년 1월 16일 03:46:30 +0800

수신: dtrammell@dustintrammell.com

--

공격을 두 종류로 나눴습니다.

1) 실제로 통신 체인상에 있는 사람만 할 수 있는 공격
2) 인터넷 어디서든 누구나 할 수 있는 공격

1번 유형은 집이나 회사의 LAN상에 있는 사람들, 중간에 거쳐가는 ISP의 관리자들, 그리고 수취인 쪽의 LAN에 당신을 노출시킵니다.

2번 유형은 스스로의 선택으로 공격자가 될 수 있는 10억 명의 사람에게 당신을 노출시키고, 여러 명의 피해자를 공격할 수 있는 기술 하나가 개발되면 규모의 경제가 출현하게 됩니다.

IP로 송금하는 요청에는 새로운 공개키가 필요하므로 1번 유형의 중간자 공격에 취약합니다. 그것이 문제라면 프라이버시를 약간 희생하더라도 그런 취약점이 없는 비트코인 주소로 송금하는 방법이 있습니다. 제 느낌상 사람들은 대부분 비 SSL 웹사이트와 서명되지 않은 일반 텍스트 이메일에서 비트코인 주소를 가져올 것 같은데, 그것은 DNS 포이즈닝poisoning 때문에 이미 1번, 2번 유형에 전부 취약합니다.

한 가지 해결 방법은 송금 시 IP 주소와 비트코인 주소를 모두 사용하는 것입니다(아마 1.2.3.4-1Kn8iojk…와 같은 식으로). 그리고 수취인은 비트코인 주소의 공개키를 사용하여 당신이 생각하는 그 사람에게 송금한다는 것을 증명하기 위해 새로운 공개키에 서명합니다. 시스템이 실제 사업 목적으로 사용되기 시작한다면 저는 그렇게 구현할 겁니다. 또 다른 해결 방법은 SSL을 사용하는 것입니다.

지금은 IP로 송금할 경우 수취인에 관한 다른 식별 정보를 제공하지 않으므로, 해당 IP에 응답하는 누구에게든 별다른 확인 절차 없이 송금하게 됩니다.

나중에 구현할 또 다른 기능은 지갑을 암호화하기 위한 옵션입니다.

제가 진행 방법을 제대로 이해했다면, 블록체인에 넣을 트랜잭션을 계산만 하고 전송 대상이 되는 수취인이 그것을 '발견'하게 하는 것 같은데요. 맞나요?

--

맞습니다.

--

한 가지 대안은 네트워크 노드들이 주소 변환 서비스resolution service를 제공할 수 있도록 허용하는 것입니다. 그래서 노드들이 비트코인 주소에 대한 네트워크 연결 주소를 여기저기 알아보고, 해당 노드가 온라인 상태일 경우 비트코인을 보낼 주소에 대한 네트워크 합의만 이루어지면 애플리케이션이 그 노드에 직접 연결되도록 하는 것입니다.

--

비트코인 주소만 있으면 되고 IP는 무대 뒤에서 일을 처리하도록 하는 것이 좋겠습니다. 프라이버시나 서비스 거부 문제가 생길 수도 있으나, 다른 송금 방법이 확실히 구현되기 전까지는 설계에 대해 충분히 생각해보고 최선의 방법인지 확인할 시간이 넉넉히 있습니다.

사토시

이메일 5: 잠재적 손실과 백업의 필요성에 대해

사토시 나카모토   2009년 1월 17일 02:32:48 +0800

수신: dtrammell@dustintrammell.com

--

이 주제에 관해 어떤 생각이 떠올랐는데요. 바로 시스템에 오류가 발생할 경우 비트코인 손실이 발생할 가능성입니다. 애플리케이션은 실행되는 디렉터리 내에 어떤 데이터도 저장하지 않는 것 같습니다. 그래서 저는 정보가 레지스트리나 다른 장소에 저장될 것이라고 추측합니다(직접 확인해보려고 ProcessExplorer를 크랙해본 건 아닙니다). 그러므로 애플리케이션이 복구에 필요한 모든 것을 파일 하나로 내보내서 시스템을 백업할 수 있도록 하는 것은 좋은 생각인 것 같습니다.

--

그 파일들은 '%appdata%\Bitcoin'에 있습니다. 그게 백업할 디렉터리죠. 데이터는 트랜잭션의 데이터베이스 DBM에 저장되므로 컴퓨터가 다운되거나 정전이 발생해도 손실로부터 안전합니다.

%appdata%는 사용자별 접근 권한을 가집니다. 마이크로소프트가 윈도우 배포판마다 디렉터리 이름을 바꾸고 공백으로 가득 채우거나 화면을 벗어날 정도로 길게 만드는 변덕을 부리더라도, 파이어폭스 같은 대부분의 새로운 프로그램들은 설정 파일을 거기에 저장합니다.

--

제가 오늘 한 가지 더 발견했는데, 애플리케이션을 종료했을 때 네트워크 소켓이 확실히 종료되지 않는 것 같습니다(TCP 리셋명령[RST]이 돌아다니기 시작합니다). 아마도 개발 예정 리스트에서 우선순위가 낮은 항목인가 보네요. 😑

--

그 문제를 해결할 코드를 다음 배포판에 방금 추가했습니다.

사토시

이메일 6: 사토시가 비트코인을 송금함

사토시 나카모토   2009년 1월 19일 00:54:32 +0800

수신: dtrammell@dustintrammell.com

--

비트코인을 받으실 주소는 집에서 사용하는 주소여야 합니다. 비트코인이 누구로부터 송금되었는지 알릴 방법이 없기 때문에, 비트코인을 트람멜 씨의 주소들 중 어디로 받았는지 제게 알려주시는 것이 제일 좋을 것 같습니다.

여러 개의 주소를 만들어서 사람들에게 각각 다른 주소를 주고 레이블을 붙여두면, 누가 당신에게 송금하는지 알아내는 데 도움이 됩니다.

비트코인은 당신이 붙인 이름 이외의 다른 이름은 모릅니다. 비트코인 애플리케이션 화면에 출력되는 이름은 당신의 비트코인 주소 오른쪽에 있는 주소록 버튼 또는 'Change…'(수정) 버튼 아래에 각각 나타나는데, 해당 비트코인 주소와 당신의 주소록을 연결해놓은 것입니다.

--

안녕하세요, 사토시씨

처음에 25.00 비트코인을 송금하시고 나서 제게 100.00 비트코인을 더 보내신 건 아니죠? 보내셨나요? 저는 IP가 아닌 비트코인 주소를 사용해 직장에 있는 비트코인 애플리케이션에서 집에 있는 애플리케이션으로 100.00 비트코인을 송금했습니다. 집에 있는 애플리케이션은 100.00 비트코인을 송금 받았는데, 트랜잭션 설명에 다음과 같이 나와 있습니다.

"함께 받은사람: 사토시 12higDjoCCNXSA95xZMWUdPvXNmkAduhWv".

이건 직장의 제 비트코인 주소가 아니군요. 그래서 당신의 클라이언트가 계산한 블록에 포함된 지불 내용을 제가 받은 게 아닐까 싶습니다. 그렇다면 클라이언트는 지불을 생성한 비트코인 주소 외에 당신 이름을 어떻게 알았을까요? 제 애플리케이션에는 제 이름을 넣을 공간조차 없었던 것 같은데요.

더스틴 D. 트람멜

http://www.dustintrammell.com

마지막 서신

알려진 바로는 개빈 안드레센이 사토시 나카모토와 개인적으로 메일을 주고받은 마지막 사람입니다. 2010년 12월 bitcointalk.org의 포럼에 사토시의 마지막 글이 게시되고 4개월이 흘렀습니다. 개빈 안드레센은 사토시가 공개적인 삶에서 물러난 이후 사토시와 몇 번 개인적인 메일을 주고 받았습니다. 그러나 개빈은 사토시가 보낸 마지막 이메일만 공개적으로 공유하기로 결정했습니다.

사토시에게서 온 이메일

New Message ___ ✕

개빈 안드레센   2011년 4월 26일

인용 출처: 사토시 나카모토 2011년 4월 26일

개빈 씨가 저를 신비한 그림자 같은 인물로 계속 이야기하지 않으셨으면 합니다. 언론에서 비트코인을 해적 통화 관점에서 바라보게 만들 뿐이니까요. 그런 시각을 오픈소스 프로젝트에 대한 시각으로 바꿔주시고, 당신의 개발 참여자들에게 더 많은 신뢰를 보내주세요. 개발자들에게 동기 부여가 될 겁니다.

––

포브스 기사를 읽으셨나 보군요. 네. '별난 해적 화폐'라는 톤은 저도 달갑지 않습니다.

나머지 기여자에게 더 많은 신뢰를 준다는 것은 매우 훌륭한 생각입니다.

다음은 완전히 다른 주제인데요. 저는 똑똑해 보이고 싶지만 바보같은 짓일 수도 있는 어떤 일을 저질렀습니다.

저는 IQT(http://www.iqt.org/)에서 연락을 받았습니다. 그들은 미국 정부로부터 자금을 지원 받는 '전략적 투자' 회사인데, 미국의 정보 기관들을 위해 신생 기술들을 소개하는 연례 회의를 개최하는 업무도 한다고 합니다. 올해의 주제는 '화폐의 이동성'입니다.

그들은 제게 비트코인에 대해 설명해줄 수 있는지 물었고, 저는 50분 동안 프레젠테이션한 후 패널 토론에 참가하겠다고 했습니다.

저는 '그들'에게 직접 이야기하고, 더 중요하게는 그들의 질문과 염려를 들어봄으로써 제가 비트코인을 바라보듯 그들이 비트코인을 정말로 더 낫고 더 효율적이며, 정치적 변화의 영향을 덜 받는 화폐라고 생각하길 바랐습니다. 무정부주의자들이 체제를 전복시키기 위해 사용할 강력한 암시장의 도구로서가 아니라요.

이로 인해 비트코인이 그들의 감시망에 더 잘 걸리게 된다면 정말 멍청한 짓을 한 것일 수도 있습니다만, 돌이키기엔 너무 늦은 것 같습니다. 비트코인은 이미 그들의 감시망에 들어와버렸습니다.

이 내용은 조만간 포럼에 게시할 생각입니다. '개빈이 비밀리에 CIA를 방문하다'라는 말이 온갖 종류의 음모론을 불러일으킬 것 같아서요. '개빈이 공개적으로 CIA를 방문하다'도 그 나름대로 꽤나 음모론을 만들어내겠죠.

비트코인과 할 피니

할 피니*는 최초의 비트코인 트랜잭션 수취인이자 일찍부터 관여했던 사람 이므로 2013년 3월 19일 bitcointalk.org 포럼에 그가 올렸던 멋진 글은 추가할 가치가 있습니다.

---

* 옮긴이_ 비트코인의 초기 사용자이자 채굴자였고, 사토시로부터 비트코인을 최초로 전송받은 사람으로도 알려져 있다. 2014년 8월 루게릭병으로 사망했다. 본인은 부인했으나 한때 할이 사토시라는 추측도 있었고, 할 피니의 사망 이후 사토시의 흔적도 완전히 사라졌다는 점 때문에 할 피니가 사토시로 1인 2역을 한 것일 수도 있다는 추측이 제기되었다.

비트코인과 할 피니

비트코인과 저에게 다사다난했던 지난 4년에 대한 글을 쓰겠노라 생각했습니다.

저를 모르는 분이 계신다면, 저는 할 피니입니다. 초기 버전의 PGP를 개발하는 것으로 제 암호학 관련 경력을 쌓기 시작했으며, 필 짐머만과는 긴밀히 협업을 진행했습니다. 필이 PGP 회사를 설립하기로 결정했을 때, 저는 첫 번째로 고용된 사람 중 한 명이었습니다. 저는 은퇴할 때까지 PGP 관련 일을 할 계획이었습니다. 같은 시기에 사이퍼펑크 Cypherpunk 들과도 어울렸습니다. 또한 최초로 암호화 기반 익명 리메일러 서비스를 운영하기도 했습니다.

2008년 후반 비트코인이 발표된 시기로 빠르게 넘어가보면, 저는 중년 암호학자들이 냉소적인 경향을 갖고 있다는 것을 알게 되었습니다(당시 저는 50대 중반이었습니다). 저는 그보다는 더 이상주의적이었으며 언제나 암호학과 미스터리 그리고 그 패러독스를 사랑했습니다.

사토시 씨가 크립토그래피 메일링 리스트에서 비트코인을 발표했을 때는 기껏해야 비판적인 수준의 반응밖에 없었습니다. 암호학자들은 멋모르는 초심자가 내놓는 거창한 방법들을 많이 보아왔기 때문에 기계적으로 반응하는 경향이 있었습니다. 저는 조금 더 긍정적인 편이었으며 암호학적 지불 방법에 대해 오랫동안 관심을 가져왔습니다. 또한 운 좋게도 비트코인을 실현할 아이디어들을 만들어낸 것으로 널리 알려진 웨이 다이Wei Dai와 닉 재보Nick Szabo를 모두 만나 폭넓게 의견을 주고받을 수 있었습니다. 저는 스스로 RPOW라 불리는 작업증명 기반 화폐를 만들려는 시도를 한 적도 있습니다.

사토시가 소프트웨어의 첫 번째 배포판을 발표했을 때 그게 무엇인지 바로 알아챘습니다. 저는 사토시를 제외하고 처음으로 비트코인을 실행해본 사람일 것이라 생각합니다. 그 당시 저는 블록 70여 개를 채굴했고, 사토시가 테스트용으로 제게 비트코인 10개를 보냈을 때 첫 번째 비트코인 트랜잭션의 수취인이 되었습니다. 저는 이후 며칠 동안 사토시와 이메일로 대화를 이어나갔는데, 대부분 제가 버그를 리포팅하고 그가 수정하는 내용이었습니다.

현재 사토시의 실체는 미스터리가 되었습니다. 그러나 그 당시 저는 매우 똑똑하고 성실한 일본계 젊은 청년을 대하고 있다고 생각했습니다. 제 평생 동안 뛰어난 사람들을 많이 알 수 있는 행운을 누려온 덕분에, 그런 징조를 잘 알아채는 편입니다. 며칠이 지나서도 비트코인이 꽤 안정적으로 동작했기 때문에 그것을 동작하는 상태로 내버려두었습니다. 그 시절에는 난이도가 1이었고 GPU도 아닌 CPU로 블록을 발견할 수 있었습니다. 저는 이후 며칠 동안 여러 블록을 채굴했습니다. 그러나 그로 인해 컴퓨터의 발열이 심해졌고 팬 소음도 귀에 거슬렸기 때문에 결국 비트코인을 꺼버렸습니다.

돌이켜보면 비트코인을 더 오래 켜뒀어야 했지만, 다른 한편으로는 제가 처음에 거기 있었다는 사실자체가 꽤나 특별한 행운이었습니다. 물이 절반이나 차 있다고도 할 수 있고, 반 밖에 없다고도 할 수 있는 그런 경우였지요.

그 다음 비트코인에 대해 들은 것은 2010년 후반이었는데, 비트코인이 여전히 동작하고 있을 뿐 아니라 실제로 금전적 가치를 갖고 있다는 것을 알고 놀랐습니다. 저는 오래된 지갑의 먼지를 털어낸 후 열어보았고 비트코인이 아직 그대로 있다는 것을 발견하고는 안심했습니다. 실제 돈으로 가격이 상승하면서, 저는 코인을 오프라인 지갑으로 옮겼습니다. 그리고 그것이 제 상속인에게 가치 있는 무언가가 되기를 바랐습니다.

상속인에 대해 이야기하자면, 저는 2009년에 갑자기 치명적인 병을 진단받고 놀랐습니다. 2009년 초의 제 삶은 전성기였습니다. 저는 몸무게를 많이 줄였고 장거리 달리기를 시작했습니다. 하프 마라톤을 몇 번이나 뛰었고, 풀 코스 마라톤을 위한 훈련을 시작했습니다. 20마일 이상을 달리는 연습도 했고 모든 준비가 끝났다고 생각했습니다. 모든 것이 잘못된 것은 그때부터였습니다.

몸이 말을 듣지 않기 시작했습니다. 말투는 어눌해졌고 손에는 힘이 들어가지 않으며 다리는 회복이 느려졌습니다. 2009년 8월에 ALS라는 진단을 받았는데, 그 병이 걸린 유명한 야구선수의 이름을 따서 루게릭 병이라고도 합니다.

ALS는 뇌에서 근육으로 신호를 전달하는 역할을 하는 운동 신경을 죽이는 병입니다. 처음에는 무력감을 일으키고 그 후로는 점차 마비 증세가 심해집니다. 보통 2년에서 5년이 지나면 치명적인 상태가 됩니다. 처음에는 증상이 약했기 때문에 일을 계속했지만, 피로와 목소리 문제로 2011년 초 어쩔 수 없이 은퇴하게 되었습니다. 이후에도 병은 무심하게 계속 진행되었습니다.

오늘 저는 사실상 마비 상태입니다. 튜브를 통해 음식물을 섭취하고 호흡은 다른 튜브를 통해 도움을 받습니다. 또 상용 아이 트래커 시스템을 이용해 컴퓨터를 작동합니다. 음성 합성 장치도 달려 있어서 이제는 이것이 제 목소리를 대신합니다. 저는 온종일 전동 휠체어에서 시간을 보내는데요. 아두이노를 사용하는 인터페이스를 만들어놓아서 휠체어의 위치를 눈으로 조정할 수 있습니다.

제 삶이 약간 조정되기는 했지만 그리 나쁜 편은 아닙니다. 저는 여전히 읽을 수 있고 음악을 들을 수도, TV와 영화를 볼 수도 있습니다. 최근에는 제가 코드를 작성할 수 있다는 것을 알게 되었습니다. 속도는 아마 이전의 저보다 50배는 더 느릴 겁니다. 하지만 저는 아직 프로그래밍을 사랑하고 그게 저에게 목표를 부여합니다. 현재는 마이크 헌Mike Hearn이 제안한 무언가를 작업 중입니다. '신뢰 컴퓨팅'을 지원하기 위해 설계된 것으로, 신형 프로세서의 보안 기능을 이용해 비트코인 지갑을 튼튼하게 만듭니다. 배포 준비는 거의 끝났고 문서 작업만 남았습니다.

그리고 당연히 비트코인의 가격 변동은 저에게 재미를 선사합니다. 비트코인에 금전적으로 이해관계를 갖고 있긴 하지만, 제 비트코인은 노력이 아닌 운으로 얻은 것입니다. 저는 격동의 2011년을 헤쳐나오면서 쉽게 얻은 것은 쉽게 나간다는 사실을 깨닫게 됐습니다.

이것이 저의 이야기입니다. 저는 나름대로 꽤 운이 좋았습니다. ALS에 걸렸지만 제 삶은 꽤 만족스럽습니다. 그러나 제 기대 수명은 제한되어 있습니다. 여러분의 비트코인 상속에 대한 논의들은 제게 학문적인 관심 이상의 것입니다. 제 비트코인은 저의 안전 금고에 보관되어 있고, 제 아들과 딸은 기술에 재주가 있습니다. 제 비트코인은 충분히 안전하다고 생각합니다. 저는 제가 남긴 유산이 마음에 듭니다.

할 피니

결론

사토시 나카모토는 비트코인을 만들기 위해 기존의 많은 수학적, 소프트웨어적 개념들을 한데 모았습니다. 이후 비트코인은 지속적인 실험이 이루어졌고, 정기적으로 진화와 업데이트를 계속해 나가고 있습니다. 비트코인은 지금까지 그 유용성을 입증해왔으며 금융 및 화폐 산업, 특히 전자 지불 시스템에 혁명을 일으키면서 전 세계적으로 받아들여지고 있습니다. 비트코인 자체는 모든 비트코인이 채굴되는 2140년까지 살아남을 수도, 살아남지 못할 수도 있지만 분산형, P2P, 탈중앙화의 제한된 공급량을 가진 통화라는 아이디어는 남아 있습니다.

화폐를 디지털로 전송하는 능력은 인류 역사상 최근 들어서야 가능해졌지만, 이것은 단지 돈을 취급하는 기계론적 변화일 뿐이며 같은 동작을 새로운 방법으로 수행하는 것뿐입니다. 그러나 금이나 은처럼 인플레이션이 불가능한 대상들은 전자적으로 직접 전송할 수 없기 때문에 개념상의 대리자가 필요한데 너무 많은 복제본이 만들어지면 수량이 잘못 전달될 수 있습니다(예를 들면, 대리자에 인플레이션이 발생하는 경우). 어떤 통화의 수량이 더 많아질수록 그 가치는 떨어지고, 실제 재화나 서비스를 구매할 수 있는 능력은 줄어듭니다.

그리고 2009년 후반, 사토시는 비트코인을 소개했고 공개된 장부를 가진 오픈 소스인 탈중앙화 디지털 통화라는 개념을 실현했습니다. 흥미로운 점은 물리적 세계에만 존재할 수 있는 금이나 은과 달리, 비트코인은 전자적 세계에서만 존재할 수 있다는 것입니다.* 그 때문에 본질적으로는 귀금속과 비트코인이 서로를 훌륭하게 보완한다고 주장할 수도 있습니다.

네트워크의 모든 구성원이 트랜잭션을 확인해야 하고 공개 장부로 운영되는 오픈소스 소프트웨어가 비트코인이라는 사실은 비트코인을 중앙 통제형 폐쇄적 통화 시스템의 대척점에 있게 합니다. 규제 기관들이 폐쇄적 시스템에 관여하는지의 여부와 무관하게, 그런 시스템은 정부 통제하의 다른 기관과 마찬가지로 부패와 정부 지도자들에게 건네는 뇌물에 취약합니다. 희귀 금속인 금과 은을 화폐로 사용하는 것이 탁월한 선택이지만 전자적으로 전달될 수 없다는 점 때문에 제3자에 의해 조작이 가능한 일종의 중개자이자 대표물의 형태가 필요합니다. 많은 양의 금과 은을 운반하는 일은 번거롭기도 하고 비용이 많이 듭니다. 그러나 귀금속은 전력망 중단과 같은 큰 혼란 속에서도 그 가치를 유지할 것이고 핵전쟁으로 문명이 멸망한 시대를 배경으로 하는 영화 〈매드 맥스Mad Max〉와 같은 시나리오에서는 화폐로 선택될 것이 분명합니다. 그와 같은 만일의 사태에 두려움을 느낀다면 일정량의 금

----

* 옮긴이_ 지금까지 물리적 세계에서 비트코인을 이동시킨다는 것은 비트코인의 주소와 개인키가 인쇄된 종이 지갑 같은 인공물을 이용한다는 것을 의미했다. 다른 방법으로는 신뢰하는 제3자가 필요한데, 예를 들면 물리적 형태의 코인을 만드는 회사가 코인 위에 비트코인 주소를 보이도록 인쇄하고 비트코인의 개인키는 볼 수 없도록 숨겨놓는 방법이 있다.

과 은을 소유하는 것이 적절합니다. 어떤 경우든 역사를 통틀어 모든 피아트(예를 들면 정부가 발행한) 통화는 모두 죽음을 맞이했으므로 여러분이 소속된 국가의 통화가 이 법칙에서 예외임을 입증할 것이라는 기대는 버려야 합니다.

이 책에는 비트코인 제작자가 관여했던 가장 관련성 높은 대화와 논의가 모두 실려 있습니다. 그룹이든 개인이든, 사토시 나카모토라고 알려진 사람은 자기 의견을 정확하면서도 간결하고 자연스럽게 전달했고, 비트코인의 기반을 매우 잘 이해하고 있었습니다. 다양한 글을 봤을 때 그는 비트코인이 지금처럼 그렇게 급속하게 도약할 것을 기대하지는 않았던 것 같습니다. 사토시는 기존의 다양한 개념들을 조합하여 현재 화폐 시스템을 개념화하는 방법에 혁명을 일으키는 막강한 기술을 만들어냈습니다. 그는 판도라의 상자를 열었고, 똑똑한 사람들은 비트코인의 교훈을 기반으로 비트코인을 넘어 다른 시스템에도 혁명을 일으키고 있습니다. 비트코인이 돈을 대표할 수 있는지의 여부는 논란의 여지가 있지만, 그것이 통화이고 교환 매체라는 점에는 이견이 없습니다. 금과 은은 한정된 공급량과 유용성으로 인해 오랜 기간 가치 저장소로 활용되었습니다. 비트코인 역시 제한된 공급량을 갖고 있고(2140년까지 2,100만 개로 계획), 인터넷을 통해 손쉽게 결제할 수 있는 방법이자 자연스러운 매체로서 매우 유용하다는 사실이 입증되었습니다. 우리도 보았듯이 사토시는 비트코인의 인기가 높아진 이후 뉴스 매체에서 지속적으로 논의되어온 많은 논쟁들을 다뤘습니다. 그가 직접 논의하는 것을 듣고 싶었을 텐데, 이 책은 그가 '공개적인 삶' 동안 공유했던 많은 의견들을 쉽게 다시 볼 수 있도록 해줍니다. 비트코인의 의의는 전 세계 모든 사람들이 통화가 어떻게 기능해야 하는지 다시 생각하게 만들었다는 데 있습니다. 비트코인은 인류에게 새로운 화폐 시스템이라는 전자 르네상스로 향하는 문을 열어주었습니다.

감사합니다.

사토시 나카모토의 '비트코인: P2P 전자화폐 시스템'

순수 P2P 버전의 전자화폐는 금융 기관을 거치지 않고 한쪽에서 다른 쪽으로 직접 전송되는 온라인 송금을 가능하게 합니다. 디지털 서명이 부분적인 해결책을 제공하지만, 이중지불을 막기 위해 여전히 신뢰할 수 있는 제3자가 필요하다면 주요 이점을 잃게 됩니다. 우리는 P2P 네트워크를 사용해 이중지불 문제를 해결하는 방법을 제안합니다. 네트워크는 트랜잭션을 해싱하고 타임스템프를 찍어 해시 기반 작업증명을 계속 연결해나가는 체인으로 만들며, 작업증명을 재수행하지 않고는 변경할 수 없는 기록을 형성합니다. 가장 긴 체인은 목격된 이벤트의 순서를 증명할 뿐 아니라, 그것이 가장 큰 CPU 파워의 풀에서 얻은 것임을 증명하기도 합니다. 과반의 CPU 파워는 네트워크 공격에 협력하지 않는 노드에 의해 통제되는 한, 가장 긴 체인을 만들어 공격자를 압도할 것입니다. 네트워크 자체는 최소한의 구조만 필요합니다. 메시지는 최선의 노력으로 전파되고, 노드는 자신이 떠나 있던 사이에 벌어진 일들의 증명으로 가장 긴 작업증명 체인을 택함으로써 마음대로 네트워크를 떠나거나 재합류할 수 있습니다.

1. 서론

인터넷에서의 상거래는 거의 전적으로 전자 결제를 처리해주는, 신뢰할 만한 제3자 역할을 하는 금융 기관에 의존해왔습니다. 이러한 시스템은 대부분의 거래에서 잘 작동하지만, 여전히 신뢰 기반 모델이 지닌 약점에 시달리고 있습니다. 완전히 비가역적인 거래는 금융 기관들의 분쟁 조정을 피할 수 없기 때문에 사실상 불가능합니다.

중재 비용은 거래 비용을 증가시키고 실거래의 최소 규모를 제한하며 일상적인 소액 거래의 가능성을 차단합니다. 또한 비가역 서비스를 위한 비가역 결제를 생성하는 능력을 잃어버려 더 큰 비용이 발생합니다. 그리고 가역성 때문에 신뢰를 요구하는 일이 널리 퍼지게 됩니다.

가맹점은 고객에게 주의를 기울여야 하고, 그렇게 하지 않았으면 필요 없었을 정보를 더 많이 요구해 고객을 괴롭힙니다. 그리고 일정 비율의 사기는 피할 수 없는 것으로 받아들입니다. 이러한 비용과 지불의 불확실성은 물리적인 통화를 직접 사용하면 피할 수 있으나, 신뢰 당사자가 없는 통신 채널 상에서 결제를 수행하는 메커니즘은 존재하지 않습니다.

필요한 것은 신뢰 대신 암호학적 증명에 기반하여 거래 의사가 있는 두 당사자가 신뢰하는 제3자를 필요로 하지 않으면서 서로 직접 거래할 수 있게 해주는 전자 결제 시스템입니다. 계산상 되돌리는 것이 불가능한 거래는 사기로부터 판매자를 보호하고, 일상적인 에스크로 메커니즘을 쉽게 구현할 수 있게 하여 구매자를 보호합니다. 이 논문에서는 P2P 분산 타임스탬프 서버를 이용하여 거래의 시간 순서에 대한 연산 증거를 생성하는, 이중지불 문제에 대한 해법을 제시합니다. 정직한 노드들이 모여 공격자 노드의 협력 그룹보다 더 많은 CPU 파워를 통제하는 한 시스템은 안전합니다.

2. 거래

우리는 전자코인을 디지털 서명의 체인으로 정의합니다. 각 소유자는 이전 거래의 해시 및 다음 소유자의 공개키에 디지털 서명을 하고 코인 끝에 추가함으로써 코인을 다음 사람에게 송금합니다. 수취인은 서명을 검증하여 소유권의 체인을 검증할 수 있습니다.

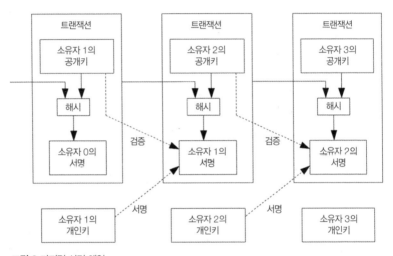

그림 8 디지털 서명 체인

이 과정에는 수취인이 소유자 중 누군가가 코인을 이중지불하지 않았다는 것을 검증할 수 없는 문제가 있습니다. 일반적인 해법은 신뢰하는 중앙 기구나 조폐국 등을 두고 모든 거래에 대해 이중지불을 검사하게 하는 것입니다. 매 거래 후 코인은 새 코인을 발행할 조폐국으로 반환되어야 하고, 조폐국으로부터 직접 발행된 코인만이 이중지불되지 않은 것으로 신뢰받을 수 있습니다. 이 해법의 문제는 전체 화폐 시스템의 운명이 은행과 마찬가지로 모든 거래가 거쳐가야 하는, 조폐국을 운영하는 회사의 손에 달려 있다는 점입니다.

우리는 수취인에게 이전 소유자가 그 전의 어떤 거래에도 서명하지 않았다는 것을 알릴 방법이 필요합니다. 우리의 목적상 중요한 것은 가장 앞선 거래이므로, 이후의 이중지불 시도에 대해서는 신경쓰지 않습니다. 거래 하나가 없다는 것을 확인하는 유일한 방법은 모든 거래를 확인하는 것입니다. 조폐국 기반 모델에서 조폐국은 모든 거래를 알고 있으며 어느 것이 먼저 도착했는지 결정합니다. 이 방식을 신뢰하는 당사자 없이 실현하려면 거래가 공개적으로 알려져야 하고, 참가자가 거래를 수신한 순서의 단일 이력에 합의하는 시스템이 필요합니다. 수취인에게는 각 거래 시점에 그 거래가 먼저 도착했다는 데 노드의 과반수가 합의했다는 증거가 필요합니다.

3. 타임스탬프 서버

우리가 제안하는 해법은 타임스탬프 서버에서 시작됩니다. 타임스탬프 서버는 타임스탬프를 찍을 항목의 블록 해시를 가져와, 그 해시를 신문이나 유즈넷 게시물 같은 곳에 널리 배포하는 방식으로도 동작합니다. 타임스탬프는 해당 데이터가 해시에 포함되려면 해당 시점에 분명히 존재했어야 함을 입증합니다. 각 타임스탬프는 그 해시 내에 이전 타임스탬프를 포함하고 있으며, 각각 추가되는 타임스탬프는 그 이전에 있던 것들을 강화하면서 체인 형태를 이룹니다.

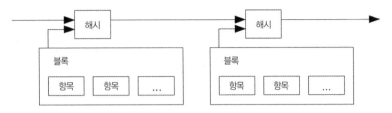

그림 9 해시 체인

4. 작업증명

P2P 기반으로 분산형 타임스탬프 서버를 구현하려면 신문이나 유즈넷 게시물이 아니라 애덤 백^{Adam Back}의 해시캐시^{Hashcash}와 유사한 작업증명 시스템을 사용할 필요가 있습니다. 작업증명은 SHA256 같은 것으로 해시를 계산했을 때 그 해시가 여러 개의 0비트로 시작되는, 특정 값을 탐색하는 작업이 포함됩니다. 요구되는 평균 작업량은 필요한 0비트의 개수에 따라 지수적으로 증가하며 한 번의 해시 연산 실행으로 검증 가능합니다.

타임스탬프 네트워크의 경우, 블록의 해시에 필요한 수의 0비트를 주는 값이 발견될 때까지 블록 내의 논스^{nonce}를 증가시키는 방식으로 작업증명을 구현합니다. 일단 CPU의 노력이 작업증명을 만족시키는 수준에 도달하면, 블록은 그 작업을 재수행하지 않고는 변경될 수 없습니다. 이후의 블록들이 그 뒤에 연달아 이어지므로 블록을 변경하는 작업은 그 뒤의 모든 블록들을 재작업하는 것까지 포함합니다.

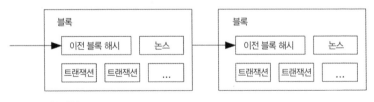

그림 10 블록 체인

작업증명은 다수결에서 대의를 결정하는 문제도 해결합니다. 과반수가 IP 주소당 한 표에 기반한다면, 많은 IP를 할당할 수 있는 누군가에 의해 전복될 수 있습니다. 작업증명은 기본적으로 CPU당 한 표입니다. 과반의 결정 사항은 가장 많은 작업증명 노력이 투입된 가장 긴 체인으로 대표됩니다. 만약 CPU 파워의 과반수를 정직한 노드들이 통제한다면, 정직한 체인은 가장 빨리 자라나 다른 경쟁 체인들을 압도할 것입니다. 과거의 블록을 변경하려면 공격자는 해당 블록과 그 뒤에 이어지는 모든 블록들의 작업증명을 재수행한 후 정직한 노드들의 작업을 따라잡고 앞질러야 합니다. 더 느린 공격자가 따라잡을 확률은 후속 블록들이 추가됨에 따라 지수적으로 감소한다는 것을 뒤에서 살펴보겠습니다.

시간이 지날수록 하드웨어 속도가 증가하고 동작 노드의 이익이 변화하는 것을 보상하기 위해, 작업증명 난이도는 시간당 평균 블록 수를 대상으로 이동 평균에 의해 결정됩니다. 블록이 너무 빨리 생성되면 난이도가 증가합니다.

5. 네트워크

네트워크의 구동 단계는 다음과 같습니다.

1) 새로운 거래가 모든 노드에 전파됩니다.
2) 각 노드는 블록에 새로운 거래들을 수집합니다.
3) 각 노드는 자신의 블록에 해당하는 어려운 작업증명을 발견하기 위해 작업을 수행합니다.
4) 한 노드가 작업증명을 발견하면 해당 노드는 그 블록을 모든 노드에 전파합니다.

5. 노드들은 블록 안의 모든 트랜잭션이 유효하고 이미 지불된 것이 아닐 경우에만 그 블록을 승인합니다.

6. 노드들은 승인된 블록의 해시를 이전 해시로 사용하여 체인 내 다음 블록을 생성하는 작업을 함으로써 해당 블록을 승인했음을 표현합니다.

노드들은 항상 가장 긴 체인을 올바른 것으로 간주하고 그 체인을 확장하는 작업을 계속해나갑니다. 만일 두 노드가 동시에 다음 블록의 서로 다른 버전을 전파하면, 일부 노드는 어느 한쪽을 먼저 받게 될 수 있습니다. 그 경우 노드들은 자신이 받은 첫 번째 블록으로 작업하지만 다른 쪽 가지도 그쪽이 더 길어질 경우를 대비하여 저장해둡니다. 무승부 상태는 다음 작업증명이 발견되어 한 가지가 더 길어지면 깨지는데, 다른 쪽 가지에서 작업하던 노드들은 더 긴 가지로 옮겨옵니다.

새로운 거래의 전파가 반드시 모든 노드에 도달할 필요는 없습니다. 그 트랜잭션이 많은 노드에 도달하면 머지 않아 하나의 블록에 포함될 것입니다. 블록 전파는 메시지가 누락되는 경우도 허용합니다. 노드가 블록을 받지 못하면 다음 블록을 받을 때 그 블록이 누락된 것을 알게 되고 누락된 블록을 요청할 것입니다.

6. 인센티브

관례상 블록의 첫 거래는 블록 생성자가 소유한 신규 코인으로 시작되는 특별한 거래입니다. 이것은 네트워크를 지원하는 노드를 위해 인센티브를 추가하며, 화폐를 발행하는 중앙 기관이 없기 때문에 초기에 코인 유통 방법을 제공합니다. 일정량의 새 코인을 꾸준히 추가하는 것은 금 채굴자들이 유통할 금을 추가하기 위해 자원을 소비하는 것과 유사합니다. 우리의 경우, 소비되는 것은 CPU 전력과 시간입니다.

인센티브는 거래 수수료로도 자금을 조달할 수 있습니다. 거래의 출력값이 입력값보다 작을 경우, 그 차이는 해당 거래를 포함한 블록의 인센티브에 추가되는 거래 수수료입니다. 미리 결정된 수만큼의 코인이 일단 유통되면, 인센티브는 거래 수수료로 모두 전환되어 인플레이션으로부터 완전히 자유로워질 수 있습니다.

인센티브는 노드가 정직한 상태를 유지하도록 독려할 수 있습니다. 만약 탐욕스러운 공격자가 다른 모든 정직한 노드보다 더 많은 CPU 파워를 모을 수 있다면, 공격자는 그 파워를 자신의 지불을 도로 훔쳐 사람들을 속이는 데 사용하거나, 새 코인을 만드는 데 사용하는 것 중 하나를 선택해야 할 것입니다. 공격자는 규칙대로 행동하는 것이 더 이익이라는 것을 알 수밖에 없는데, 규칙은 공격자가 시스템과 자신이 보유한 부의 유효성을 해치는 대신 모두의 지분을 합한 것보다 더 많은 코인을 베풀어줍니다.

7. 디스크 공간 회수

코인의 가장 최근 거래가 충분한 수의 블록 아래에 묻히면, 그 이전에 소비된 거래는 디스크 공간 절약을 위해 폐기할 수 있습니다. 블록의 해시를 손상시키지 않으면서 이를 쉽게 진행하기 위해 거래들은 머클트리^{Merkle Tree} 내에 해시되고, 트리의 루트만 블록의 해시에 포함됩니다. 그러면 오래된 블록들은 트리의 가지를 쳐냄으로써 크기를 줄일 수 있습니다. 그리고 트리 내부의 해시들은 저장될 필요가 없습니다.

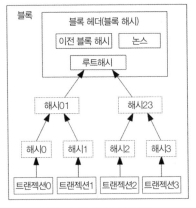

머글트리에서 해시된 트랜잭션들   블록에서 트랜잭션 0-2를 가지치기 한 후

그림 11 블록의 머클트리 구조

거래가 없는 블록의 헤더는 대략 80바이트 정도입니다. 블록이 10분마다 생성된다고 가정하면, 80바이트×6×24×365=연간 4.2MB입니다. 2008년 현재 보통 2GB 램이 탑재되어 팔리는 컴퓨터 시스템과 연간 1.2GB가 성장할 것으로 예상되는 무어의 법칙을 고려하면, 블록 헤더를 메모리에 저장해야 하는 경우라도 저장 공간은 문제되지 않습니다.

8. 단순 지불 검증

결제를 검증하는 것은 전체 네트워크 노드를 구동하지 않고도 가능합니다. 사용자는 가장 긴 작업증명 체인의 블록 헤더 사본만 갖고 있으면 되는데, 자신이 가장 긴 체인을 갖고 있다는 확신이 들 때까지 네트워크를 조회해서 특정 거래와 그 거래의 타임스탬프가 들어 있는 블록을 연결해주는 머클 가지를 가져와 얻을 수 있습니다. 사용자는 거래를 스스로 검사할 수 없지만 해당 거래를 체인 내 특정 위치에 연결함으로써 한 네트워크 노드가 그것을 승인했다는 것과, 그 뒤에 추가되는 블록들이 네트워크에서 그 거래를 승인했다는 것을 추가로 확인시켜준다는 것을 알 수 있습니다.

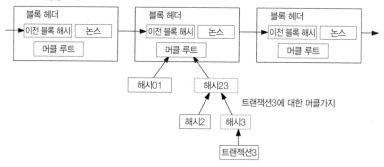

그림 12 작업증명 체인 내의 머클가지

이와 같이 검증은 정직한 노드들이 네트워크를 제어하는 한 신뢰할 수 있지만 네트워크가 공격자에 의해 압도당하면 더 취약해집니다. 네트워크 노드가 결제를 스스로 검증할 수 있는 반면, 단순화 방법에서는 공격자가 네트워크를 계속 압도하는 한 공격자가 조작한 결제에 속을 수 있습니다. 이러한 상황에 대처하기 위한 한 가지 전략은, 유효하지 않은 블록을 탐지한 네트워크 노드들로부터 경고를 받아들여 사용자의 소프트웨어가 전체 블록을 다운로드하고 경고를 받은 트랜잭션의 불일치를 확인하게 하는 것입니다. 결제가 빈번하게 이뤄지는 사업에서는 아마도 더 독립적인 보안과 빠른 검증을 위해 자체적으로 노드를 실행하고 싶을 것입니다.

9. 가치 합치기와 나누기

코인을 독립적으로 다룰 수는 있겠지만, 송금 시 모든 소액별로 별도의 거래를 생성하는 것은 어려울 것입니다. 이에 트랜잭션에는 가치를 나누고 합칠 수 있도록 복수의 입력값들과 출력값들이 포함됩니다. 보통은 더 큰 이전 거래에서 나온 단일 입력이나 더 적은 금액을 합한 복수 개의 입력값, 그리고 많아야 두 개의 출력값(결제용으로 하나, 송금인에게 돌려줄 잔돈이 있을 경우 잔돈용으로 하나)이 있을 것입니다.

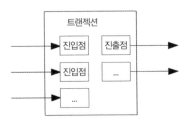

그림 13 트랜잭션의 진입점과 진출점

하나의 거래가 여러 거래에 의존하고, 그 거래들은 더 많은 거래에 의존하는 식으로 전개되는 과정은 여기서 문제로 다루지 않는다는 점에 유의해야 합니다. 거래 이력이 완전히 분리된 사본을 추출해낼 필요는 없습니다.

10. 개인정보보호

전통적인 은행 모델은 관계 당사자들과 신뢰받는 제3자에게 정보 접근을 제한시킴으로써 어느 정도의 개인정보보호를 달성합니다. 모든 트랜잭션은 공개되어야 하므로 이런 방법은 사용할 수 없지만, 공개키를 익명으로 유지하면 다른 곳으로 정보가 흘러가는 것이 차단되므로 개인정보를 보호할 수 있습니다. 대중은 누군가가 다른 누군가에게 얼마의 금액을 전달하는지 볼 수 있지만 그 트랜잭션이 누구에게 연결되는지는 알 수 없습니다. 이것은 주식 거래소의 정보 공개 수준과 유사한데, 개인적 트랜잭션이 일어난 시간과 액수를 나타내는 '테이프'는 공개되지만, 트랜잭션을 만든 당사자가 누구였는지 알려주는 정보는 없는 것과 마찬가지입니다.

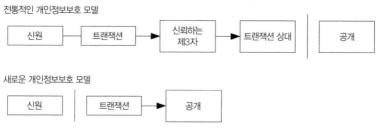

그림 14 개인정보보호 모델

추가적 안전조치로, 각 트랜잭션들이 공통의 소유자에게 연결되는 것을 막으려면 새로운 키 쌍을 사용해야 합니다. 입력값들을 동일인이 소유하고 있다는 점이 드러날 수밖에 없는 복수 입력값 거래에서는 어느 정도 연결이 일어나는 것을 피할 수 없습니다. 키의 소유자가 밝혀질 경우 연결 정보가 같은 소유자에게 속한 다른 거래를 노출시킬 수 있다는 것은 위험 요인입니다.

11. 연산

정직한 체인보다 더 빠르게 대체 체인을 만들어내려는 공격자의 시나리오를 고려해봅시다. 공격이 발생하더라도 없던 가치를 만들어낸다거나 공격자가 자신이 소유한 적 없는 돈을 갖게 되는, 즉 시스템이 임의의 변경에 개방되는 일은 발생하지 않습니다. 노드들은 유효하지 않은 거래를 결제로 승인하지 않을 것이고, 정직한 노드들은 그런 거래를 담고 있는 블록을 절대 승인하지 않을 것입니다. 공격자는 이미 지불한 돈을 환불받기 위해 자신의 거래들 중 하나를 변경하는 시도만 할 수 있습니다.

정직한 체인과 공격자 체인 사이의 경쟁은 이항 랜덤 워크^{Binomial Random Walk} ★
로 특징 지을 수 있습니다. 성공 이벤트는 정직한 체인을 한 블록 늘려서 선
두를 +1만큼 증가시키고, 실패 이벤트는 공격자의 체인을 한 블록 늘려서
차이를 −1만큼 줄입니다.

공격자가 주어진 열세를 만회할 확률은 노름꾼의 파산^{Gambler's Ruin} 문제와 유
사합니다. 무한한 자금을 가진 도박꾼이 적자 상태에서 시작하여 손익분기
점에 도달하기 위해 무한 번 시도한다고 가정해봅시다. 도박꾼이 손익분기
점에 도달하거나 공격자가 정직한 체인을 따라잡을 확률은 다음과 같이 계
산할 수 있습니다.

- p = 정직한 노드가 다음 블록을 발견할 확률

- q = 공격자가 다음 블록을 발견할 확률

- q^z = 공격자가 뒤처진 z 블록만큼 따라잡을 확률

$$q_z = \begin{cases} 1 & if\ p \le q \\ (q/p)^z & if\ p > q \end{cases}$$

p ﹥ q라고 가정하면 공격자가 따라잡아야 하는 블록 수가 늘어날수록 따라
잡을 확률은 지수적으로 감소합니다. 초기에 크게 앞서나가지 않는다면, 그
가 가진 확률로는 점점 더 뒤처질수록 기회가 보이지 않을 만큼 작아지게
됩니다.

이제 발신자가 거래를 변경할 수 없다는 확신을 충분히 가질 때까지 새 거

★ 옮긴이_ 주어진 공간 내에서 매번 무작위로 이동하는 경우를 나타내는 수학적 표현을 랜덤 워크(무작위 행보)라
하며, 공간을 직선으로 단순화하여 수학적으로 표현한 것을 이항 랜덤 워크라 한다.

래의 수취인이 얼마나 오래 기다려야 할지 알아봅시다. 발신자는 공격자이며 수취인이 공격자에게 지불받았다고 한동안 믿게 만든 후 얼마 간의 시간이 지나면 자신에게 그 돈이 환불되도록 전환하고 싶어한다고 가정하겠습니다. 수신자는 그런 일이 발생하면 경보를 받겠지만, 발신자는 경보가 늦게 일어나기를 바랍니다.

수신자는 새로운 키쌍을 생성하고 서명 직전에 발신자에게 공개키를 전달합니다. 이것은 발신자가 운 좋게 충분히 멀리 앞서 나갈 때까지 작업을 계속 진행하여 블록의 체인을 미리 준비해놓고 그 시점에 거래를 실행하지 못하도록 합니다. 일단 거래가 전송되면 정직하지 않은 발신자는 몰래 그의 거래를 대체하는 버전을 포함한 병렬 체인상의 작업을 진행하기 시작합니다.

수취인은 해당 거래가 블록에 추가되고 그 뒤로 z개의 블록이 추가될 때까지 기다립니다. 수취인은 공격자가 진행한 작업 분량이 정확히 얼마나 되는지 모르지만, 정직한 블록들이 블록당 평균 예상 시간만큼 걸린다고 가정하면 공격자의 잠재적 작업 분량은 다음의 기대값을 갖는 푸아송 분포Poisson distribution를 이룰 것입니다.

$$\lambda = z \frac{q}{p}$$

이제 공격자가 따라잡을 수 있는 확률을 구하기 위해, 공격자가 해당 지점에서 따라잡을 수 있는 확률로 계산되는 각 작업량에 푸아송 밀도를 곱합니다.

$$\sum_{k=0}^{\infty} \frac{\lambda^k e^{-\lambda}}{k!} \cdot \begin{cases} (q/p)^{(z-k)} & if\ k \le z \\ 1 & if\ k > z \end{cases}$$

분포에서 무한대 길이의 꼬리 부분을 합산하는 것을 피하기 위해 수식을 정리하면 다음과 같습니다.

$$1 - \sum_{k=0}^{z} \frac{\lambda^k e^{-\lambda}}{k!} \left(1 - (q/p)^{(z-k)}\right)$$

C 코드로 변환하면 다음과 같이 됩니다.

```c
#include <math.h>
double AttackerSuccessProbability(double q, int z)
{
    double p = 1.0 - q;
    double lambda = z * (q / p);
    double sum = 1.0;
    int i, k;
    for (k = 0; k <= z; k++)
    {
        double poisson = exp(-lambda);
        for (i = 1; i <= k; i++)
            poisson *= lambda / i;
        sum -= poisson * (1 - pow(q / p, z - k));
    }
    return sum;
}
```

실행 결과를 보면, 확률이 z에 따라 지수적으로 감소한다는 것을 알 수 있습니다.

```
q=0.1
z=0  P=1.0000000
z=1  P=0.2045873
z=2  P=0.0509779
z=3  P=0.0131722
z=4  P=0.0034552
z=5  P=0.0009137
z=6  P=0.0002428
z=7  P=0.0000647
z=8  P=0.0000173
z=9  P=0.0000046
z=10 P=0.0000012
q=0.3
z=0  P=1.0000000
z=5  P=0.1773523
z=10 P=0.0416605
z=15 P=0.0101008
z=20 P=0.0024804
z=25 P=0.0006132
z=30 P=0.0001522
z=35 P=0.0000379
z=40 P=0.0000095
z=45 P=0.0000024
z=50 P=0.0000006
```

P가 0.1보다 작아질 때를 계산해 보면 다음과 같습니다.

```
P < 0.001
q=0.10 z=5
q=0.15 z=8
q=0.20 z=11
q=0.25 z=15
q=0.30 z=24
q=0.35 z=41
q=0.40 z=89
q=0.45 z=340
```

12. 결론

우리는 신뢰에 의존하지 않는 전자 거래 시스템을 제안했습니다. 이 시스템은 디지털 서명을 사용하여 소유권을 강력하게 통제하는 코인이라는 평범한 생각에서 출발했으나, 이중지불을 방지하는 방법이 없으면 온전한 시스템이 될 수 없습니다. 우리는 이중지불 문제를 해결하기 위해 트랜잭션 이력을 공개적으로 기록하는 작업증명 기반의 P2P 네트워크를 제안했고, 네트워크는 정직한 노드들이 절반 이상의 CPU 연산능력을 장악할 경우 공격자가 기록 변경을 일으키려는 시도를 빠른 시간 내에 계산적으로 불가능하게 하게 만듭니다. 네트워크는 그 구조화되지 않은 단순성으로 인해 견고하게 유지됩니다. 노드들은 거의 조정할 필요 없이 모두 동시에 동작합니다. 노드들은 서로를 식별할 필요가 없는데, 발신 메시지가 특별히 지정된 경로를 거쳐 가는 방식이 아니라 받는 메시지를 열심히 주변에 전송하기만 하면 되기 때문입니다. 노드는 자유롭게 네트워크를 떠나고 재합류할 수 있으며, 자신이 떠나 있는 동안 발생한 일에 대한 증거로 작업증명 체인을 채택합니다. 노드는 자신의 CPU 연산능력을 이용하여 투표를 진행하는데 노드가 블록을 늘리는 작업을 한다는 것은 유효한 블록으로 받아들인다는 의사를 나타내는 것이고, 블록을 늘리는 작업을 거부한다는 것은 유효하지 않은 블록을 거절한다는 의사를 나타내는 것입니다. 필요한 규칙과 보상체계는 이러한 합의 메커니즘을 통해 강제로 유지될 수 있습니다.

참고문헌

- D. Bayer, S. Haber, W.S. Stornetta(1993), "Improving the efficiency and reliability of digital time-stamping," In Sequences II: Methods in Communication, Security and Computer Science, pages 329-334

- H. Massias, X.S. Avila, and J.-J. Quisquater(1999), "Design of a secure timestamping service with minimal trust requirements," In 20th Symposium on Information Theory in the Benelux

- R.C. Merkle(1980), "Protocols for public key cryptosystems," In Proc. 1980 Symposium on Security and Privacy, IEEE Computer Society, pages 122-133

- S. Haber, W.S. Stornetta(1991), "How to time-stamp a digital document," In Journal of Cryptology, vol 3, no 2, pages 99-111

- S. Haber, W.S. Stornetta(1997), "Secure names for bit-strings," In Proceedings of the 4th ACM Conference on Computer and Communications Security, pages 28-35

- W. Feller(1957), "An introduction to probability theory and its applications,"

- A. Back, "Hashcash - a denial of service counter-measure," http://www.hashcash.org/papers/hashcash.pdf, (2002)

- W. Dai, "b-money," http://www.weidai.com/bmoney.txt, (1998)

용어 및 정의

- **16진수 체계**: 십진수 체계는 10을 기반으로 하지만, 16진수 체계는 16을 기반으로 한다. 16진수에서 0에서 9까지의 수를 나타내기 위해 0에서 9까지의 기호를, 10에서 15까지의 수를 나타내기 위해 A, B, C, D, E, F의 기호를 사용한다. 16진수는 '0x'가 앞에 붙는다. 따라서 10진수 16은 16진수로 0x10, 10진수 17은 0x11 등으로 표시된다.

- **BTC**: 비트코인 암호화폐를 나타내는 약어

- **P2P 네트워크**: 탈중앙화 및 분산화 네트워크 아키텍처로, 네트워크상의 개별 노드(컴퓨터)는 자원의 공급자이자 소비자로 행동한다. 이것은 클라이언트가 서버로부터 자원을 요청하는 방식의 중앙화된 클라이언트-서버 모델과 대비된다.

- **SHA256**: 암호학 해시 알고리즘의 한 유형. 현재 비트코인 소프트웨어에 사용된다.

- **논스**: 블록 안에 포함된 하나의 숫자로, 채굴자는 자신이나 다른 마이너들이 만든 블록을 비트코인 프로토콜로부터 '승리한' 블록으로 인정받기 위해 필요한 메시지 다이제스트를 얻을 때까지 이 값을 증가시킨다.

- **메시지 다이제스트**: 암호화 해시 함수의 결괏값

- **분산 파일 공유**: 정보의 소비자이자 제공자 역할을 하는 다수의 컴퓨터에서 파일을 공유하는 시스템

- **블록**: 여러 개의 비트코인 트랜잭션들을 담은 데이터의 덩어리로, 채굴자가 생성을 담당한다.

- **블록체인**: 비트코인 블록체인은 모든 채굴자 및 관심 있는 노드들(컴퓨터들) 사이에 P2P 네트워크를 통해 공유되며, 2009년 1월 3일 비트코인이 탄생한

이래 모든 블록들을 갖고 있다.

- **비대칭 암호화**: 개인키와 공개키, 두 개를 사용하는 암호화의 한 종류. 개인키로 암호화되는 문자열은 공개키로 복호화될 수 있어야 하고, 그 반대도 가능해야 한다. 공개키는 개인키에서 쉽게 유도할 수 있으나 그 반대는 거의 불가능하다.

- **비트코인 주소**: 블록체인이 비트코인과 연결되는 긴 숫자열. 공개키의 해시값이다. 해당 주소에 들어 있는 비트코인은 그에 맞는 개인키를 소유한 사람에 의해서만 다른 비트코인 주소로 전송될 수 있다.

- **사토시**: 비트코인의 최소 액면가. 10^{-8} 비트코인에 해당하므로, 1비트코인은 100,000,000사토시에 해당한다.

- **암호학**: 통신을 안전하게 하는 방법에 대한 연구

- **암호화 해시**: 임의 길이의 입력으로부터 고정 길이의 숫자열을 만들어내는 알고리즘. 알고리즘 출력은 문서의 '지문'과 동등한 것으로 정의할 수 있다.

- **암호화**: 메시지나 정보를 허가된 집단만 읽거나 접근 가능하도록 부호화하는 과정

- **오픈 소스 소프트웨어**: 모두에게 공유되어 누구나 볼 수 있고 수정이 가능하며, 그렇게 함으로써 스스로 프로그램들을 재생산할 수 있게 한 소프트웨어 코드(청사진)

- **원장**: 회계에서 계정 단위의 금융 거래를 기록하고 취합하기 위한 경리 장부 또는 컴퓨터 파일이다. 여기에는 기초 잔액, 출금액, 신용거래액, 기말잔액 등이 포함된다.

- **작업증명**: 각 채굴자들이 경쟁하는 일종의 '대회'. 비트코인 프로토콜이 정한 조건에 맞는 메시지 다이제스트를 만드는 '논스'를 얻은 최초의 채굴자가 '승리'하게 된다.